영하회족자치구
흑룡강성
하얼빈
길림성
장춘
연길
심양
요녕성
대련
우루무치
신강위구르자치구
감숙성
후허트시
하북성
북경
내몽고자치구
천진
연태
위해
태원
석가장
청해성
서녕
은천
제남
산서성
산동성
난주
서안
정주
서장자치구
강소성
섬서성
하남성
합비
남경
상해
사천성
무한
안휘성
항주
라싸
성도
호북성
중경
남창
절강성
장사
강서성
귀주성
복주
호남성
운남성
귀양
복건성
대만
곤명
광서장족자치구
광동성
남녕
광주
심천
마카오
홍콩
해남성

寧夏回族自治區
黑龍江省
哈爾濱
吉林省
長春
延吉
沈陽
遼寧省
大連
烏魯木齊
新疆維吾爾自治區
呼和浩特
河北省
北京市
天津市
內蒙古自治區
甘肅省
銀川
太原
石家庄
煙臺
威海
濟南
青海省
西寧
蘭州
山西省
山東省
西安
鄭州
江蘇省
西藏自治區
陝西省
河南省
合肥
南京
上海市
四川省
武漢
安徽省
杭州
拉薩
成都
湖北省
重慶市
南昌
浙江省
長沙
江西省
福州
貴州省
湖南省
云南省
貴陽
福建省
臺灣
昆明
廣西壯族自治區
廣東省
南寧
廣州
香港
澳門
海南省

중국문화의 이해와 탐방

저자_

박운석朴雲錫

경상북도 의성군 춘산면에서 태어나, 서울대학교 문리과대학 중어중문학과를 졸업하고 동대학원에서 문학석사와 문학박사 학위를 받았다. 미국 워싱턴대학과 홍콩중문대학에서 방문교수로 연구하였으며, 중국 남개대학에서 교환교수로 연구와 강의를 하였다. 현재 영남대 중국언어문화학부 교수로 있다. 주요 저서로 《마오뚠茅盾의 문학사상》《한국어 생활회화》 역서로 《아Q정전》《중국현대시의 이해》《홍암》《중국문학의 현실주의와 반현실주의》 등이 있다.

노장시魯長時

경상남도 의령군 봉수면에서 태어나, 영남대학교 문과대학 중어중문학과를 졸업하고 동대학원에서 문학석사와 문학박사 학위를 받았다. 서라벌대학 중국어통역과의 교수로 재직하였고, 현재 영남대학교 중국언어문화학부 강사로 강의를 하고 있다. 주요 저서로 《歐陽脩散文의 分析的研究》《韓退之評傳》《韓愈》 등이 있으며, 역서로는 《退溪詩》《歐陽修散文選》 등이 있다.

중국문화의 이해와 탐방

초판 인쇄 2012년 3월 2일
초판 발행 2012년 3월 10일

지은이 박운석 · 노장시
펴낸이 이효수
펴낸곳 영남대학교출판부

출판등록 1975년 9월 5일 경산 제16-1호
주소 경북 경산시 대동 214-1
전화 053) 810-1801~3
FAX 053) 810-4722
홈페이지 book.yu.ac.kr

ISBN 978-89-7581-444-0 93910

• 값은 표지 뒷면에 있습니다.
• 잘못 만들어진 책은 바꾸어 드립니다.

중국문화의

이해와 탐방

박운석 · 노장시 지음

영남대학교출판부

머리말

광활한 국토와 14억에 육박하는 인구를 가진 거대한 나라 중국은 지금 세계에서 가장 역동적으로 성장하고 있는 나라이다. 얼마 있지 않아 중국이 세계에서 가장 큰 규모의 경제대국이 될 것이라는 전망은 결코 과장이 아닐 것이다. 그래서 세계의 이목은 언제나 중국의 움직임을 예의 주시하고 있다. 특히 땅과 바다를 맞대고 가장 가까이 있는 우리로서는 중국에 대한 이해가 필수적이기도 하다. 그러나 우리들은 일반적으로 중국에 관하여 잘 알고 있는 듯하면서도 사실은 그렇게 폭넓게 알고 있지 못하고 있고, 또 옛날의 중국 모습과 오늘날의 중국 모습을 두루 정확하게 파악하고 있지도 못하고 있다. 그러나 다행히도 대학에서 중국을 이해하고자 하는 학생들이 폭증하고 있고, 서점가엔 중국에 관한 책들이 넘쳐나고 있다.

저자는 오래 전부터 영남대학교에서 '중국문화의 이해와 탐방' 이라는 과목을 인터넷으로 강의하여 왔다. 이 책은 중국문화 및 중국탐방에 관심을 갖고 있는 학생들과 본 강의를 듣고자 하는 학생들을 위하여 저술한 것이다.

중국문화는 세계 어느 나라의 문화보다도 유구하고 또 지속성이 있으면서도 독특하고 광범위한 내용을 지니고 있다. 게다가 우리나라의 전통문화와도 아주 많은 교류를 하여 왔기 때문에 유사한 부분도 많이 있다. 중국의 전통문화를 이해하는 데는 원래 중국의 전통학문이 그러하듯이 종합적인 이해가 선행된 다음에 분야별로 갈라져 들어가는 것이 순서

일 것이라 생각하지만, 본서는 중국문화 이해에 앞서 먼저 알아야 할 '문화의 개념'과 중국과 중국인에 대한 일반적이면서 총론적인 내용을 먼저 다루었다. 그 다음에는 중국의 역사를 비롯한 중국문화 일반과 중국문화를 대표하고 있는 문화도시를 탐방하는데 도움이 될 수 있는 내용을 중심으로 그 체제를 꾸렸다.

본서는 기존의 여러 학자들의 견해 및 언론매체의 기사 등을 참조하였지만, 본문에서는 참고한 문헌들에 대해 일일이 주를 달지는 못하였다. 대신 책 뒤의 '참고문헌'에 모두 수록하였다. 그리고 본문 중에 나오는 중국어 고유명사 표기는 될 수 있는 대로 중국어 발음으로 표기하려 하였으나, 우리나라 사람들이 익히 알고 있는 고유명사는 그대로 사용하였다. 그러다보니 체계가 통일되지 않은 점이 있음을 밝힌다. 그리고 일부 통계수치는 최대한 최근의 것을 사용하였으나 부분적으로는 비교적 오래전의 통계여서 시의성時宜性이 부족한 점도 밝혀 둔다.

그러나 중국문화를 이해하고 중국탐방에 도움을 줄 수 있는 도서로서 나름대로 알차게 꾸미려고 노력하였으며, 혼자서 공부하는 사람에게도 이해가 가능하도록 책 가운데 여러 가지 도표와 그림 같은 것도 넣기도 하였다. 하지만 이 책이 여러 가지 내용을 종합하여 묶다 보니, 방대한 중국문화를 전면적으로 다루지 못한 점이 있으며, 광대한 중국탐방을 위해 도움을 줄 수 있는 다양한 지역을 소개하지 못한 점도 있다. 이처럼 부족한 기타 여러 문제들에 대해 선배 제현의 질정을 겸허하게 기다릴 뿐이다.

다만 요즘같이 중국문화 전반과 중국탐방에 많은 관심이 제고되고 있는 이때에 이 책이 다소라도 보탬이 되었으면 다행스럽겠다.

끝으로 이 책을 출판해준 영남대학교 출판부에 감사를 드린다.

2012년 3월 1일

박 운 석

차 례

제5장 서안西安

제6장 문학文學

제7장 상해上海

제8장 정원과 호수의 도시

제9장 중국의 철학사상

제1장

문화란 무엇인가?

1. "문화"란?
2. 넓은 의미의 문화와 좁은 의미의 문화
3. 문화의 역사발전과 문화의 전통
4. 문화의 속성
5. 각종 문화와 관련된 용어

제1장

문화란 무엇인가?

1. "문화"란?

"문文"의 본래 뜻은 무늬이다. 고대 중국어에서 무늬는 항상 물체에 그려져 있기 때문에, 인류의 인지 영역에서 문文은 후천적으로 형성된 품성과 교양이란 뜻으로 쓰여 선천적인 소질인 "질質"과 대립된다. 〈논어 · 옹야論語 · 雍也〉에 "바탕이 문채를 압도하면 촌스럽게 되고, 문채가 바탕을 압도하면 겉치레에 흐르게 되나니, 문채와 바탕이 조화를 이룬 뒤에야 군자라고 할 수 있다質勝文則野 文勝質則史 文質彬彬然後君子."라는 공자의 말이 있는데, 이는 사람의 선천적인 소질과 후천적 수양 간의 관계에 대하여 논한 것이다. "문"은 정치 영역에서 "문덕文德으로 백성을 다스리며 교화敎化하다文治敎化"란 뜻으로 인신되었다. 문치는 즉 "예치禮治"이며, 예절과 풍악으로 사람을 교화시켜 인간의 수양을 쌓아 나라를 안정시키는 것을 말하며 무력으로 다른 나라를 정복하는 "무공武功"과 대립된다.

"화化"는 본래 변화하다는 뜻으로 무에서 유를 창조하다는 "조화

造化"란 뜻도 있고, 우주가 생성된 후의 "진화進化"와 "분화分化"란 뜻도 있다. 허신許慎은 《설문해자說文解字》에서 첫 번째 글자인 "一"에 대해 "단지 최초의 태극 때에 도道는 하나로 통일되었고, 하늘과 땅이 나누어지면서 만물이 창조되었다唯初太極, 道立於一, 造分天地, 化成萬物."고 해석하였는데, 이는 바로 중국 고대의 우주발생설이다. "나누어 만들다造分"와 "길러서 자라게 하다化成"가 바로 조화造化이다. 〈순자 · 불구荀子 · 不苟〉에서 "진심으로 인仁을 지키면 겉으로 나타나게 되고, 나타나게 되면 신비스럽고, 신비스러우면 능히 변하게 되는 것이다.誠心守仁則形, 形則神, 神則能化矣"라 하였으며 주석에서 "화化는 천선遷善이다."하였고, 또 "선善에 이르면 교화된 것이다馴至於善謂之化."하였는데 이는 모두 교화敎化를 뜻한다. 이 일련의 개념들을 통해 우리는 중국 고대에서 자연세계와 인문세계에 대해 통일시키면서 또 대립시키는 관찰 방법을 가지고 있다는 것을 알 수 있다. 그러나 중국 고전 자료에서 화化는 교화를 가리키는 경우가 더 많다.

고대인들의 문화에 대한 인식은 옛 것이 새로운 것으로 교체된다는 관념이 내재되어 있다. 〈예기 · 중용禮記 · 中庸〉에서 "성실하면 드러나고, 드러나면 더욱 드러나고, 더욱 드러나면 밝아지고, 밝아지면 감동시키고, 감동시키면 변하고, 변하면 화할 수 있다曲能有誠 誠則形 形則著 著則明 明則動 動則變 變則化." 하였다. 주注에서 "동動은 사람의 마음을 움직이는 것이고, 변變은 악을 선으로 바꾸는 것인데, 지속적으로 변하면 교화되어 성선性善에 이를 것이다."하였다. 소疏[1]에서 "변하기 시작할 때는 변變이라 하고, 이때는 새로운 것과 옛 것이 모

1) 중국 선진시대의 경서와 사서에는 한 대에서 전문적으로 주해를 달았는데, 당 대 이후 전문가들이 또 이 경서와 사서의 원문과 주해에 주를 달았는데, 이는 "정의(正義)" 혹은 "소(疏)"라 한다.

두 포함되어 있으며, 옛 것이 모두 사라지고 새로운 것만 있을 때 화化라고 한다." 하였다. 여기에 변화하다는 사상이 포함되었을 뿐만 아니라 양적 변화에서 질적 변화로 전환하다는 사상도 포함되어 있다. 질적 변화가 일어나야 화化라 할 수 있다.

중국 고서에서 "문화文化" 란 개념은 아주 일찍이 생성되었는데 〈설원 · 지무說苑 · 指武〉에서 "모든 무력을 일으키는 것은 복종하지 않기 때문이며, 문덕으로 다스리고 교화시켜도 변하지 않으면 토벌한다凡武之興, 爲不服也 ; 文化不改,然後可誅." 고 하였다. 우리가 "문" 과 "화" 의 내포된 의미를 합치면 조기 문화의 의미를 알 수 있다. 중국 고전의 "문화" 는 인간의 후천적 수양과 정신적 · 물질적 창조를 가리키는데, 수양은 주관적인 세계를 개조하는 범주에 속하고 창조는 객관적인 세계를 개조하는 범주에 속한다.

"문화" 에 대한 전통적인 해석에 근거하여 학계에서 자주 문화를 영어의 culture와 대역한다. culture의 본래의 뜻은 인류가 창조한 물질적 문명인데, 물질적 창조에 인간의 지혜가 내포되어 있어 정신적 문명과 뚜렷하게 구분 짓는 것이 어렵기에 "문화" 란 단어와 동의어가 되었다. 실제로 culture로 해석되지 않은 중국 전통의 "문화" 개념에 포함되어 있는 후천적 창조 · 변화 관념이 오늘날 문화학에서 다루는 문화의 의미에 더욱 부합된다.

2. 넓은 의미의 문화와 좁은 의미의 문화

17세기 유럽 르네상스는 인간성을 속박하는 신학을 타파하여 인간을 중심으로 하는 사상적 해방을 실현함으로 인간에게 인류사회의 역사적 발전 과정을 보여주었으며, "지리상의 대 발견" 과 식민주의의 확장은 인간에게 인류사회의 민족적 · 지역적 차이를 보여주었다. 이 두 가지 요인은 인간이 자신을 연구하는 열정을 불러일으켰다. 20세기 이래 국제적 왕래가 빈번해지고 민족적 문제가 첨예화되는 등 새로운 요소에 따라 인류 자체를 연구하는 열기가 더욱 높아졌다. 200년 이래 문화는 점차 사람들 관심의 초점이 되었고, 더욱 풍부하고 범위가 더욱 광범한 개념이 되었다. 문화가 다방면에서 관심을 받았기 때문에 문화에 대한 정의도 통일되지 못하고 있다. 어떤 통계에 의하면 서로 다른 학문영역의 서로 다른 목적과 각도로 인해 "문화"에 대한 정의가 백 여 가지가 된다. 문화의 정의가 다름으로 인하여 문화학의 연구 범위에도 영향을 미치고 있다. 그러나 전체적으로 보았을 때 "문화"에 대한 정의는 광의와 협의로 나눌 수있다.

넓은 의미의 "문화"는 인류와 비 인류의 대립을 논점 근거로 삼았다. 인류문화학과 문화철학 분야에서 이 넓은 의미의 "문화" 정의를 수용하였다. 1974년 판 〈브리태니커 백과사전〉의 문화에 대한 일반적인 정의를 보면 "문화는 '전체 인류사회의 유산' 이다."고 하였다. 1973년 판〈볼샤야 소베츠카야 백과사전〉의 문화에 대한 광의적 정의에서는 "문화는 사회와 인간이 역사에서의 일정한 발전수준이며, 인간이 생활하고 활동하는 여러 가지 유형과 형식 및 인간이 창조한 물질적 · 정신적 자산으로 표현된다." 하였다. 중국 현대 철학자 전목錢穆은 〈중국문화 정신中國文化精神〉에서 아주 생동적인 표현으로 넓은 의미의 문화를 개괄하였다. 즉 "문화는 하나의 큰 집단의 오래된 공통 인생이다." 문화에 대한 넓은 의미의 정의를 총괄하면 "문화는 인류의 오랜 역사 발전 과정에서 공통으로 창조하여 그 것에 의지하여 생존하는 물질적 · 정신적 존재이다."라고 말할 수있다. 이 정의에 대하여 다음 세 가지 요점을 파악해야 한다. 첫째, 문화는 인류 및 인류의 창조 활동과 관련되어 있어 인간을 중심으로 하는 개념이다. 둘째,

하나의 역사 개념으로 인류 역사의 전체 과정을 포괄하고 있어 계승하고 발전하다는 종합적인 개념이다. 셋째, 물질적 창조와 정신적 창조를 포괄하고 있다.

좁은 의미의 문화는 인류의 정신적 창조를 가리켜 인간의 심리 상태를 강조하나 실제로 인류의 문화에서 물질적 창조와 정신적 창조를 뚜렷하게 구분 짓기는 어렵다. 모든 물질적 형식으로 존재하는 창조물에는 무두 창조자의 관념 · 지혜 · 의지와 같은 정신적 요소가 응집되어 있다. 우리가 좁은 의미의 문화 개념을 정의 내리는 것은 물질세계를 완전 배제하고 우리의 시선을 인간 중심으로 하는 세계로 돌려 인류 자체를 관찰하기 위한 것이다. 좁은 의미의 문화는 인문 문화라고도 불리는데 어떤 사회 집단(민족 혹은 계층)이 장기간 역사 발전에서 계승하고 누적하여 응집된 공동의 인문정신 및 그의 물질적인 표현의 총체적 체계를 뜻한다. 이 정의에 대해서도 세 가지 요점을 파악해야 한다. 첫째, 인간을 중심으로 할 뿐만 아니라 인간의 정신적 활동을 중심으로 하기 때문에 물질세계를 관찰한다 하더라도 거기에 내포된 인문정신을 핵심으로 한다. 둘째, 개개인의 정신적 활동이 아니라 역사적으로 계승하고 누적하여 응집된 공통의 체계적인 인문정신이다. 셋째, 인류 전체의 보편적인 공통성뿐만 아니라 서로 다른 민족 · 계층 · 집단의 인문정신의 특징에 대해서 더욱 관심을 갖는다. 따라서 좁은 의미의 문화에 대한 정의는 인류 문화학에 적용될 뿐만 아니라 민족 문화학 · 국제 문화학 등 비교적 구체적인 영역에도 적용된다.

3. 문화의 역사발전과 문화의 전통

1) 문화 발전의 역사 단계

문화는 하나의 역사 개념이다. 문화의 역사 전파에서 상류사회 문화는 문자로 된 전적을 매체로 하며, 민간문화는 주로 구두로 전승된다. 문화의 특징 변화를 전제로 하고, 문화와 관련된 중대한 사건과 전형적 사상(事象 : 사건과 형상)을 경계로 하면, 문화 변천의 역사단계 구분은 조정할 수 있다. 우리는 문화를 하나의 역사적 개념이라고 말하는데, 이는 두 방면에서 인식해야 한다. 첫째, 모든 문화 사상事象은 일정한 역사배경 하에 존재 · 변화 · 발전하면서 어느 한 시대의 특색을 띠게 된다. 둘째, 문화는 시간의 흐름에 따라 전승되는 과정에서 자체의 전통을 축적하고 확립하였다. 따라서 우리는 각 민족과 국가의 문화발전 과정을 묘사하는데, 여러 단계 문화를 상하 비교하는 토대에서 문화발전의 총체적 맥락을 탐구하고 문화발전의 규율을 총결해야만 민족과 국가별 문화에 대하여 분명하게 인식할 수 있다.

2) 전통문화

중국의 전통문화란 중화문화를 근원으로 하며, 중국 내 여러 민족이 함께 창조한, 장기적 역사발전으로 축적된 문화를 말한다. 중국전통문화와 중국고대문화는 다른 관점에서 지칭하는 것이다. 중국 고대문화는 현대문화에 초점을 맞추어 말한 것이며, 문화에 대한 시대 구분이다. 전통문화는 문화의 전승에 대해 말한 것이며, 문화의 근원과 그 근원을 따라 전해져 온 모든 문화유산을 강조하는데, 이는 고대에 국한되지 않고 지금까지 중화민족의 선별과 도태의 과정을 거쳐 끊임없이 풍부해지고 향상된 인문정신의 총화이다. 어떤 이는 전통문화를 고대문화와 동등하게 보고서 전통을 중시하는 것을 복고라고 여기고, 심지어는 전통과 현대는 병존할 수 없다고 보기도 하며, 현대화를 실현하려면 반드시 전통에 반대해야 한다고도 한다. 이러한 인식은 현대화 과정이 여전히 전통문화발전의 한 부분임을 간과한 것인데, 일단 전통을 부정하면 중국의 특색인 현대화와 민족의 특징이 단절되어 우리들이 추구하는 목표와는 맞지 않게 된다. 또 어떤 이는 전통을 발전시키려면 서양문화의 참고 및 도입을 거부해야 한다고 하거나, 중국의 전통과 서양의 문화는 확연히 대립되는 것이라고도 한다. 이러한 인식 또한 단편적인 것이다. 어떠한 민족 전통이든 각각의 역사시기에는 모두 다른 민족문화의 영향을 받게 되는데, 다른 문화의 도입과 흡수가 일단 실현되면, 다시 말하면 흡수된 이러한 외래문화가 일단 자체 문화와 서로 융합되면 외래문화 또한 전통문화의 일부분이 된다. 순수한 문화는 없는데, 외래문화의 흡수는 본래의 문화를 풍부하게 하고 발전시키는 정상적 경로 중 하나이다. 물론 전통문화는 외래문화에 대해 언제나 선택권이 있으며, 본래 문화에 적응하지 못하는 외래문화가 완전히 도태되는 것 또한 필연적인 것이다. 그러나 이것은 모든 외래문화를 거부하는 협의의 민족주의와는 완전히 다른 것이다.

모든 민족과 국가의 문화는 시간과 지역에 따라 다르며, 어느 정도 안정성과 연속성도 지니고 있다. 문화의 전통은 민족과 국가의 각 역사단계를 관통하는 각 문화의 핵심정신이다. 비록 서로의 표현형식이 완전히 일치하지는 않더라도 이 핵심정신은 또한 상류사회 문화와 민간문화가 함께 공유하는 것이다. 예를 들면 중국의 시가詩歌 전통은 음률을 중시하는데, 이 점은 민가이든 위진魏晉·당송唐宋의 문인시詩와 사詞이든, 근현대의 백화시白話詩에 이르기까지 다른 형식으로 이러한 전통을 유지하므로 모두 중국의 특색을 지녔다고 인정된다. 또 한 예로, 중국의 봉건체제가 형성한 등급과 특권 관념 및 종법제宗

法制제가 형성한 혈통론은 설령 현대사회에서라 할지라도 민간에서든 상류사회에서든 여전히 사람들의 사고에 영향을 미친다.

문화의 전통은 어느 정도 안정성과 연속성을 지니며, 이는 전승되는 과정에서 축적된 것이고, 역사적 산물이며, 또 시대마다 그 시대와 서로 맞는 형식의 특징이 생겨난다. 그러므로 문화의 전통은 여러 시대의 보편적 특성을 지니며, 다른 시대의 다방면의 내용도 종합하였다. 전통은 고정 불변하는 것이 아니다.

문화의 전통은 사회발전에 긍정적 작용도 하고, 부정적 작용도 한다. 전자는 문화의 정수로, 우수한 전통이며, 후자는 쓸모없는 것으로, 좋지 않은 전통이다. 문화의 전통에 대해 일률적으로 부정하고 비판하는 태도를 취하는 것은 바람직하지 않으며, 분석을 거치지 않고 전부 수용하는 태도 역시 올바른 태도가 아니다.

4. 문화의 속성

문화는 매우 포괄적인 개념으로 여러 가지 속성을 내포하고 있다.

① 공유성 : 한 사회의 구성원들은 언어, 예술, 식생활 등 여러 면에서 문화적 특성들을 공유하고 있기 때문에, 개인은 자신이 속해 있는 집단의 문화적 유형에서 벗어날 수 없다. 같은 집단에 속해 있는 사람들은 같은 문화적 유형에 길들여지므로 비슷한 행동 유형을 가지게 된다. 이러한 행동 유형은 국민성, 민족성, 또는 사회적 성격 등으로 나타난다.

② 학습성 : 문화는 선천적으로 갖추어진 것이 아니라, 후천적으로

학습을 통하여 습득된다. 예를 들어 식사를 할 때 수저나 나이프를 사용하는 것은 후천적으로 습득하는 것으로서 문화적 행위이다. 인간은 가정 교육, 또래 집단에서의 놀이, 친구들과의 대화 등 비공식적인 수단이나, 학교 교육, 직업훈련과 같은 공식적인 수단을 통해서 문화를 학습한다.

③ 축적성 : 인간은 언어와 문자 등 상징체계를 사용하여 한 세대에 이루어진 경험과 지식을 다음 세대에 전함으로써 지식을 축적한다. 오늘의 우리 문화는 구전口傳이나 기록을 통해 전승, 축적되어 이루어진 것이다.

④ 통합성 : 한 사회의 문화는 지식 · 신앙 · 예술 · 도덕 · 관습 및 제도 등 수많은 부분으로 구성되어 있다. 그러나 그 사회 집단의 문화를 구성하는 부분들은 각기 떨어져 있는 것이 아니라, 서로 긴밀한 관계를 유지하면서 전체적으로 체계를 이루고 있다. 예를 들면, 교육 제도는 독자적으로 그 기능을 수행하고 있는 것이 아니라, 가족 제도 · 경제 제도 · 종교 제도, 그리고 정치 제도 등과 유기적인 관련을 맺고 있다. 따라서, 이들 모두가 하나의 일관성 있는, 통합된 전체로서의 문화를 구성하게 되는 것이다. 그러므로 문화를 구성하고 있는 어느 한 부분에 이상이 생기거나 변동이 일어나면, 다른 부분들에 연쇄적으로 영향을 미치게 된다.

⑤ 변동성 : 사회의 구성원들에게서는 언어 · 식생활 · 주거생활 · 신앙 · 가치관 등에서 어느 정도의 규칙성을 발견할 수 있으나, 고정불변의 것은 아니다. 우리의 생활에는 문화 특성들이 새로이 추가되기도 하고, 또 기능이 상실되어 없어지기도 한다. 인류 문명의 발달사

는 바로 이러한 문화 변동의 역사라고 할 수 있다. 한 사회의 문화적 특성들은 시간이 지나면서 변해간다.

5. 각종 문화와 관련된 용어

일상생활에서 사람들은 흔히 "문화"라는 용어를 많이 쓰는데, 때로는 남용하고 있다. 실은 사람들이 사용하는 "문화"가 앞에서 말한 넓은 의미의 문화나 좁은 의미의 문화가 아니라, 문화와 연관성이 있는 개념으로서 문화의 두 가지 정의와 상응되는 바가 각각 다르다. 각종 개념을 비교적 규범에 맞게 활용하기 위하여 관련된 용어를 다음과 같이 해석한다.

① 문화제품 : 넓은 의미의 문화제품은 물질제품과 정신제품을 포함한 인류가 창조해낸 사회에 제공된 볼 수 있는 모든 제품이다. 예를 들어 농기구는 실용적인 생산 도구로서 물질제품에 속하는데, 각 역사시기의 농기구는 흔히 생산력 발전의 상징 중의 하나로서 인류 창조력의 수준을 상징한다. 또 한편으로 농기구의 양식과 기능은 민족특징과 지역특징을 지니고 있어서 농기구 또한 문화제품에 속하는 것이다. 좁은 의미의 문화제품은 정신제품을 가리킨다. 순수 실용적인 생산도구, 생활기구와 에너지 자재 등과 같은 것은 일반적으로 문화제품으로 부르지 않는다. 제품은 보고 들을 수 있는 성질을 가지고 있다. 사상관념을 드러내고 있지만 순수한 사상관념과 다르다. 예를 들어 음악 · 미술 · 조각 등과 같은 예술제품은 모두 작자의 일정한 심미관을 나타내지만 예술가 머릿속에 존재하고 있는 심미관 자체를 문화제품이라고 부를 수는 없다. 볼 수 있고 느낄 수 있는 예술제품이어야

만 비로소 문화제품이라고 할 수 있다. 모든 고서에서는 사람의 사상을 기재했지만 사상이 기재되기 전에는 제품이라고 부를 수가 없고 글로 쓴 고서나 구두로 전해 내려온 표현형식여야만 비로소 문화제품이라고 할 수 있다.

② 문화내포 : 많은 사물들은 각각 어떤 영역에 속하지만, 넓은 의미의 문화에 근거하여 인류가 창조해낸 것이기만 하면 모두 문화범주에 속할 수 있다. 문화학에서는 주로 이런 사물들의 인문성의 측면을 주시한다. 우리는 일부 좁은 의미의 문화에 속하지 않는 사물 가운데 그 인문적인 특성을 사물의 문화내포라고 칭한다. 예를 들어 식기는 일반적으로 생활용품에 속한다. 젓가락 · 그릇 · 국자를 만드는 절차는 모두 그들의 공업속성이고, 사용방법은 그들의 실용기능 속성이며, 인체 건강에 미치는 영향은 그들의 의료보건 속성에 속한다. 또한 이런 식기들이 생긴 역사적 배경, 민족음식 특징과의 적응성(다시 말해서 그 양식의 민족화), 각 시대에서 그들을 아름답게 장식하는 방식, 그들과 관련된 전설 및 그들 이름의 유래 등등은 모두 인문정신 속성의 표현이고 즉 문화내포이다. 평소에 "젓가락문화", "부채문화"라고 말하는 것은 사물의 문화내포에 초점을 맞춘 것이지 이런 사물들을 일종의 문화로 자칭해도 된다는 것은 아니다. 따라서 우리는 "문화" 개념을 저속하게 만들어서는 안 된다.

③ 문화현상 : 문화현상은 인류문화 발전과정 중에 어떤 외부적 상태와 연관을 나타내는 것을 가리킨다. 현상은 개별적이고, 구체적이며, 직접 관찰할 수 있고, 경험성이라는 특징을 갖추고 있다. 어떤 현상은 단일성을 지니고 있다. 예를 들어 물고기 잡는 것을 관찰해 보면 여러 가지 방법을 발견할 수 있다. 어망으로 잡는 방법이 있는데 각각

다른 양식과 크기의 어망을 사용한다는 것을 알 수 있다. 춤을 추는 것을 관찰해 보면 장소 · 인원수 · 동작 · 도구 등이 모두 다르다는 것을 발견할 수 있는데, 하나의 구체적인 상태는 모두 다 일종의 현상이다. 어떤 현상은 여러 가지 사물의 연계성을 나타내기도 한다. 예를 들어 달무리와 바람이 같이 나타나는 것, 차가운 성질의 한약이 쓴 맛의 느낌과 같이 나타나는 것, 한자에 있어서 전국시대의 문자구성은 앞뒤 시대보다 차이가 크다는 것, 시의 소재에 있어서 율시는 당나라에 성행했고 사는 송나라에 성행했으며 곡은 원나라에 성행했다는 것 등등 이와 같은 것들이 모두 사람들은 관찰해낸 현상들이다. 현상은 경험성을 지니고 감성적인 체험에 치우치는데 이는 그 미치는 영향이 미미한 것도 있고 중대한 것도 있다. 예를 들어 국가흥망 · 민족생멸 · 신제도의 도입 등과 같은 현상은 중대한 문화 현상에 속하는 것이다.

④ 문화사상文化事象 : 한 가지 현상이 같은 형식으로 거듭 나타날 때 거기에는 규율이 있다. 어떤 역사시기, 어떤 국가(민족이나 지역) 문화 발전에는 전형적이고 상징적인 의미를 지니고 있는데 이런 현상들을 문화사상文化事象이라고 칭한다. 문화사상은 "대중들의 같은 요구, 같은 심리를 기초로 하여 형성되는 것이고 끊임없이 갈고닦은 결과이다."[2] 문화사상은 흔히 사상관념 및 그 물질화 형식의 종합이므로 외재적인 특징을 지닐 뿐만 아니라 관념의 특징을 함유하기도 한다. 문화사상은 사람들이 현상에 대한 느낌을 이성적인 총괄로 상승시킨 인식결과이다. 예를 들어 원시적인 무술巫術, 생산영역 중 금기행위, 색깔과 양식으로 등급을 상징하는 궁궐의복과 장신구, 문학에서 말하는

2) 钟敬文 :《民俗学发凡》,《中国民间文学演讲集》北京师范大学출판사, 1999년 9판, 7쪽.

건안풍골建安風骨, 중국 희곡의 형식화된 동작 등등 모두 다 문화사상이다. 문화사상은 내용과 형식에 있어서 종종 서로간의 유사한 성질을 지닌 동시에 전파되는 과정에서 어떤 변이가 나타나는데 전자는 문화사상의 유형성이라고 칭하고 후자는 문화사상의 변이성이라고 칭한다. 문화사상은 인류사회의 존재와 발전 및 다른 문화사상의 발전에 대한 작용을 문화사상의 기능이라고 칭한다. 문화변이, 발전의 특징은 그들의 기능이 시대적이라는 것을 입증했다. "역사의 발전에 따라 어떤 기능이 쇠퇴되고 약해질 수 있으므로 사람들은 끊임없이 새로운 각도에서 그들의 기능을 발굴할 것이다."[3] 문화사상은 문화학연구의 기본 부문이다.

⑤ 문화사조 : 한 시기에 어떤 계층이나 어떤 업종의 사람들이 가진 문화문제에 대한 태도와 관점, 어떤 문화사상에서 나타나는 의식형태, 예를 들어 가치관, 심미관 등을 문화 관념이라고 칭한다. 어떤 문화 관념과 이와 관련된 문화사상은 어떤 특정한 시기, 일정한 배경에서 사회에 대해 광범위한 영향을 미치고, 다수의 사람들로 인해 찬성과 신봉을 받게 되는 조류가 이루어지는데 이를 문화사조라고 칭한다. 양계초는 다음과 같이 말했다. "무릇 문화가 발전이 되어있는 나라는 국민이 한 시기에 환경의 변천과 마음의 감명으로 약속하지 않았는데도 사상의 진로가 같은 방향으로 흘러들어가, 서로 호응하여 조수처럼 솟아나와 처음에는 그 기세가 아주 미약하고 거의 알지 못하지만, 점점 스며들어 부풀어져 가득 차게 되고 시일이 지나면 약해지고 점점 생명력을 잃어간다. 무릇 '사思'는 다 조潮로 될 수 있는 것

3) 刘魁立 :《民间传统文化和民间叙事文学》,《民俗学發凡》, 上海文艺출판사, 1998년판, 121쪽.

은 아니고, 조로 될 수 있는 것은 그의 사상이 반드시 상당한 가치가 있어야 하고 그 시대의 요구에 부합해야 한다. 시대마다 다 사조가 있는 것이 아니고 사조가 있는 시대는 반드시 문화가 고조된 시대이다." 양계초는 한漢나라 때의 경학經學, 수隋나라와 당唐나라 때의 불교, 송宋나라와 명明나라 때의 이학理學, 청淸나라 때의 고고학은 모두 시대의 조류라고 간주할 수 있다고 했다.

⑥ 문화정책 : 문화정책이란 일정한 시대에 일정한 사회조건에서 행정기구가 문화영역문제에 대해 반포된 규정과 정책원칙을 가리킨다. 오늘 사회를 예를 들어 말하자면 소수민족발전에 초점을 맞춰 제정된 민족정책 · 문예정책 · 종교정책 · 언어문자정책 등과 같은 것이 모두 다 문화정책이다. 정책은 한 나라의 문화발전에 대해 능동적이고 주도적 작용을 한다. 바꾸어서 말하면 잘못된 정책은 또한 문화의 정상적인 발전을 방해하고 파괴할 수 있다.

제2장

중국개황

제2장

중국개황

1. '중국' 이란?

'중국' 이란? 이라고 묻는다면, 우리나라 서해 건너 있는 거대한 대륙의 땅이 제일 먼저 머리에 떠오를 것이다. 서해 건너에는 지금 중화인민공화국中華人民共和國이라는 나라가 있고, 또 예전에 중화민국中華民國이라고 부르던 나라인 대만臺湾도 있다. 그밖에 영국이나 포르투갈의 영토(식민지)였다가 중화인민공화국으로 귀속된 홍콩과 마카오도 있다.

흔히 중국본토라고 부르는 중국대륙의 중심지대 이외에 만주滿洲·몽고蒙古·신강新彊·티베트西彊라고 불리는 지역들도 있는데, 이 중에서 몽고는 내몽고內蒙古와 외몽고外蒙古로 나누어져, 전자는 지금 중국에 소속되어 있지만, 후자는 몽고인민공화국蒙古人民共和國이라는 별도의 나라가 있고, 나머지 만주·신강·티베트지역은 모두 중국에 소속되어 있다. 언젠가 중국과 대만이 어떠한 형태로든지 통일이 되면 '중국' 의 모습은 지금과도 달라질 것이다.

중국은 장래에도 모습이 달라지겠지만, 먼 옛날부터도 늘 모습이 바뀌어져 왔다. 우리들은 중국에 사는 사람들, 또는 중국에 살다가 외국에 이주해서 사는 사람들을 보통 '중국사람中國人' 또는 '화교華僑'라고 부른다. 우리나라에서 흔히 볼 수 있는 조선족의 중국인을 제외하고, 신문이나 텔레비전 등에서 흔히 볼 수 있는 중국인이나 화교들은 사실상 한족漢族에 국한되어 있는 경우가 많다. 중국에서는 물론 한족들이 전체인구의 대부분(93% 이상)을 차지하니까, 우리가 한족을 보고서 '중국사람'을 보았다고 하여도 크게 틀린 것은 아니나, 사실 중국이라는 큰 터전 안에 대만에는 대만토인臺灣土人들이 있고, 만주에는 만주족, 몽고에는 몽고족, 신강에는 위구르족, 티베트에는 티베트족 등이 옛날부터 살아왔다. 이 밖에도 지금 만주를 중심으로 하여 중국 각지에는 우리와 같은 한국인朝鮮族들도 2백만 정도가 살고 있는데, 이들도 따지고 보면 지금 중국국적을 가지고 있으니 모두 '중국사람'의 일부임에는 틀림이 없다.

1) 옛날의 '중국中國'

옛날에는 '중국中國'이란 말을 어떻게 사용하였으며, 또 옛날 중국 사람들은 '중국'이란 말을 어떻게 이해하였을까?

지금 우리들이 보통 '중국'이라고 말할 때에는 '한국'·'일본'·'월남'·'영국'·'미국'처럼 한 국가로서 중국을 생각하게 된다. 하나의 국가nation가 되기 위하여서는 영토와 국민과 주권 이 세 가지 요소를 갖추고 있어야 한다. 그런데 옛날 중국 사람들이 사용한 '중국'이라는 말은 이 세 가지 요소가 다 갖추진 국가라는 개념으로 사용되었을까?

중국 사람들이 옛날에 즐겨 쓰던 말 중에 "온 하늘 밑에 있는 땅이 임금의 땅이 아닌 것이 없고, 온 땅덩이 끝에 사는 사람들까지도 임금의 신하 아닌 사람이 없다普天之下, 莫非王土, 率土地濱, 莫非王臣." 라는 말이 있다. 여기서 말한 임금王이란 것은 곧 중국의 황제, 즉 천자天子를 말한다. 중국 사람들은 자기네들의 최고통치자를 '천자(하늘의 아들)' 라고 하여, 높은 하늘의 뜻을 받들어 그 대리자로서 이 세상에 사는 모든 사람들을 두루 다스린다고 생각하였다. 이러한 생각을 '천하일통天下一統' 사상, 또는 '중화중심中華中心' 사상이라고 하는데, 이러한 생각에 의거해 볼 것 같으면, 옛날 중국에서는 지금 사람들이 생각하는 '국가' 와 같은 개념으로 '중국' 을 보지는 않았다고 하겠다. 다시 말해 '온 하늘 밑에 있는 땅이 모두 중국 임금의 땅' 이라고 하였으니, 현대와 같은 국경개념, 국토개념이 아니고, '온 땅덩이 끝에 사는 사람들까지도 모두 임금의 신하가 아닌 사람이 없다' 고 하였으니, 요즘의 국민이라는 개념도 아니다.

그렇다면 옛날 중국 사람들이 사용한 '중국' 이라는 말은 곧 '온 천하 중에서 가장 중심적인 위치에 있으면서 문화가 가장 발달된 지역' 이란 뜻으로 이해하였던 것이다. 비슷한 말로 '중화中華', '중원中原' 같은 말이 있는데, 이 말도 '가장 중심에 있는 가장 문화가 빛나는 곳', '가장 중심에 있는 넓은 곳' 이란 뜻으로 사용된 말이다.

그래서 옛날 '중국' 이란 말을 생각할 때에는, 오늘날 우리들이 생각하는 것처럼 하나의 나라라는 뜻보다는, 어떤 훌륭한 문화를 형성하고 있었던 한 '문화권文化圈' 이란 뜻으로서 파악하여야 편리할 때가 많다.

2) 오늘의 '중국'

국가명	중화인민공화국(中華人民共和國 : People's Republic of China)
건국일	1949년 10월 1일
국기	오성홍기(五星紅旗) : 붉은 색 바탕에 황색으로 된 큰 별 하나와 작은 별 4개가 그려져 있는데, 큰별은 중국 공산당을 의미하고 4개의 작은 별은 노동자 · 농민 · 소자산계급 · 민족자산계급을 상징하며 5개의 별은 중국 인민의 대단결을 뜻한다. 붉은 색은 혁명, 황색은 광명을 뜻한다.
국가(國歌)	의용군행진곡(義勇軍行進曲) : 1935년에 극작가 전한(田漢)이 작사하고, 일본에서 24세 때 객사한 섭이(聶耳)가 작곡했다.
면적	959.7만km^2 : 러시아 · 캐나다 다음으로 크다. 한반도의 44배, 한국의 96배
민족	56개 민족으로 구성된 다민족 국가
인구	약 13.7억 : 산아 제한으로 1명만 출산 허용(소수민족은 제외)
언어	표준어 : 한어(漢語) 방언 : ① 북방방언(황하강 이북 지역) ② 오(吳)방언 : 남서부 지역 ③ 상(湘)방언 : 중부 이남 호남성 ④ 감(贛)방언 : 강서성 일대 ⑤ 객가(客家)방언 : 광동지역 ⑥ 민(閩)방언 : 동남해안 복건성 ⑦ 월(粤)방언 : 광동성 일대
수도	북경 : 인구 2,000여만(800년의 역사를 보유하고 있음)
행정구역	23개 성(省) · 5개 자치구 · 4개 직할시(북경 상해 천진 중경)
시차	한국보다 1시간 늦음

2. 국기國旗와 국장國章

1) 중국의 국기

중국의 국기를 오성홍기五星紅旗라 하는데, 붉은 색 바탕에 황색으로 된 큰 별 하나와 작은 별 4개가 그려져 있어 그렇게 부른다. 오성

홍기의 상징과 그 의미를 살펴보면, 큰 별은 중국 공산당을 상징하고 4개의 작은 별은 노동자 · 농민 · 소자산계급 · 민족자산계급을 상징하며, 5개의 별은 곧 중국공산당을 중심으로 혁명인민의 대단결을 뜻한다. 붉은 바탕紅旗은 '혁명革命'을, 황색의 오성五星은 붉은 대지로부터 밝아오는 '광명光明'과 중화민족인 '황색인종'을 상징한다.

2) 중국의 국장國章

중국의 국장國章은 중화인민공화국의 상징이다. 다섯 개의 별이 한 가운데의 천안문을 비추고 있고, 그 주위를 이삭과 톱니바퀴가 감싸고 있는 모양의 도안이다. 천안문은 5 · 4운동의 발생지이며 중화인민공화국 탄생의 집회장소였기 때문에, 민족정신의 상징으로 도안의 중앙에 배치하였고, 톱니바퀴와 이삭은 노동계급과 농민을 의미한다. 다섯 개의 별은 중국국기에서 살펴보았듯이 중국공산당의 영도 하에 인민이 단결한다는 뜻이다.

3. 중국 국가國歌

우리나라의 국가國歌를 애국가愛國歌라 하듯이 중국의 국가國歌를 의용군행진곡義勇軍行進曲이라 한다. 이 의용군행진곡義勇軍行進曲은 1935년 전한田漢이 작사하고 섭이聶耳가 작곡한 것으로, 1949년 국가로 제정되었다.

의용군행진곡義勇軍行進曲은 원래 1934년에 쓴 희곡 '양자강폭풍우揚子江暴風雨'의 주제곡인 '전진가前進歌'였던 것을 1935년 수정하여 영화 '풍운여아風雲女兒' 의 주제곡으로 쓰인 것인데, 1949년 9월 27일 중국인민정치협상회의 제1차 전체회의의 결의를 거쳐 중국의 국가가 되었다.

●의용군행진곡義勇軍行進曲

일어나라![起來!]
노예가 되기 싫은 사람들이여! [不愿做奴隷的人們]
우리 피와 살로 새로운 장성을 쌓아가자. [把我們的血肉,築成我們新的長城]
중화민족 앞에 위기는 닥쳐, [中華民族到了最危險的時候]
사람마다 압박 받으며 외치는 최후의 함성. [每個人被迫着發出最後的吼聲]
일어나라! 일어나라! 일어나라! [起來! 起來! 起來!]
우리 모두 한마음 되어, [我們萬衆一心]
적의 포화를 뚫고 전진! [冒着敵人的包火前進!]
적의 포화를 뚫고 전진! [冒着敵人的包火前進!]
전진! 전진! 전진! [前進! 前進! 前進!]

●전한(田漢 : 1898~1968)

호남성湖南省 장사長沙 출생으로 일본에 유학. 일본유학생들이 조직한 '창조사創造社' 에 참가하여 1922년부터 낭만적인 희곡작품인 《咖啡店之一夜(찻집의 하룻밤)》(1920)을 비롯하여 여러 편의 작품을 남겼고, 1931년에 좌익희극가연맹左翼戲劇歌聯盟에 가입하여 《暴風雨中的七个女性(폭풍우 속의 7인의 여성)》(1932) 등의 작품을 남겼다. 1936년 좌익에서 전향하여 민족주의 연극운동에 관여하였고, 중화인민공화국 수립 후에는 중공희극가협회 주석으로서 연극계의 최고 지도자가 되었지만, 문화대혁명 때에 《謝瑤環(사요환)》 등의 작품이 반당작품反黨作品으로 몰려 비판받았다.

●**섭이(聶耳 : 1912~1935)**

본명은 섭수신聶守信이며, 자字가 자의子義 또는 자예紫藝이다. 고향은 운남성云南省 옥계玉溪이다. 그는 어려운 가정환경에서 자라 민중들의 어려운 생활고를 잘 알고 있었으므로 수십 수의 뛰어난 혁명가곡을 지었을 뿐 아니라 중국음악의 새로운 길을 연 사람이다. 특히 그는 중화인민공화국의 국가인 의용군행진곡義勇軍行進曲의 작곡자로 유명하다. 그의 주요 작품으로는 《의용군행진곡》을 비롯하여 《채릉가采菱歌》·《개로선봉開路先鋒》 등이 있다.

4. 국토와 행정구역

현재의 중국은 황하黃河의 중하류中下流지역, 이른바 중원中原이라고 하는 작은 나라들에서 시작하여, 시대에 따라 확장되거나 줄어들거나 하면서 지금에 와서 굉장히 넓은 지역을 차지하기에 이른 것인데, 현재 중국의 육지면적은 약 960만㎢, 한반도의 약 44배에 달한다.

현재의 중국영역을 좀 더 구체적으로 살펴보면, 17~18세기의 청나라의 영역과 거의 일치하게 됨을 알 수 있다. 그 북단北端은 이 활모양을 하고서 흐르고 있는 흑룡강黑龍江의 최북단인 막하漠河라는 곳이고, 남단南端은 남사군도南沙群島의 증모암사曾母暗沙라는 곳이다. 북단과 남단은, 즉 남북의 거리는 대략 직선거리로 5,500㎞에 이른다. 이렇게 남북의 위도차가 크기 때문에 기후도 아한대 · 온대 · 아열대 등으로 다양하여, 북방이 한겨울의 혹한기로 들어갈 때도 남방은 여전히 더운 날씨를 이루고 있다.

남북의 위도차만 이렇게 큰 것이 아니라 동서의 경도차도 매우 크다. 경도로 볼 때, 동반구東半球에 위치하고 있는데, 흑룡강과 우수리강烏蘇里江의 합류점인 동단東端에서부터 파미르고원의 서단西端에 이르기까지 대략 직선거리로 5,200㎞이다. 이러한 동서의 경도차로 인해 중국은 동쪽 지역과 서쪽 지역 간의 시차가 4시간 이상이나 된다. 하지만 중국의 표준시는 신강위구르를 제외하고 북경의 표준시를 그대로 적용하고 있다.

중국의 국경선은 한반도를 비롯해 러시아 · 몽고 · 인도 등 15개국과 접해 있어 그 국경선의 길이만 해도 약 22,800㎞에 이르고, 조어도(釣魚島 : 일본과 중국) · 남사군도(南沙群島 : 베트남 필리핀 말레이시아 등과 중국) 등은 영유권 문제가 대두되고 있다.

1) 중국의 산

중국의 지형은 서고동저西高東低의 복잡하면서도 다양한데, 1983년판의 중국통계연감中國統計年鑑을 보면, 국토의 33%가 산지, 26%가 고원, 19%분지, 10%가 구릉丘陵으로 이루어져 있고 평원은 12% 밖에 되지 않는다. 전국적으로 보면 7할 이상이 산악지대인 셈이다.

해안지대에서 가장 가까운 연안일대 지형은 낮은 구릉과 평원이 대부분으로, 해발 1000~500m의 낮은 지형을 이루고 있다. 그러나 서쪽 내륙으로 들어가면 1000~2000m의 지형대가 나타나는데, 내몽고고원 · 황토고원 · 타림분지 · 투르판분지 · 사천분지 등이 이 지역에 해당한다. 서쪽의 가장 내륙, 즉 청장고원青藏高原은 해발 4000m 이상의 지형대로 높은 산이 많고 기후가 한랭건조한 곳이다.

'세계의 지붕' 이라 불리는 서남부의 해발 4000m 이상의 지형대로 이루어진 청장고원青藏高原에는 해발 8,000m가 넘는 히말라야산맥(해발 8,000m이상의 세계의 12개 산봉우리 중 7개가 중국 경내에 있음)을 비롯하여 곤륜산맥(崑崙山脈 : 파미르고원에서 쓰촨분지까지) · 천산산맥(天山山脈 : 신강위구르의 중부지역)이 북쪽으로 배치되어 있고, 곤륜산맥 동쪽에는 진령산맥(秦嶺山脈 : 간쑤성과 칭하이 변경지역에서 허난성 중부지역까지)있으며, 중국의 동쪽으로 대흥안령산맥(大興安嶺山脈 : 동북지역에 위치함) · 태행산맥(太行山脈 : 산동성과 산서성의 경계지역) 등이 서로 연결되어 있다. 이렇게 종횡으로 교차되어 있는 산맥들은 서로 다른 방향으로 뻗어 중국 지형의 골격을 구성하면서 중국의 지리와 농업생산의 중요 경계선이 되고 있다.

●오악五岳

중국의 산은 그 수를 헤아리기가 어려울 것이다. 그러나 중국인들은 명산으로 늘 오악五嶽을 거론한다. 중국의 오악五嶽이란, 동악(東嶽 : 산동성(山東省)의 태산(泰山) 1524m), 서악(西嶽 : 섬서성(陝西省)의 화산(華山) 1997m), 남악(南嶽 : 호남성(湖南省)의 형산(衡山) 1290m), 북악(北嶽 : 산서성(山西省)의 항산(恒山) 2017m), 중악(中嶽 : 하남성(河南省) 숭산(崇山) 1440m)를 두고 한 말이다. 중국인들은 이 오악五嶽을 신선이 사는 곳이라 여겼으며, 역대 많은 제왕이 몸소 제사를 지냈다. 특히 태산에는 군신을 이끌고 참배하고, 봉선封禪의 의식을 행하였다.

2) 바다

중국은 광활한 육지 외에도 발해渤海 · 황해黃海 · 동해東海 · 남해南海의 4대 해역의 넓은 영해를 보유하고 있다. 해역은 동북에서 서남으로 호형弧形을 이루고 해안선은 총 18,000㎞이다.

발해는 요동遼東반도와 산동山東반도에 둘러 싸여 있는 중국의 내해內海이고, 황해는 요동반도에서 장강長江 해구에 이르는 해면이며,

동해는 장강 입구에서 남으로 타이완해협에 이르는 해면이고, 남해는 타이완해협 이남의 해면이다. 해안선을 따라 북에서 남으로 따리엔大連 · 친후앙따오秦皇島 · 티엔진天津 · 옌타이煙臺 · 칭따오青島 · 리엔윈깡連雲港 · 난통南通 · 상하이上海 · 닝뽀寧波 · 원저우溫州 · 후우저우福州 · 시아먼厦門 · 산터우汕頭 · 선전深圳 · 주하이珠海 · 꾸앙저우廣州 · 잔지앙湛江 · 뻬이하이北海 등의 연해도시가 있다. 이 도시들은 자연적 조건이 좋아 해외운수와 국제무역을 하기에 매우 편리하여 대외개방으로 경제개발의 전진기지가 되고 있다.

그리고 중국에는 총 6천여 개의 크고 작은 섬이 있는데, 총 면적은 80,000㎢이다. 그 중 가장 큰 섬이 타이완 섬으로 그 면적은 약 36,000㎢이고, 두 번째로 큰 섬이 하이난따오海南島로 면적은 33,000여㎢이다.

3) 강

중국에 있는 크고 작은 강의 총길이는 43만km에 달한다. 그 중 유역流域 면적이 1,000㎢ 이상인 강이 1,500여 개 있으며, 강의 유출량은 브라질 · 구소련 · 캐나다 · 미국 · 인도네시아에 이어 세계 6위이다. 주요 강은 대부분 청장고원에서 발원하며 강물의 낙차가 매우 크다. 이로 인해 중국의 수력자원은 매우 풍부하고, 수력 포장량은 6.8억kw로 세계 1위이다.

중국의 강은 크게 외류하外流河와 내륙하內陸河로 나눌 수 있다. 해양으로 유입되는 강을 외류하라고 하며, 이것이 대부분을 차지하고 있다. 주로 장강長江 · 황하黃河 · 흑룡강黑龍江 · 주장珠江 · 난창강瀾滄江 등은 동으로 흘러 태평양으로 들어가고, 청장고원의 누강 · 야루짱부강 등은 남으로 흘러 국경을 지나 인도양으로 들어가며, 신장의 이르띄슈허는 북으로 흘러 국경을 지나 북극해로 들어간다.

내륙의 호수로 유입되거나 사막에서 소실되는 것을 내륙하라고 한다. 내륙하는 그렇게 많지 않은데, 신장의 타림하塔里木河가 대표적인 내륙하에 속한다.

중국의 대표적인 강으로는 장강長江 · 황하黃河 · 흑룡강黑龍江 · 주장珠江 · 난창강瀾滄江 · 야루짱푸강雅魯藏布江 · 누강怒江 등이다.

장강은 중국에서 가장 큰 강으로 전체 길이가 6,380km에 이르며, 아시아에서 제일 큰 강인 동시에 세계에서 세 번째로 큰 강이다.[4] 장강은 청장고원의 탕굴라산唐古拉山에서 발원하여 칭하이青海 · 티베트西藏 · 쓰촨四川 · 윈난雲南 · 후베이湖北 · 후난湖南 · 장시江西 · 안후이安徽 · 장쑤江蘇 · 상하이上海 등 10개의 성省 · 시市 · 자치구를 거쳐 마지막에 동해로 유입된다. 장강 중하류 지역은 기후가 온난다습하고 강우량이 많으며 토지가 비옥하여 중국의 중요 경제구이다. 장강의 항로는 중국 수상 운수의 대동맥이다. 그러나 하류지역에서는 침적토가 쌓여 하상이 높아지고, 경지면적을 확장하기 위해 주변의 호수를 메워버리거나 벌목을 한 결과 홍수가 자주 발생하고 있다. 이것에 대처하기 위해 중국은 삼협三峽 댐을 건설 중이지만 그것도 완전한 해결책이 못 된다.

황하黃河는 중국에서 두 번째 큰 강으로 전체 길이가 5,464km에 이른다. 황하는 칭하이성 바얀하르산에서 발원하여 칭하이 · 쓰촨 · 간쑤甘肅 · 닝샤寧夏 · 네이멍구 · 산시山西 · 산시陝西 · 허난河南 · 산둥 등의 9개 성 · 자치구를 거쳐 마지막에 발해로 유입된다. 황하유역은 토지가 비옥하고 목장이 많으며 지하자원이 풍부하여, 중국 고대문명의 발상지로서 중화민족의 요람으로 불린다. 그러나 다른 한편으로는 황하가 대평원을 가로 질러 먼 행로를 흐르는 동안 장강과 마찬가

4) 세계 '4대강' : ① 나일강(6,600km), 아프리카 ② 아마존강(6,480km), 남아메리카 ③ 창장(6,300km), 중국 ④ 미시시피강(6,260km), 북아메리카.

지로 하류지역에서는 침적토가 쌓여 하상이 높아진다. 이 때문에 상고시대부터 중국지방정부 책임자들은 제방을 구축하여 왔지만, 홍수가 날 때마다 강줄기가 크게 바뀔 정도로 재난의 역사는 점점 심화되어 황하는 "중국의 비극"이라고도 한다.

중국의 가장 북부에 위치하고 있는 흑룡강黑龍江은 중국에서 세 번째로 긴 강이다. 흑룡강은 몽고인민공화국의 북부와 중국 내몽고자치구의 대흥안령에서 발원하여 중국과 러시아의 국경이 되는 강이다. 전체 길이는 4,370㎞이며, 그 중에서 중국 경내와 중 · 러 변경을 흘러가는 길이는 3,422㎞이다. 제일 마지막에는 러시아 경내에서 오츠크해로 유입된다.

〈중국의 주요 강〉

명칭	길이(㎞)	유역면적(㎢)	경유지역	유입지
장강	6,300	1,807,199	칭하이 · 티베트 · 윈난 · 쓰촨 · 후베이 · 후난 · 장시 · 안후이 · 장쑤 · 상하이	동해
황하	5,464	752,443	칭하이 · 쓰촨 · 간쑤 · 닝샤 · 네이멍구 · 산시 · 산시 · 허난 · 산둥	발해
흑룡강	3,422	1,620,170	헤이룽장	오츠크해
주장	2,197	452,616	윈난 · 구이저우 · 광시 · 광둥	남해
란창강	2,153	161,430	칭하이 · 티베트 · 윈난	남해
야루짱부강	2,057	240,480	티베트	벵골만
누강	2,013	124,830	티베트 · 윈난	벵골만

이상에서 언급한 가장 큰 3개의 강 외에도 중국에는 주장珠江 · 란창강瀾滄江 · 야루짱부강雅魯藏布江 · 누강怒江 등과 같은 큰 강이 많다.[5)]

5) 《중국-과거현재미래》, 전영란 외 6인, 중문출판사. 2009.

4) 행정구역[6)]

현재 중국의 행정구역은 전국을 성급省級 · 지급地級 · 현급縣級의 3급으로 나누고 있다. 성급 행정단위에는 23개의 성 이외에도, 5개의 자치구自治區와 4개의 직할시直轄市가 있다.

23개의 성은 헤이룽장黑龍江성 · 지린吉林성 · 랴오닝遼寧성 · 허난河南성 · 허베이河北성 · 산시山西성 · 산시陝西성 · 간쑤甘肅성 · 칭하이靑海성 · 산둥山東성 · 안후이安徽성 · 장쑤江蘇성 · 저장浙江성 · 장시江西성 · 푸젠福建성 · 후난湖南성 · 후베이湖北성 · 광둥廣東성 · 쓰촨四川성 · 구이저우貴州성 · 윈난雲南성 · 하이난海南성 · 타이완臺灣성이다.

5개 자치구는 시짱(西藏 : 티베트)자치구 · 신장웨이우얼(新疆維吾爾 : 신장위구르족)자치구 · 네이멍구內蒙古자치구 · 닝샤훼이쭈寧夏回族자치구 · 광시좡쭈廣西壯族자치구이며, 4개의 직할시는 베이징北京시 · 상하이시 · 톈진시와 1997년에 새로 편입된 충칭重慶시이다.

그리고 1997년에 중국으로 반환된 홍콩香港과 1999년에 반환된 마카오澳門의 특별행정구역까지 합하면 중국의 성급 행정단위는 모두 34개이다.

그 아래의 지급 행정단위에는 지구地區 · 시市 · 자치주自治州 · 맹盟이 있다. 또 그 아래의 현급縣級 행정단위에는 현縣 · 자치현自治縣 · 기旗 · 시 · 특구特區 · 공농구工農區 · 임구林區가 있다.

이 중에서 특구는 공업과 광업이 집중된 현의 1급 행정구획이다. 그 아래의 진鎭은 현과 자치현이 관할하는 지방 3급 행정단위이며, 향鄕은 중국 농촌의 기초 행정단위이다. 중화인민공화국이 성립된 이후, 향에 인민정부를 설치하였으며 향인민정부는 현인민정부의 지도를 받게 되었다. 1958년 농촌의 인민공사화人民公社化 이후에는 인민공사

6) 최환 · 남민수 · 박운석 공저 《현대중국의 이해》, 영남대학교 출판부, 2005.

가 향의 정권을 일시적으로 대행하였다. 1982년부터 인민공사가 점차 폐지되었으며, 이에 따라 향은 농촌의 기초행정단위로 복귀하였다.

자치구 · 자치주 · 자치현은 소수민족 지역의 행정단위이며, 맹과 기는 네이멍구 자치구의 지급 · 현급 행정단위이다.

〈중국 직할시 성 · 자치구 약칭 및 인민 정부 소재지〉

직할시/성/자치구	약칭	인민정부 소재지
北京市	京	北京
上海市	滬	上海
天津市	津	天津
重慶市	渝	重慶
吉林省	吉	長春
遼寧省	遼	瀋陽
黑龍江省	黑	哈爾濱
河北省	冀	石家莊
河南省	豫	鄭州
山東省	魯	濟南
山西省	晋	太原
陝西省	陝 혹은 秦	西安
甘肅省	甘 혹은 隴	蘭州
靑海省	靑	西寧
安徽省	皖	合肥
江蘇省	蘇	南京
浙江省	浙	杭州
江西省	贛	南昌
湖北省	鄂	武漢
湖南省	湘	長沙
四川省	川 혹은 蜀	成都
貴州省	貴 혹은 黔	貴陽
雲南省	雲 혹은 滇	昆明
廣東省	粤	廣州
海南省	瓊	海口
福建省	閩	福州
臺灣省	臺	臺北
廣西壯族自治區	桂	南寧
內蒙古自治區	蒙	呼和浩特
寧夏回族自治區	寧	銀川
西藏自治區	藏	拉薩
新疆維吾爾自治區	新	烏魯木齊

5. 중국인

1) 인구 및 인구정책

중국정부는 2010년 11월에 중국 인구를 공식적으로 13억 7천여만이라고 발표하였다. 2020년까지 15억을 초과할 것으로 예상하고 있으며, 사실 호적에 올리지 않은 흑해자黑孩子도 상당히 많을 것으로 추측되어 16억이 될 것이란 설도 있다.

중국의 인구정책인 계획생육計劃生育은 1970년대부터 시작되었지만 1980년부터 더욱 엄격하게 시행되고 있다. 계획생육計劃生育의 기본정책은 만혼만육晩婚晩育, 소생우생少生優生으로 요약할 수 있다.

만혼만육晩婚晩育이란 결혼을 늦게 하고 아이를 늦게 낳는다는 것이다. 중국의 〈혼인법〉에서는 결혼 연령을 남자 22세 여자 20세로 규정하고 있다. 규정된 연령에서 3년 이상 결혼을 늦추면 만혼이라 하고, 여성이 24세 이후에 출산하면 만육晩育이라 한다.

소생우생少生優生의 소생少生은 한 쌍의 부부가 한족에 한해서는 1명을 낳을 수 있고, 소수민족인 경우는 2명까지 허용하는 것을 말한다. 다만 한족이라도 농촌지역에 사는 한족이라면, 첫째가 아들이면 단산하여야 하지만, 딸이면 한 자녀 더 둘 수 있다. 이를 위반할 때에는 국가에서 정한 벌금형을 받게 된다. 단 쌍둥인 경우는 예외다.

그러나 2003년 북경에서는 조례를 정하여, 첫째로 노동력상실 혹은 사망한 경우, 둘째 부부모두 1자녀 출신이면서 한 자녀만 있는 경우, 셋째 재혼한 부부가 1자녀만 있는 경우는 1자녀를 더 둘 수 있도록 하였다.

우생優生은 출산의 질을 높여서 신체적, 지적 건강을 보증하자는 것이다. 법률상 근친결혼과 유전성 질병이 있는 사람과의 결혼을 허용하지 않는다. 그리고 각지에 혼인 · 우생과 유전성 질병 등과 관련된 상담 기구를 설립하여 우생지도를 강화하고 있고, 모자 보건활동도 강화하고 있다.

2) 중국민족 및 화교

중국이라고 하면 보통 한족漢族이라는 단일민족이 지배하는 것으로 생각하기 쉽지만, 사실은 단일민족이 아닌 56개의 민족이 어울려 살아가고 있는 다민족 국가이다.

한족은 본래 황하유역의 조그마한 지역에서 시작되었고, 그 한족이 문화적으로 우위를 차지하면서 번성하였다. 한족의 우수한 문화 가운데서도 민족을 보존 · 번성시키는데 가장 중요한 작용을 한 것은 문자文字의 발명이었다. 중국에서 일찍부터 사용되기 시작한 문자는 과거의 경험을 보존할 수 있는 힘이 있었고, 또 새로운 것을 말할 때에 그 근거로써 제시하는 힘이 있었다. 한족은 이러한 문자의 힘을 가지고 다른 민족들을 문화적으로 제압하거나 그 문화의 배경을 가지고 세력을 확장함으로써 그 범위를 확대시켰다. 비록 중국민족을 이루는 여러 종족이 각기 자신들의 특성을 살려가며 체질적인 것을 비롯하여 그 밖의 모든 것을 서로 달리하고 있지만, 그래도 그 가운데서 주축을 이루는 것은 한족이라고 할 수 밖에 없다.

그러나 엄격히 따지면 중국에는 한족 외에도 많은 소수민족이 살아가고 있다는 점을 홀시할 수는 없다. 현재 중국은 93.3%가 한족이고, 6.7%가 55개의 소수민족이다. 이 소수민족 가운데 인구 천만을 넘는 민족은 장족(壯族 : 1천5백만 정도) 뿐이며, 백만 이상의 민족으로는 회족回族 · 위구르족 · 묘족苗族 · 만주족滿洲族 · 티베트족 · 몽고족 · 조선족 등 모두 17개의 민족이 있으며, 인구가 가장 적은 민족은 락파족珞巴族으로 2,300여명에 불과하다.

소수민족이 살고 있는 지역은 동북東北 · 서북西北 · 서남西南의 변방지역으로 중국전토의 64.2%를 차지하는 616.29㎢에 이른다. 이 지역은 자원이 풍부한데, 전국 초원면적의 75%, 전국 삼림면적의 43.9%, 임업과 목축 량은 전국의 55.9%, 수력자원은 전국총량의 65.9%를 차지한다. 이 외에도 다량의 광물자원과 풍부한 동식물자원 및 관광자원을 가지고 있다.

소수민족이 살고 있는 지역은 행정구역상으로 내몽고자치구內蒙古自治區・영하회족자치구寧夏回族自治區・신강위구르자치구新疆維吾爾自治區・티베트자치구西藏自治區・광서장족자치구廣西壯族自治區의 자치구自治區 다섯 개와 30개의 자치주(自治州 : 길림성 연변지역은 조선족 자치주) 그리고 120개의 자치현自治縣으로 이루어져 있다. 그러나 역사상 민족의 이동・변방수비・왕조의 교체 등으로 민족이 뒤섞여, 내몽고・영하회족・광서장족의 자치구에는 한족이 다수를 차지하고 있고, 신강위구르에는 13개의 민족이, 운남성雲南省에는 23개의 민족이 거주하고 있으며, 그들은 대부분이 자신들의 언어를 가지고 있고 그 가운데 자신들의 문자를 가지고 있는 민족도 21개나 된다.

중국은 소수민족 정책으로 각 민족의 흡수통합 노력・자치정책・민족대학(12개)・입학 및 취업의 가산점 부여 등 다양한 정책을 시행하고 있다.

이외에 중국인으로서 해외에 거주하며 경제활동을 하고, 본국과 유기적 관계를 유지하고 있는 화교華僑도, 2009년 자료에 의하면, 인도네시아 780만(2억4천만), 싱가폴 350만(466만), 한국 14만(5천만), 일본 61만(1억3천), 미국 386만(3억), 캐나다 132만(3,400만), 영국 37만(6,100만), 프랑스 23만(6,400만) 등 전 세계 4,800만 명이나 된다. 이들은 동남아의 경제를 장악할 정도로 경제력이 크며, 세계화상대회世界華商大會를 통해서 그 영향력을 발휘하고 있다.

현재 중국에서는 각 민족의 평등・단결・상호원조를 강조하고 있지만, 소수민족과 한족을 비교해 보면, 소수민족들이 거주하는 지역이 주로 변방지역인 까닭으로 인구밀도가 낮고 교통이 불편하여 개발이 늦어 경제면에서나 문화면에서 상당히 낙후되어 있고 농업 등의 개발에서도 큰 격차가 있다.

〈중국 소수민족 인구 분포표(1992년)〉[7)]

민족	인구(명)	주요 분포 지역
만족(滿族)	9,846,776	랴오닝 · 지린 · 헤이룽장 · 허베이 · 베이징 · 네이멍구
조선족(朝鮮族)	1,923,361	지린 · 랴오닝 · 헤이룽장 · 네이멍구
허저족(赫哲族)	4,254	헤이룽장
멍구족(蒙古族)	4,802,407	네이멍구 · 신장 · 랴오닝 · 지린 · 헤이룽장 · 간쑤 · 칭하이 · 허베이
다월족(達斡爾族)	121,463	네이멍구 · 헤이룽장
에벵크족(鄂溫克族)	26,379	네이멍구
오르죤족(鄂倫春族)	7,004	네이멍구 · 헤이룽장
후이족(回族)	8,612,001	닝샤 · 간쑤 · 신장 · 칭하이 · 허난 · 허베이 · 산둥 · 윈난 · 베이징 · 톈진 · 안후이 · 장쑤 · 쓰촨 · 구이저우 · 지린 · 헤이룽장 · 랴오닝 · 산시 · 네이멍구
둥샹족(東鄕族)	373,669	간쑤 · 신장
투족(土族)	192,568	칭하이 · 간쑤
싸라족(撒拉族)	87,546	칭하이 · 간쑤
보안족(保安族)	11,683	간쑤
위구족(裕固族)	12,293	간쑤
위글족(維吾爾族)	7,207,024	신장
카자흐족(哈薩克族)	1,110,758	신장 · 간쑤
키르기스족(柯爾克孜族)	143,537	신장
시버족(錫伯族)	172,832	신장 · 랴오닝
다지크족(塔吉克族)	33,223	신장
우즈베크족(烏孜別克族)	14,763	신장
러시아족(俄羅斯族)	13,500	신장 · 헤이룽장

7) 注 2)와 同

다다르족(塔塔爾族)	5,064	신장
짱족(藏族)	4,593,072	티베트 · 칭하이 · 쓰촨 · 간쑤 · 윈난
먼바족(門巴族)	7,498	티베트
뤄바족(珞巴族)	2,322	티베트
창족(羌族)	198,303	쓰촨
이족(彝族)	6,578,524	쓰촨 · 윈난 · 구이저우
바이족(白族)	1,598,052	윈난 · 구이저우 · 후난
하니족(哈尼族)	1,254,800	윈난
다이족(傣族)	1,025,402	윈난
리수족(傈僳族)	574,589	윈난 · 쓰촨
와족(佤族)	351,980	윈난
라후족(拉祜族)	411,545	윈난
나시족(納西族)	277,750	윈난
징퍼족(景頗族)	119,276	윈난
부랑족(布朗族)	82,398	윈난
아창족(阿昌族)	27,718	윈난
푸미족(普米族)	29,721	윈난
누족(怒族)	27,190	윈난
더앙족(德昻族)	15,461	윈난
두룽족(獨龍族)	5,825	윈난
지눠족(基諾族)	18,022	윈난
먀오족(苗族)	7,383,622	구이저우 · 후난 · 후베이 · 윈난 · 광시 · 쓰촨 · 해남
부이족(布依族)	2,548,294	구이저우 · 윈난
둥족(侗族)	2,508,624	구이저우 · 후난 · 광시
수이족(水族)	347,116	구이저우 · 광시
거로족(仡佬族)	438,192	구이저우
좡족(壯族)	15,555,820	광시 · 윈난 · 광둥
야오족(瑤族)	1,402,676	광시 · 후난 · 윈난 · 광둥 · 구이저우
무로족(仫佬族)	160,648	광시
마오난족(毛南族)	72,370	광시
징족(京族)	18,749	광시
투쟈족(土家族)	5,725,049	후난 · 후베이
리족(黎族)	112,498	광둥
서족(畲族)	634,700	푸젠 · 저장 · 장시 · 광둥
가오산족(高山族)	2,877	타이완 · 푸젠

6. 중국의 화폐

중국의 법정 화폐는 인민폐(人民幣. Rénmínbì)이고, 영문 약자로는 RMB, 부호로는 '¥' 로 표기한다. 지폐에 쓰이는 기본 단위로는 '元(yuán)' 이 있고, 이 보다 작은 단위로는 '角(jiao)' , '分(fen)' 이 있다. 이들 간의 비율은 1元이 10角이고, 1角이 10分이다. 인민폐 중 '元' 은 본위화폐이고, 그 나머지 '角' 와 '分' 은 보조화폐이다. 화폐에 표기된 것은 元 · 角이지만, 실생활에 쓰는 구어체로는 '元' 을 '콰이(塊, kuài)' 라 하고, '角' 을 '마오(毛, máo)' 라고 한다. '分' 은 표기된 것이나 구어체 상관없이 그냥 '分(fen)' 이라 한다.

현재 중국에서 유통되는 인민폐는 모두 13종이 있는데, 1分 · 2分 · 5分, 1角 · 2角 · 5角, 1元 · 2元 · 5元 · 10元 · 20元 · 50元 · 100元이다. 그러나 지금은 1分 · 2分 · 5分 같은 分단위는 일반 시중에서 거의 사용되지 않는다.

100元 신권 앞 - 모택동

100元 신권 뒤 - 인민대회당

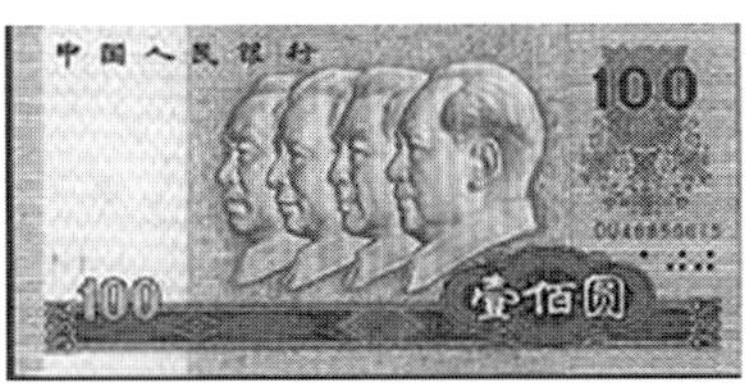

100元 구권 앞 - 모택동, 주은래, 유소기, 주덕

100元 구권 뒤 - 정강산봉우리

50元 신권 앞 - 모택동

50元 신권 뒤 - 라사 포탈라궁

50元 신권 앞 - 모택동

50元 신권 뒤 - 비둘기, 사자상, 華表

50元 구권 앞 - 노동자, 농민, 지식인

50元 구권 뒤 - 황하호구폭포

20元 신권 앞 - 모택동

20元 신권 뒤 - 계림

10元 신권 앞 - 모택동

10元 신권 뒤 - 장강삼협

10元 앞 - 소수민족(한족, 몽고족)

10元 뒤 - 히말라야산

5角 앞 - 좌측부터 묘족, 士家족

5角 뒤 - 국장

2角 앞 - 백족, 조선족

2角 뒤 - 국장

1角 앞 - 고산족, 만주족

1角 뒤 - 국장

1元 신주화

1角 신주화

5角

5分

2分

1分

●인민폐 발행의 변천

제1차 인민폐

1948년 12월 1일, 중국인민은행이 발행한 제1차 인민폐는 모두 12종의 권과 62종의 판이 있었다. 그 중에서 1元권 2종, 5元권 4종, 10元권 4종, 20元권 7종, 50元권 7종, 100元권 10종, 200元권 5종, 500元권 6종, 1000元권 6종, 5000元권 5종, 10000元권 4종, 50000 元권 2종이 있었다.

제2차 인민폐

1955년 3월 1일 제2차 인민폐를 발행하여 신1元 = 구10000元의 비율로 화폐개혁을 진행하였다. 제2차 인민폐는 본위화폐로 1元, 2元, 3元, 5元, 10元의 5종이 있었고, 보조화폐로 1分, 2分, 5分, 1角, 2角, 5角의 6종, 도합 11종이 있었다. 유통의 편의를 위해서 국무원에서는 주화의 발행을 반포하여 1957년 12월 1일부터 1分, 2分, 5分 3종의 주화를 발행하였다. 이로부터 중국은 지폐와 주화의 혼합 유통 단계로 접어들었다.

제3차 인민폐

제3차 인민폐는 1962년 4월 20일부터 발행하기 시작하여, 1角, 2角, 5角, 1元, 2元, 5元, 10元의 7종 권과 13종 판이 있었는데, 그 중 1

角권은 3종의 판이 있었다. 1980년 4월 15일부터 1角, 2角, 5角과 1元의 주화를 발행하였다.

제4차 인민폐

1987년 4월 27일부터 발행하기 시작한 제4차 인민폐는 본위화폐로 1元, 2元, 5元, 10元, 50元, 100元의 6종, 보조화폐로 1角, 2角, 5角의 3종이 있었다. 1992년 6월 1일부터 신판 1角, 5角, 1元 주화를 발행하였으며, 1992년 8월 20일부터 금속 안전선을 추가한 1990년판 50元, 100元권을 발행하였다. 제4차 인민폐는 제3차 인민폐와 가치가 동일하다.

제5차 인민폐

제4차 인민폐도 종이의 질, 단순한 위조방지 처리, 기계판독의 어려움 등의 문제가 남아 있었다. 바로 이러한 상황에서 중국인민은행은 경제발전과 사회발전의 요구에 부응하여, 1999년 건국 50주년을 기해서 제5차 인민폐를 발행하였다. 제5차 인민폐는 100元, 50元, 20元, 10元, 5元, 1元, 5角, 1角의 8종이 있다. 제5차 인민폐의 특징은 시장유통의 편의를 위하여 낮은 단위의 2元권을 폐지하고 20元권을 신설한 것이다.

제3장

북경北京

1. 북경개황
2. 북경의 역사
3. 북경의 교통
4. 북경의 세계문화유산

제3장

북경北京

1. 북경개황

북경은 중화인민공화국中華人民共和國 수도이고, 중국의 정치 · 문화 · 국내외 교류의 중심이면서 중국 고도古都의 하나로 세계적인 역사문화의 도시이다.

북경에는 U.N기구와 110여개 수교국가의 대사관이 있고, 서울 · 동경 · 뉴욕 등의 대도시와 우호관계를 맺고 있다.

북경은 북위39도 56분, 동경116도 20분에 위치하고 있으며, 서북방면으로는 산서山西 · 내몽고 고원, 남과 북으로는 화북 대평원에 접해있고, 동으로는 발해渤海와 접해있다. 시 중심은 해발 43.71m이고, 총 면적은 16,808㎢(서울시 면적인 605.522㎢의 약 28배 크기), 시 면적은 735㎢이다. 서 · 북 · 동 삼면은 산으로 쌓여있고, 주요 하천으로는 영정하永定河 · 조백하潮白河 · 북운하北運河 등이 있다.

북경의 기후는 난온대반습윤대륙성 기후에 속하여 사계절이 분명한 편이지만, 봄가을이 짧고 여름과 겨울이 긴데, 여름은 고온다습하고 겨울은 한랭건조하다. 년 평균 기온은 14℃인데, 1월이 가장 추워 평균 기온이 −7℃에서 −4℃이지만, 아주 추울 때에는 −27℃이상 일 때도 있으며, 7월이 가장 더워 평균 25℃이지만, 42℃이상이 될 때도 있다. 년 평균 강수량은 500여 ㎜인데, 80%가 여름 6, 7, 8월에 집중된다.

북경의 약칭은 '경京'이며, 행정구역은 동성구東城區·서성구西城區·조양구朝陽區 등 14개의 구區와 연경현延慶縣·밀운현密雲縣 등 2개의 현縣으로 이루어져 있다.

북경의 인구는 상주인구가 1961만 이고, 인구밀도(1195人/㎢)는 성급행정구省級行政區로는 마카오澳門, 홍콩香港, 상해上海 다음으로 4위이다. 출생률은 8.06%, 사망률은 4.56%, 자연증가율은 3.5%이다. (2010년 통계)

북경은 56개의 민족이 모여 사는 곳이며, 북경인구 중에 소수민족이 48만 여명이다. 현재 북경에 살고 있는 소수민족 가운데 몽고족蒙古族, 만족滿族, 회족回族 등은 각각 만 명이상 살고 있다.

북경주민 가운데 종교를 믿는 사람은 50여만 정도인데, 주요 종교로는 불교, 도교, 이슬람교, 천주교, 기독교 등이다. 이 가운데 불교, 도교와 더불어 이슬람교는 북경의 역사와 문화, 예술에 깊은 영향을 끼쳤다.

구분	북경	상해	중경	서울
면적(㎢)	16,410	6,340	82,402	605.5
인구(만명)	1,961	2,302	2,885	1,031
행정구역	14구2현	16구 1현	19구21현	25구
1인당 GDP($)	12,059	12,519	4,103	29,790

※2010년 자료

2. 북경의 역사

북경은 일찍이 70만 년 전 북경 주구점周口店 지역에서 '북경원인北京猿人'이 생활하였고, 역사상 최초의 기록으로는 주대周代 초 기원전 1045년에 주周 제후국의 하나인 연燕나라 수도 '계薊'라는 곳인데, 이곳이 바로 지금의 북경이다. 그 위치는 현재 노구교蘆溝橋가 있는 작은 언덕을 중심으로 한 지역이었던 것으로 추정된다.

북경은 진秦 · 한漢 이후 당唐나라 말기까지는 대체로 유주幽州의 치소治所로서 동북변방東北邊方의 정치 · 군사상의 요충지였는데, 특히 수양제隋煬帝와 당태종唐太宗이 고구려를 원정할 때에 계성薊城, 즉 지금의 북경을 그 원정의 전진기지로 삼기도 하였다.

오대五代 때인 938년에 요遼나라가 이곳을 부도副都로 삼아 남경南京이라 하였고, 요를 물리친 금金나라는 처음엔 연경燕京이라 부르다가 1153년에 이곳으로 천도하여 중도中都라고 이름을 고쳤다.

다시 몽고족이 남하하여 중도성中都城을 빼앗은 뒤, 쿠빌라이世祖 때에 신성新城을 건설하고 국도로 정하여 대도大都라고 불렀다. 몽고족이 중국을 통일하여 원元을 세우자 대도大都는 중국 전역을 지배하는 정치중심지가 되었다.

마르코 폴로는 1271년부터 1295년까지 원元나라의 수도였던 북경에 25년 동안 머무른 뒤, 고국인 이탈리아로 돌아가, 자신이 지은《동방견문록》에서 대도大都를 칸발릭Khanbalik이라는 도시로 번역하고, 북경의 호화로움을 기록하고 있다.

명대明代에는 처음 국도를 현재의 남경南京에 정했다가 1420년에 영락제永樂帝가 이곳을 국도로 정하고 북경이라 하였는데, 북경이라는 명칭은 이때에 비롯되었다. 명대에는 남문南門 밖에 외성外城을 구축하고, 북부의 성역城域을 원元의 대도 때보다 축소하여 내성內城이라 불렀는데, 그 내외성이 현재의 북경시의 규모를 이루고 있다.

명明을 멸망시킨 청清도 1644년 이후부터 청清이 멸망할 때까지 이곳을 국도로 하였는데, 만주족과 한족의 거주 지역을 구분하여 내성에 만주족, 외성에 한족을 살게 하였다.

중화민국中華民國 때에도 계속 이곳을 국도로 삼았으나, 북벌北伐이 완성된 후 남경南京으로 천도한 뒤 이곳을 북평北平으로 개칭하였다가, 1949년에 중화인민공화국中華人民共和國이 수립되자 다시 수도가 되어 오늘에 이르고 있다.

3. 북경의 교통

1) 기차

북경에는 북경역, 북경남역, 북경서역, 북경북역, 북경동역의 다섯 개의 기차역이 있다.

북경은 중국철로망의 중심이다. 주요 철로망으로는 북경에서 홍콩 구룡반도까지의 '경구철로京九鐵路', 북경에서 상해까지의 '경호철로京沪鐵路', 북경에서 광주广州까지의 '경광철로京广鐵路', 북경에서 하얼빈까지의 '경하철로京哈鐵路', 북경에서 포두包頭까지의 '경포철로京包鐵路', 북경에서 원평原平까지의 '경원철로京原鐵路', 북경에서 통료通遼까지의 '경통철로京通鐵路'와 북경에서 승덕承德까지의 '경승철로京承鐵路' 등이 있다.

국제 철로운수방면으로는 러시아의 각 도시 · 몽고의 수도 울란바트르 · 북한의 평양과 베트남의 하노이로 가는 기차가 있다.

북경에는 총 220여 개의 열차표 판매 대리점이 있어, 가장 가까운 대리점에서 문의 구입할 수 있다. 명절과 휴일 그리고 여행성수기에는 열차표의 가격이 변동될 수 있다는 점에 유의해야 한다.

2) 지하철

지하철은 북경에서 가장 편리하고 빠른 교통수단이다. 2010년 현재 북경에는 1호선, 2호선, 4호선, 5호선, 8호선, 10호선, 13호선, 15호선, 팔통선八通線, 창평선昌平線, 방산선房山線, 역장선亦庄線, 대흥선大興線, 공항선机場線 등의 지선이 있다. 지하철 노선은 북경 시내 주요 상업구역과 관광지를 통과하고 있어, 북경 관광에 매우 적합한 교통수단이다.

3) 버스

중국에서는 버스를 공공기차公共汽車라고 부르며, 거리와 버스 종류에 따라 요금의 차이가 난다. 일반 버스는 요금이 1위엔 이며, 이 경우 멀리 가더라도 2위안을 넘지 않는다. 에어컨이 달린 버스는 기본요금이 2위안이며, 거리에 따라 최고 6위안까지 올라간다. 버스의 종류도 일반 버스와 2층 버스, 버스 2대를 연결한 것 등 종류가 다양하다.

북경시는 이미 공공교통체계를 구축해 IC카드를 이용하여 승차할 수 있다. 카드를 소지하고 북경 시내버스와 지하철을 탈수 있으며, 버스인 경우 60%의 할인을 받을 수 있다.

기차표가 매진되어 달리 방법이 없어 버스를 타야할 경우에는, 전국 각 도시로 가는 장거리버스長途汽車를 이용할 수 있다. 장거리버스는 침대로 되어 있는 침대버스와 통로에 2개씩 좌석이 늘어서 있는 좌석버스 등이 있다. 침대버스는 2층으로 되어 있으며, 좌석버스의 좌석은 그다지 넓은 편이 아니다. 운행 방식은 조금씩 다른데, 침대버스는 2명의 운전기사가 있어서 밤에도 목적지까지 달린다. 좌석버스는 쉬지 않고 계속 달리는 것과 밤이 되면 교통려사(交通旅社 : 여관)에서 숙박을 한 뒤 날이 밝으면 운행하는 것이 있다.

4) 택시

북경 택시의 기본요금은 10元이며, 우리나라 택시 요금체계와 달리 차종에 따라 요금이 조금씩 차이가 있다. 낮(05:00~23:00)의 기본요금은 3㎞에 10元 이고, ㎞당 2원씩 올라간다. 북경의 모든 택시 안에는 운전사의 얼굴사진이 들어있는 명찰과 감독기관의 번호가 적혀 있다. 밤(23:00~05:00사이)의 기본요금은 11元이고, ㎞당 2.40元이다. 15㎞를 초과할 경우, ㎞당 3元으로 요금이 오른다.

5) 인력거

자전거를 개조해 만든 인력거는 북경 뒷골목 여행, 즉 후통胡同 투어의 중요한 교통수단이자 안내자 역할을 한다.

중국 사람들이 '양차洋車'라 불렀던 인력거가 19세기 후반에 중국에 처음 도입되었지만, 지금의 인력거는 그 모습이 다르다. 현재 관광용으로 주로 사용되는 인력거는 한 두 명이 탈 수 있는 삼륜 자전거로 된 인력거이다. 삼륜 인력거는 시내의 가까운 명소를 돌아보는 데에 편리하게 이용할 수 있는 교통수단이지만, 안전상의 문제도 고려하여야 한다. 요금은 정해져 있다 해도 운전자와 직접 흥정을 해야 한다. 대개는 일반 택시와 비슷한 가격이지만, 운전자에 따라 다 다르다.

4. 북경의 세계문화유산[8)]

1) 고궁故宮 : 자금성紫禁城 1987년(UNESCO 지정)

본래 자금성紫禁城이라 하였는데, 자금紫禁이란 북두성北斗星의 북쪽에 위치한 자금성紫禁星이 천자가 거처하는 곳이라는 데에서 유래하였다. 이 자금성紫禁城은 세계에서 규모가 가장 크고 가장 완전하게 보전되고 있는 궁전으로, 북경시의 중심에 위치해 있다. 1406년 명나라의 영락제永樂帝가 남경南京에서 북경으로 천도하기 시작할 때부터 건립하여, 1420년에 완성하였다. 남북 약 1,000m, 동서 약 760m의 성벽으로 둘러싸여 있고, 성벽둘레에는 넓은 해자垓子를 파놓았다. 성벽 주위 4곳에 궁문이 있는데, 남쪽의 오문午門이 정문으로서 특히 웅대하며, 동쪽에 동화문東華門, 서쪽에 서화문西華門, 북쪽에 신무문神武門이 있으며, 성벽 네 모퉁이 위에 독특한 풍격의 각루角樓가 서 있다.

자금성 안에는 크고 작은 건물이 70여 채가 있고, 방은 9999.5 칸이나 되는데, 하룻밤마다 방 한 칸을 돌아가며 자더라도 27년이 걸리는 엄청난 규모이다. 그리고 자금성의 건축면적만 해도 15만㎡에 달한다. 자금성 내부는 '전조前朝' 와 '내정內庭' 두 부분으로 나눠지는데, '전조前朝' 는 세 채의 큰 궁전인 태화전太和殿·중화전中和殿·보화전保和殿이 중심이고, 문화전文華殿과 무영전武英殿이 양 날개를 이루고 있다. 이 궁전들은 국가의 큰 행사를 거행하거나 군신을 불러 모아 조회하는 등 황제가 집무를 보던 곳인데, 그중 태화전은 중국에서 제일 높은 목조 건축물로, 중대한 의식을 거행하던 장소이다. '내정內庭' 은 건청궁乾淸宮·교태전交泰殿·곤녕궁坤寧宮과 어화원御花園이 있으며, 양 옆에는 동·서로 여섯 궁들이 줄지어 있다. 이 '내정內庭' 지역은 황제와 가족 및 후궁들의 생활 거주지이면서 유희와 제사를 지내던 지역이다.

다음 표는 고궁의 중요 건물들에 대한 특징 및 용도이다.

8) 조성환 노장시, 동양관광문화의 이해 , 백산출판사, 2003의 〈중국관광자원의 이해〉 부분을 일부 수정 보완 하였다.

<table>
<tr><th>구분</th><th>건물이름</th><th>규모 및 특징</th><th>용도</th></tr>
<tr><td rowspan="4">외조
(外朝)</td><td>오문
(午門)</td><td>고궁의 남쪽문이자 정문</td><td>황제가 군대를 사열하거나 죄인을 처형하던 곳이며 전쟁 후에는 포로를 종묘에 바치는 예를 지낸 곳이며, 청대에는 해다마 역서(曆書)를 반포한 곳이다.</td></tr>
<tr><td>태화전
(太和殿)</td><td>현존하는 중국 최대의 목조건물. 건물 전체에 쇠못을 전혀 사용하지 않았고 18m의 나무 기둥들은 각각 한 그루의 나무로 만들어졌으며, 앞뜰은 국가 행사시 9만명을 일시에 수용할 수 있다.</td><td>황제 즉위, 조서 반포, 군대 출정 등 주요 국가 행사가 거행된 궁정의 가장 중요한 건물.</td></tr>
<tr><td>중화전
(中和殿)</td><td></td><td>태화전 행사에 참여하는 황제의 대기실 혹은 휴식 장소로 이곳에서 의관을 갖추거나 대신들을 만났다.</td></tr>
<tr><td>보화전
(保和殿)</td><td>뒤편 돌계단 중앙의 2백50톤급 거대한 대리석 조각이 일품. 한 덩어리의 대리석에 아홉 마리의 용과 산수가 어우러진 용조석(龍雕石)은 황제를 상징하는 것으로서 이 조각에 손을 댓다가 발각당한 사람은 처형당했다고 한다. 대리석은 남쪽 방산(房山)에서 50km의 거리를 2만 명이 28일간 운반했다고 하는데 겨울에 얼음길을 만들어 운반했다고 한다.</td><td>황제가 연회를 베풀던 곳이며, 청대에는 과거 시험장으로 사용했다.</td></tr>
<tr><td rowspan="6">내정
(內庭)</td><td>건청궁
(乾清宮)</td><td>내정의 출입문인 건청문을 통해 들어오면 건청궁 중앙에 황제의 보좌가 있다.</td><td>황제가 정무를 보던 궁전.</td></tr>
<tr><td>교태전
(交泰殿)</td><td>교태전 동 서쪽은 후비들이 살던 곳이다.</td><td>황후의 탄신 축하행사가 이루어지던 곳이다.</td></tr>
<tr><td>곤녕궁
(坤寧宮)</td><td></td><td>명대에는 황후의 침소로 사용되었고 청대에는 황제의 혼례장소였던 궁전</td></tr>
<tr><td>어화원
(御花園)</td><td>샘 연못 기암괴석 나무와 꽃 누각 등이 아름답게 어우러진 공원. 북쪽에는 출구인 고궁의 북문 신무문(神武門)이 있다.</td><td></td></tr>
<tr><td>황극전(皇極殿)</td><td colspan="2">현재는 회화관(繪畫館)으로서 회화를 주로 전시한다.</td></tr>
<tr><td>낙수당
(樂數堂)</td><td colspan="2">박물원 전시장인 진보관(珍寶館). 국보급 금 은 옥 등의 세공품 전시장과 외국의 선물들을 모아 전시한 곳.</td></tr>
</table>

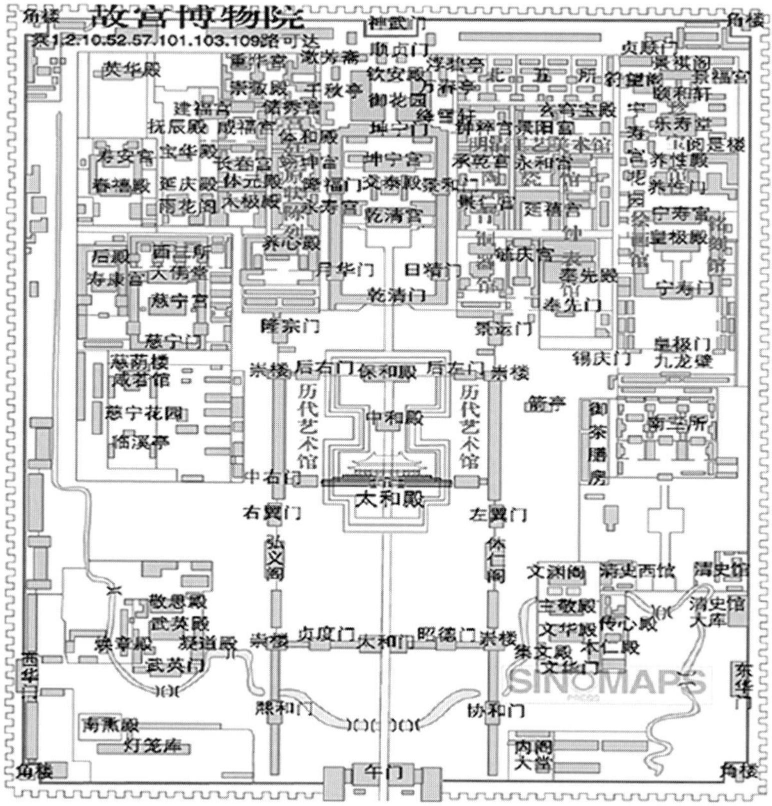

2) 만리장성萬里長城 1987년(UNESCO 지정)

동쪽의 발해 기슭 산해관山海關에서 서쪽의 가욕관嘉峪關까지 험산 준령을 타고 1만 2,700리나 뻗어있어 '만리장성'이라 불렀다. 인류 최대의 토목공사라고 불리는 이 거대한 유적은 중국 역대 왕조들이 북방민족의 침입을 막기 위해서 세운 군사방어용 성벽이다. 지도상 연장 길이 2,700㎞이며, 중간에 갈라져 나온 지선들까지 합치면 총 길이가 약 5,000~6,000㎞에 이른다. 보통 만리장성의 기원을 진秦나라 시황제始皇帝 때로 잡지만, 그보다 훨씬 전인 춘추시대(BC 770~BC 443) 때부터 북쪽 변방에 부분적으로 성벽이 건축되었다. 진秦나라가 통일하면서 북쪽의 흉노匈奴를 견제하기 위해 이들 성벽을 연결하고 증축한 것이다.

북경 시내에서 북쪽으로 75㎞ 떨어져 있는 팔달령八達嶺은 명나라 장성長城 중 가장 대표적인 장성으로 거대한 화강암과 큰 벽돌로 쌓아 웅장하고 거창하다. 장성에 대한 마오쩌똥毛澤東의 "장성에 오르지 않으면 사나이가 아니다不到長城非好漢"라는 유명한 시구와 '맹강녀곡장성孟姜女哭長城'의 전설이 서린 곳이기도 하다.

● **'맹강녀곡장성孟姜女哭長城'에 관한 전설**

진대秦代에 장성長城을 쌓는 노역에 동원되어 북방으로 떠난 남편 기량杞梁과 그 아내 맹강녀孟姜女에 관한 전설이다. 남편의 소식을 듣기 위해 먼 길을 걸어 공사 현장에 도착한 맹강녀는 남편이 공사 도중 이미 죽었다는 말을 듣고 그냥 성 밑에 쓰러져 울기 시작하자 10일 만에 성이 무너져 남편의 유골이 나타났다고 한다. 만리장성을 쌓는데 수많은 사람들이 목숨을 잃었으니, 당시 폭정暴政의 비극을 전설 형태로 빌려 표현한 것이다. 이렇듯 수많은 슬픈 이야기를 뒤로 한 채 말없이 남아 있는 것이 이 만리장성이다.

3) 천단天壇 1998년(UNESCO 지정)

명明·청淸 시대에 황제가 하늘에 제사를 지내어 풍작을 기원하던 장소이다. 제천祭天 의식은 예로부터 국가의 중요한 행사로서, 역대 황제에 의해 거행되었다. 이 천단은 북경北京 외성外城의 남동쪽에 있

으며, 약 6㎞의 성곽을 두르고 안에 환구圜丘 · 기년전祈年殿 · 황궁우皇穹宇 등의 건물이 있다. 환구圜丘는 대리석으로 3중으로 지은 대환구大圜丘로서 하늘을 본떠서 만든 것이고, 기년전(祈年殿, 높이 28m)은 푸른 유리 기와로 지은 원형 3층의 아름다운 건물로서, 기곡祈穀의 예식을 행하였다. 천단은 명나라 태조 홍무제洪武帝가 남경南京에 대사전大祀殿을 짓고 하늘과 땅에 제사한 데서 비롯되었는데, 영락제永樂帝가 북경의 남쪽 교외로 옮겼다. 가정제嘉靖帝 때에 원구와 대향전大享殿을 축조하면서 제천祭天의 장소가 되었다. 청나라 건륭제乾隆帝 때에 확장 개수하여 현재와 같은 규모가 되었다. 기년전은 광서제(光緖帝 : 재위 1875~1908) 때 소실되었다가 1890년에 재건되었다.

이 외에도 회음벽回音壁 · 삼음석三音石이 있으며, 세계문화유산으로 지정되어 있다.

4) 이화원頤和園 1998년(UNESCO 지정)

서태후(西太后 : 1835~1908)가 해군의 군함 건조에 사용할 예산을 전용하여 이화원을 별궁으로 개조한 황실 정원이다. 북경 시내에서 서북쪽으로 10㎞ 떨어져 있으며, 곤명호昆明湖 만수산(萬壽山 : 건륭황제가 황태후의 60회 생일을 축

하하기 위해 1760년에 보은연수사報恩延壽寺를 세우고 그 언덕을 만수산이라 명명)으로 구성되어 있다. 인수전(仁壽殿 : 여름철에 황제가 정무를 보던 곳), 덕화원(德和園 : 서태후의 60회 생일을 기념하여 은 70만 냥을 들여 지은 경극을 공연하던 극장), 돌배石舫, 장랑長廊 등이 유명하다.

5) 명청황릉明淸皇陵 2000년(UNESCO 지정)

명明나라의 황제 16명 가운데 13명의 능묘가 있는 곳을 명13릉明十三陵이라 하며, 북경 시내에서 서북쪽으로 40㎞ 떨어진 천수산天壽山 남쪽에 자리 잡고 있다. 그 가운데 장릉長陵은 3대 황제인 영락황제를 안치한 가장 큰 능으로 아직 발굴되지 않았다. 1956년에 중국에서 최초로 발굴된 황제 능묘가 정릉定陵인데, 정릉의 지하궁전 안에는 신종황제인 주익균(朱翊鈞 : 1563~1620)과 그의 두 황후가 매장되어 있다. 신종은 10세에 황제에 즉위하여, 22세 때부터 자신의 묘를 만들기 시작하여 6년간 은 800만 냥을 들여 완공하였다.

청淸나라 12명의 황제 가운데 5명의 능묘가 있는 청동릉淸東陵은 하북성河北省 준화시遵化市 서북쪽 30㎞ 지점에 있다. 순치順治 · 강희康熙 · 건륭乾隆 · 함풍咸豊 · 동치同治 등의 황제능과 서태후西太后 등 14명의 황후와 100 여명의 비빈妃嬪 묘가 있다. 4명의 황제 능이 있는 청서릉淸西陵은 하북성河北省 역현성易縣城 서쪽 15㎞에 있는 영녕산永寧山 아래에 위치해 있다. 옹정雍正 · 가경嘉慶 · 도광道光 · 광서光緖 황제 능과 황후, 공주 등의 능묘가 있다.

6) 주구점周口店 북경원인 유적遺跡 1987년(UNESCO 지정)

북경원인北京猿人은 1923년 중국 북경의 주구점周口店에서 발견된 화석인류化石人類로, 호모 에렉투스Homo erectus에 속한다. 약 20~70만 년 전에 생존했던 것으로 추정된다.

초기에는 시난트로푸스 페키넨시스Sinanthropus pekinensis라고 불렸지만, 오늘날에는 호모 에렉투스Homo erectus의 아종亞種으로 분류되어 호모 에렉투스 페키넨시스homo erectus pekinensis라는 학명으로 불린다. 신생대 제4기의 첫 시기인 플라이스토세Pleistocene Epoch에 나타났으며, 생존 시기는 약 70~20만년 전으로 추정된다. 자바원인Java Man과 함께 원인猿人 단계의 호모 에렉투스Homo erectus를 대표한다. 주구점周口店의 북경원인北京猿人 유적은 1987년 유네스코의 세계 유산으로 등록되었다.

북경원인北京猿人의 화석은 스웨덴의 지질학자인 안데르손Andersson과 오스트리아의 고생물학자인 츠단스키Zdansky 등이 1923년에 최초로 발견해, 1926년에 학계에 보고하였다. 1927년 캐나다 출신의 고인류학자 블랙Black은 북경원인北京猿人이 새로운 선사인류임을 주장하며 '시난트로푸스 페키낸시스Sinanthropus pekinensis' 라고 명명命名하였다. 그리고 1929년 중국의 고인류학자인 페이원중裵文中은 완전한 형태의 북경원인北京猿人 머리뼈를 발굴하였다. 초기에는 아시아인의 선조先朝로 여겨지기도 했지만, 오늘날에는 현생인류現生人類와의 직접적 연관성은 부정되고 있다. 주구점周口店 유적에서는 석기와 화로 등도 함께 출토되어, 이들이 무리를 이루어 공동체 생활을 했으며, 석기石器와 골각기骨角器 등의 도구를 사용했음이 밝혀졌다. 또한 두터운 재층灰層과 불에 탄 동물의 뼈 등도 발견되어 불을 사용하고 있었던 것으로 추정된다.

세계문화유산으로 지정되지는 않았지만 북경에는 이 외에도 많은 문화유적이 있다. 간단히 몇 곳만 더 소개한다.

●북해北海

북경 시내에 있는 황실 어원이며 그곳에 라마교 사원의 백탑이 있다.

●경산景山

고궁 북문 밖에 위치해 있으며, 경산景山 동쪽 기슭에는 명나라 마지막 황제 숭정崇禎이 농민군 지도자 이자성李自成에게 쫓기자 처와 자식을 죽이고 목매어 죽은 나무가 있었지만 지금은 베어버렸다.

●옹화궁雍和宮

1694년에 북경성 동북쪽에 세워진 북경 최대의 라마교 사원이다. 청대 옹정제의 관저였다가 1744년 건륭제 때 정식 라마교 사원으로 개조되었다. 건륭제가 변방의 요새인 몽고 티벳 지역에 사는 소수민족의 단결을 위해 라마교 신자인 그들을 회유할 목적으로 옹화궁을 라마교 사원으로 개조했기 때문에 이 사원의 현판에는 한어 · 티벳어 · 몽고어 · 만주어 등 4개의 문자로 쓰여 있다. 옹화궁 안의 만복각(萬福閣 : 大佛樓)에는 높이 18미터의 목조미륵불입상이 있는데, 한 그루의 백단향 나무에 통채로 조각한 것으로 기네스북에 올라 있다. 옹화궁에는 밀교密敎의 영향으로 특이한 불상이 많은데, 남녀가 교합하고 있는 형상의 불상도 있다.

●유리창琉璃廠

원元 명明대 유리기와를 만들던 '유리창'이 있던 곳이지만, 지금은 중국의 유명한 고문화거리이다. 동서 길이 750미터로, 명인 서화 · 문물 · 도자기 · 금석 · 조각품 · 문방사우 · 공예미술품 · 고서 · 골동품 · 탁본 · 전각 등을 파는 점포들이 즐비하다. 조선시대 연행燕行 사절이 북경에 들르면 반드시 찾는 곳으로, 이곳에서 서화 · 골동품 · 과학 · 기술품 등을 구입하던 곳이며, 조선에 서양 문물과 과학 기술을 전하는 계기가 되었다. 최근에 와서 유리창에서 당나라 숭복사崇福寺 법장法藏스님이 신라의 화음법사華嚴法師에게 보내는 글이 발견되어 더욱 유명해졌다. 김창집金昌集 홍대용洪大容 박지원朴趾源도 이곳에 들러 골동품과 책을 사왔다.

제4장

중국역사

제4장

중국역사

1. 역사란?

역사적 사실들은 순수한 형태로 우리에게 다가오지도 않고 순수한 형태로 존재할 수도 없다. 역사적 사실들은 그것을 기록한 사람의 마음을 통하여 항상 굴절되는 것이다.

역사가는 현재의 일부이고 역사적 사실들은 과거의 일부이다. 그러므로 역사 서술은 현재와 과거의 상호작용이다. 역사란 역사가와 역사적 사실들 사이의 상호작용의 끊임없는 과정이며, 현재와 과거의 끊임없는 대화이다.

《역사란 무엇인가?》 E.H.Carr

2. 중국역사

1) 중국사의 시대구분

중국의 역사를 이야기할 때 왕조의 명칭을 가지고 시대를 나누어 설명하는 방법도 있지만, 꼭 어떤 나라가 망하고 다른 나라가 들어선다고 해도 경제나 문화의 양상이 전혀 달라지지 않을 수도 있다. 따라서 왕조의 명칭으로 시대를 나누는 것은 역사시기를 구분하는 데에 단순히 왕조라는 하나의 부호를 사용했을 뿐이라 여기고서, 오히려 중국의 역사를 정치 · 경제 · 문화사에서 뚜렷한 변화가 있었던 시기를 몇 등분하여 '고대古代' · '중세中世' · '근세近世' · '최근세最近世' 등으로 나누어 이야기하는 경우도 있다.[9] 그러나 '고대' 니 '중세' 니 하는 이러한 시대구분은 서양에서 들어온 개념이어서 중국사에 그대로 적용하는 것은 사실 문제가 있을 수도 있다.

하지만 중국역사에서 정치 · 경제 · 문화사에서 비교적 변화가 있었던 시기가 있었으므로, 이러한 시기를 명확하게 시대구분을 지을 수는 없지만, 대략 다음과 같이 나눌 수는 있다.[10]

① 고대 : 선진시대先秦時代 ~ 진 양한시대秦 兩漢時代

② 중세 : 삼국 남북조三國 南北朝 ~ 수 당 오대隋 唐 五代

③ 근세 : 송宋 원元 명明 청淸

④ 최근세 : 1840년 아편전쟁 이후 ~ 청말淸末 중화민국中華民國 이후

9) 宮崎市定著, 曺秉漢 編譯《中國史》, 역민사, 1983.

10) 宮崎市定著, 曺秉漢 編譯《中國史》, 역민사, 1983의 시대구분을 따랐다.

(1) 고대

옛날부터 인류는 서로 무리를 지어 생활하다가 그것이 진보하자 가족과 같은 작은 단위가 생기고, 또 그것이 집합된 씨족 부족과 같은 단체가 생겨났다. 이 부족이 더 강한 조직을 결성하기 위해서, 역사가 오랜 지방에서는 농업도시국가를 형성하는 것이 보통이었다.

중국에서 농업도시국가를 읍邑 방邦 등으로 불렀는데, 주위에 성곽이 둘러쳐지고 백성들이 그 안에 거주하였으며[11], 경작지는 성곽 밖에 있었다. 초기에는 각 도시국가가 독립된 주권을 가지고 있었지만, 더러는 분쟁이 발생하여 승자의 지배와 패자의 피지배라는 불평등 관계가 성립하였다.

이 지배에는 두 가지 경우가 있는데, 첫째는 패전국민이 전승국에 노예적 노동자로 끌려갔기 때문에 방대한 도시국가가 발생하는 것이다. 이 같은 국가의 내부에는 예전부터의 주민인 사士와 새로 온 포로인 서민庶民 계급 간에 대립이 생기게 되었다. 사는 예전 그대로 씨족관계를 유지하였지만, 서민은 씨족관계가 해체되고 단순히 가족을 유지하는 데에 그쳤다.

패전에 의한 예속의 두 번째 형태는 패전국이 멸망당하는 일 없이 전승국에 조공朝貢을 바치는 것이다. 춘추시대의 역사가 그러한 것이다.

도시국가간의 전쟁이 더욱 격렬해지자 강대한 도시국가를 중심으로 큰 영토를 가진 영토국가라는 것이 발생하였다. 전국시대에 들어와 진秦 · 초楚 · 제齊 · 한韓 · 위魏 · 조趙와 같은 나라의 군주들이 모두 왕王이란 칭호를 가지게 된 것이 그러한 현상을 나타낸다. 이러한

11) '중국(中國)' 의 '國' 자의 뜻은 바로 이와 같다. 口(큰 입 구)는 영토의 사방경계, 戈(창 과)는 나라를 지키는 무기, 口(작은 입 구)는 백성을, 一은 영토를 나타내는데, 이러한 요소를 결합한 '國' 자는 '邦' (나라 방)자와 같은 뜻으로 해석되었다.

강대한 영토국가 내에 포함된 종래의 도시국가는 그 형태를 보존하면서도 독립성을 잃고, 국왕의 비호 하에 자치를 허용 받는 지방단체에 지나지 않게 되었다.

이러한 영토국가들이 진시황제에게 합병됨으로써 고대제국이 출현한다. 그것은 영토국가간의 대립 항쟁이 그 중의 한 나라에 모두 흡수되는 것을 의미한다. 이러한 고대제국의 골격은 대개 한漢나라 때까지 계속된다.

이상을 중국의 고대라고 부르기로 한다.

(2) 중세

한漢나라의 초기까지도 도시국가 시대의 유풍이 아직도 농후하게 남아 민중은 성곽 내에 집중하여 거주하면서 지역공동체를 조직하였는데, 그 크기에 따라서 향鄕 · 정亭 · 성城 등이라 불렀다. 민중은 농민이 많아 성곽 밖의 경지로 매일 일하러 나갔다. 정부로서는 민중이 성곽 안에 집중 거주하고 있는 것이 노역에 동원하거나, 군사를 징발하는 데 모두 편리하였다. 그렇지만 빈민들이 성곽생활을 단념하고 멀리 떨어진 부호들의 소유지로 몰려가는 경향이 그 이후에 두드러지게 생겨난다.

왜 이러한 현상이 생겨나게 되었을까? 위에서 말한 '도시국가' '영토국가' '고대제국'으로 나아가는 통일과정에서는 그것을 뒷받침하는 경제적인 발전이 있었다. 고대 중국에서는 그 나름의 기술진보 · 자원개발 · 상업의 확대가 있었으며, 중국의 제품은 주위의 이민족들에게까지 넓게 퍼져 나갔다. 그러나 한漢 무제武帝 때를 정점으로 하여, 그때까지 점차 크게 확대되었던 서역과의 교역은 비단과 같은 특산품이 나가는 대신 유리와 같은 그쪽의 제품이 계속하여 들어오면서, 오히려 점점 수출부진 · 수입초과 현상이 지속되었다. 그러자 중국의 경제는 한漢 이후 중세로 접어들면서 불경기로 접어들게 되었다.

이러한 불경기가 계속되면서 재리財利를 도모하는 사람들은 부를 쌓는 가장 안전한 투자의 대상으로 토지를 개발하기 시작하였다. 그들은 지방정부로부터 토지를 빌려다가 관개공사를 하고, 거기에 빈민들을 불러들여 지주로서 지대地代를 거두었다. 거기에 불려온 노동자는 본적지를 떠나 유랑민인 까닭에 객客이라 불리고, 차차 정부의 지배를 떠나 지주인 호족豪族에게 예속되어 천민으로 전락하였다.

이렇게 부를 쌓은 '호족' 들은 그들의 부력富力을 배경으로 지방정부의 정치에 간섭을 하게 되었고, 그들의 토지를 장원莊園이라는 세습재산을 만들어서 점차 귀족화 되어갔기 때문에 계급제의 차별사회가 성립 · 발전하게 되었다. 그 결과로 '고대제국古代帝國' 은 점차 구심력을 잃게 되어, 중국은 삼국三國에서부터 남북조南北朝를 거쳐 당말오대唐末五代에 이르는 분열 · 할거의 시대가 계속된다.

이상이 중세시대의 특징이다.

(3) 근세

중세의 분열 · 할거가 당말오대唐末五代에 이르면, 혼란이 극도에 달하여 무력만능시대가 된다. 그 결과로 구 귀족들이 계속하여 몰락하고 새로운 귀족의 출현도 어려워지자 중세적인 귀족제도 자체가 파괴된다. 그 대신 상층 서민이라고 할 수 있는 사대부계급이 출현하여 사회를 이끌게 된다.

'사대부' 란 서민층 중에서 지주이거나 혹은 재력이 있는 상인으로서, 독서讀書를 통하여 문학과 경학經學의 재능을 시험하는 과거科擧에 합격하여 관리가 되는 사람들을 말한다. 과거는 형식상 응시자격에 특별한 신분의 제한을 두지 않는 공개 경쟁시험이어서, 어느 정도 책을 읽을 수 있는 환경이 된 사람은 누구나 응시할 수 있었고, 합격한 뒤에는 그 능력에 따라 관리로서 출세할 수 있는 제도였다. 이러한 과거제도는 수나라 때에 도입되어 당나라 때에는 자리를 잡았고, 송나라 이후로는 크게 성행하였다.

한편 중세의 중국경제는 장원에 의하여 대표되듯이, 가능한 한 자급자족을 꾀하는 자연물경제를 지향하는 것이었다. 농업생산은 도시를 떠나 교외의 전원田園·촌락으로 옮겨갔기 때문에, 뒤에 남은 도시는 정치도시가 되어 관리나 군대의 거주지가 되었다. 그들의 수요에 응하여 '시市' 라고 일컫는 상업지구가 설치되었지만, 유통경제가 축소되어 '시' 는 활기를 띠지 못하였다.

이러한 정세가 당 말부터 변화를 보이기 시작하여 송에 이르러 완전히 면목을 일신하였다. 그것은 중국 내부에서 자원개발이 진척되고 각지의 특수산물이 발달하면서 지역적인 분업이 일어나 유통경제가 촉진되었기 때문이다. 따라서 정치적인 목적으로 존재하였던 도시는 다시금 '상업도시' 로 발전하기 시작하였다.

종래의 협소한 시市만으로는 상인의 경제활동을 수용할 수 없게 되자 점차 상인지구가 확대되면서 도시의 형태가 일변하였다. 상업은 편리한 교통이 생명이므로, 상점이 한길 양측을 점하면서 도시 가로의 거의 다가 시장이 되자 주택지는 자연히 뒷골목으로 밀려나게 되었다. 정부는 상인들에게 각 업종마다 항行이라는 조합을 만들게 하고, 이 항에 독점영업권을 인정하여 주는 대신에, 각 항이 책임지고 자발적으로 납세할 것을 명령하였다. 아울러 정부는 상업 중에서 이익이 가장 큰 것은 정부의 전매품으로 지정하고, 이를 취급하는 특허 상인에게는 정부의 특별한 보호 하에 고액의 전매수익금을 납부하도록 하였다. 그 대표적인 상품이 소금이었다. 이러한 유리한 재원을 손에 넣은 천자는 도읍에 있는 금위군禁衛軍 뿐만 아니라 전국의 전투부대를 자신에게 직속시켜서 독재 군주로서의 지위를 유지할 수가 있었다.

이상이 대개 송나라 때부터 청나라에까지 이르는 근세사회의 특징이다.

(4) 최근세

19세기 중엽부터 산업혁명을 이룬 서구 열강들이 강대한 힘을 바탕으로 일방적으로 중국에 대해 문호개방을 요구하고, 그 세력을 확대하자 중국에서는 그 반작용으로 점차 국민주의nationlism가 대두되어 현대적인 국가가 출현하였고, 사회의 모습도 변화되어 갔다.

1840년 발생한 아편전쟁의 패배로, 중국은 홍콩을 영국의 식민지로 내주었고, 상하이上海·아모이厦門 등의 항구를 개항하여, 외국인들이 개항 항에서 특권을 누릴 수 있는 조차지租借地를 인정하였다. 이러한 항구도시에서 외국인과 결탁하여 사리사욕을 도모하는 매판買辦 상인들도 출현하였지만, 서양 근대문화의 강점을 이해하고 그 문화의 장점을 흡수하여 중국 자체를 새로운 면모로 발전시키고자 각성한 지식인들도 출현하였다. 한편으로는 청나라의 쇠퇴와 태평천국太平天國의 난리 같은 혼란기를 틈타서 사병私兵을 양성하여 정권을 손아귀에 넣으려는 야심가인 군벌들도 오랜 기간 동안 정계를 어지럽혔다. 지식인들을 규합하여 세운 손문孫文의 국민당國民黨 정권이 곧 원세개袁世凱라는 군벌의 손아귀로 넘어가게 되고, 원세개가 죽자 여러 군벌들이 북경을 중심으로 난립한 것이 그 보기이다.

형식상으로는 중화민국이라는 근대적인 정부가 들어서기는 하였지만, 중국사회의 밑바닥으로부터 근본적인 사회혁명이 이루어져서 만들어진 정부는 아니었다. 따라서 지도층을 형성하는 사람들 속에는 군벌과 매판의 잔재가 그대로 존속하였고, 각성한 지식인들은 오히려 소외되기까지 하였다.

여기에 일본이 먼저 만주를 침략하고, 1937년에 전면적으로 중국

본토를 침략하기 시작하여 8년간이나 긴 전란을 겪는 동안에 중국의 구 지배체제는 완전히 붕괴되었고, 이 틈을 이용하여 세력을 확장한 것이 모택동毛澤東이 이끄는 중국공산당 세력이었다.

이상이 대개 중국 최근세 사회의 변모이다.

2) 왕조의 변천

그러면 이번엔 중국역사에 나타났던 여러 왕조들을 시대 순으로 간략히 살펴보자.

옛날 삼황三皇 · 오제五帝가 있었다는 전설이 있으나, 그것은 어디까지나 전설에 속하는 것이어서 실증할 수가 없다. 오제五帝 중에서 특히《서경書經》이라는 역사책을 보면, 요堯임금 · 순舜임금 두 임금에 관한 이야기가 보이고, 순임금 다음에 우禹임금이 순임금의 자리를 이어받아서 '하夏' 나라의 시조가 되었다고 한다. 하나라 다음에 나온 왕조가 '상商' 나라이다. 상나라는 중간에 '은殷' 이란 곳으로 도읍을 옮겼기 때문에 국호를 '은殷' 이라고 고쳐 불렀다. 이 상商나라 때의 유물로 갑골문자가 있어, 당시의 상황을 어느 정도 이해할 수 있다.

은나라를 멸하고 생긴 나라가 '주周' 나라인데, 800여 년을 존속하여 오는 동안 도읍을 한 번 옮기고, 또 중기 이후에 가서는 양상이 크게 바뀌어갔다. 앞서 호경鎬京에 도읍하고 있던 때를 '서주西周', 뒤에 '낙양洛陽' 에 도읍한 때를 '동주東周' 라고 하며, 동주에도 전기를 '춘추시대春秋時代', 후기를 '전국시대戰國時代' 라고 한다. 이 주나라를 멸한 것이 '진秦' 나라이다. 위의 하 · 은 · 주를 합하여 '삼대三代' 라고 부르기도 한다.

진나라 다음에 나온 것이 '한漢' 나라인데, 400여 년 계속되었으나, 중간에 일시 망하여 왕망王莽의 '신新' 이란 나라가 서기도 하였다. 신新 이전에 '장안(長安 : 지금의 西安)' 에 도읍하고 있던 때를 '서한西漢'

또는 '전한前漢' 이라 하고, 신 이후에 낙양에 도읍하고 있던 때를 '동한東漢' 또는 '후한後漢' 이라고 하며, 또 합하여서 '양한兩漢' 이라 부르기도 한다. 후한 말기에 가면, 소설 삼국지三國志 에 나오듯이 조조曹操가 승상이 되어 사실상 임금노릇을 하다가 그의 아들 조비曹丕가 한漢나라를 아예 없애고 '위魏' 나라를 세우고, 거기에 대항하여 유비劉備가 '촉(蜀 ; 촉한(蜀漢)' 을, 손권孫權이 '오吳나라' 를 세운다. 이 세 나라를 통틀어 '삼국三國' 이라고 하며, 이 시대를 '삼국시대三國時代' 라고 한다. 이보다 앞서 조조가 실권을 쥐고 있던 헌제獻帝시대를 그 때의 연호를 따서 '건안시대建安時代' 라고 부른다.

그 다음에 '진晋' 나라가 나타났지만, 2대二代만에 북쪽 영토를 북쪽에서 침입하여 온 이민족들에게 빼앗기고 양자강 이남으로 쫓겨나게 된다. 북쪽에서 낙양洛陽에 도읍하고 있던 때를 '서진西晉' 이라 하고, 동남쪽으로 지금의 남경南京에다 도읍을 옮긴 이후를 '동진東晋' 이라고 한다. 그 후 '수隋' 나라가 들어설 때까지는 중국의 분단 상태가 계속되며 수많은 나라들이 역사에 부침하고 있다.

남쪽에서는 '동진東晋' 을 이어 한족들이 네 나라를 계승하였는데, '송宋' · '제齊' · '양梁' · '진陳' 이다. 이때의 송宋은 '당唐' 나라 이후에 들어선 '송宋' 나라와 구분하기 위하여, '유씨가 세운 송나라' 란 뜻으로 '유송劉宋' 이라고 부르고, 당나라 뒤의 송나라는 '조씨가 세운 송나라' 란 뜻으로 '조송趙宋' 이라고도 한다. '제齊' 나라도 그때 북쪽에 '북제北齊' 란 국호를 가진 나라가 있었기 때문에 '남제南齊' 라고 부르기도 한다. 동진부터 '진陳' 까지 남쪽에 있었던 나라들을 합하여 '남조南朝' 라고 부른다.

당시 북쪽에서는 다섯 이민족들이 먼저 열여섯 나라를 번갈아 세웠는데, 이를 합하여 '오호십육국五胡十六國' 이라고 부른다. '북위北魏', '북위' 다음에는 '서위西魏' · '남위南魏' · '북주北周' · '북제北

齊' 같은 나라들이 북쪽에 있었다. 이때를 '북조北朝' 라고 부른다. 위의 남조와 북조를 합하여 '남북조南北朝' 라고도 부르며, 또 조비曹조의 '위魏' 나라 때부터 시작하여 남북조 때까지는 중국이 사실상 긴 분단시대였으므로, 이 시대를 통칭하여 '위魏 · 진남북조晋南北朝' 라고 부르기도 한다.

또 이 '위 · 진남북조' 시대 가운데에서 외래 민족이 차지하였던 북조를 제외하고 양자강 이남에서 한족들만이 명맥을 잇고 있던 여섯 나라들, 즉 삼국시대三國時代의 오吳와 그 다음의 '진晋', 그 다음의 '송宋' · '제齊' · '양梁' · '진陳' 을 합하여 '육조六朝' 라고 부르기도 한다. 이 '육조' 에다 앞의 '후한後漢' 과 뒤의 '수隋' 를 더하여 '팔대八代' 란 말을 쓰기도 한다.

이러한 위 · 진남북조시대 또는 육조시대를 이어 통일왕조를 세운 것이 '수隋' 나라이며, 2대만에 망한 수나라를 이어 295년 동안 국세를 크게 떨친 것이 '당唐' 나라이다. 이 당나라를 4분기하여 '초당初唐' · '성당盛唐' (이상 안록산의 난 이전) '중당中唐' · '만당晩唐' 으로 나누기도 한다.

당나라와 '송(宋 : 趙宋)' 사이의 불과 70년이라는 짧은 시기에 '오대五代 · 십국十國' 이라는 분단시대가 있다. 오대五代란 '후량後梁' · '후당後唐' · '후진後晋' · '후한後漢' · '후주後周' 등 후後자가 들어가는 다섯 나라들인데, 황하유역의 중원을 차지하고서 잠시나마 황제를 칭하였던 나라들이다. '십국十國' 은 중원을 차지하지 못하고 중국의 한쪽 구석을 차지하고 미처 '황제皇帝' 니 '왕王' 이니 하는 이름조차 붙여보지 못했던 미미한 나라들이다. 이 중에는 '남당南唐' · '서촉西蜀' 같은 나라들이 비교적 잘 알려져 있다. 이 '오대 · 십국' 을 통일한 것이 송宋나라다. 송은 처음에 개봉(開封 : 옛이름 변경汴京)에 수도를 정하였다가 여진족이 세운 '금金' 나라에 쫓겨 항주(杭州 : 옛 이름 임안臨安)로 수도를 옮겼는데, 앞의 시대를 '북송北宋', 뒤의 시대를 '남송南宋' 이라고 한다. 한편 그때 북쪽에서는 거란족契丹族이 세운 '요遼' 나라, 여진족이 세운 '금金' 나라, 몽고족이 세운 '원' 나라 순으로 바뀌었다가 원元이 마침내 '남송南宋' 을 멸하고 중국 전체를 차지하여, 이민족이 중국 전체를 지배한 첫 왕조가 되었다.

'원' 나라는 북경에 도읍하였으며, '명明' 나라는 처음에 '남경南京' 에 도읍을 하였다가 북경으로 옮겼고, '청淸' 나라도 역시 북경에 도읍하였다. 청淸나라는 만주족이 세운 나라이니, 원나라와 만찬가지로 이민족이 중국전체를 지배한 두 번째 왕조가 된다.

이상이 중화민국中華民國이 들어서기 이전까지 왕조를 중심으로 한 중국역사이다.

●중국 역대 왕조 연대표

하夏……(B.C.21세기 ~ B.C.17세기)

상商……(B.C.17세기 ~ B.C.11세기)

주周……서주西周……(B.C.1100 ~ B.C.770)

동주東周……춘추시대春秋時代……(B.C.770 ~ B.C.475)

전국시대戰國時代……(B.C.475 ~ B.C.221)

진秦……(B.C.221 ~ B.C.206)

한漢……전한前漢……(B.C.206 ~ A.D.8)

신新…………(A.D.8 ~ A.D.25)

후한後漢……(A.D.25 ~ A.D.220)

삼국시대三國時代……위魏……(A.D.220 ~ A.D.265)

촉蜀……(A.D.221 ~ A.D.262)

오吳……(A.D.229 ~ A.D.280)

진晉……서진西晉……(A.D.265 ~ A.D.316)

동진東晋……(A.D.317 ~ A.D.419)

남북조시대南北朝時代……남조南朝……(A.D.420 ~ A.D.589)

북조北朝……(A.D.439 ~ A.D.581)

수隋……(A.D.581 ~ A.D.618)

당唐……(A.D.618 ~ A.D.907)

오대십국五代十國……(A.D.907 ~ A.D.959)

송宋……북송北宋……(A.D.960 ~ A.D.1125)

남송南宋……(A.D.1127 ~ A.D.1279)

원元……(A.D.1271 ~ A.D.1368)

명明……(A.D.1368 ~ A.D.1644)

청淸……(A.D.1644 ~ A.D.1911)

중화민국中華民國……(A.D.1912 ~ 현재)

중화인민공화국中華人民共和國……(A.D.1949 ~ 현재)

3. 한자漢字

1) 한자의 기원

중국은 오랜 역사만큼이나 그 문자 또한 일찍부터 사용되었다. 물론 중국인들의 문자인 한자가 처음부터 지금과 같은 모습은 아니었다. 오랜 세월에 걸쳐서 점진적으로 변화 · 발전의 과정을 통하여 현재의 모습이 되었다.

한자가 만들어지기 전의 단계에서는 결승結繩이 문자를 대신하여 사용되었다. 결승이란 잊어버리지 않기 위해서 노끈에다 매듭을 매어 큰 매듭은 큰 사건을, 작은 매듭은 작은 사건을 표시하여 기억의 보조수단으로 사용된 것으로 보인다. 결승 외에도 서계書契란 것이 있었다. 서계란 칼로 나무에 표시를 하여 기억을 보조하거나, 약속을 기록하는 수단으로 사용된 것으로 보인다. 서계는 간혹 어떤 계약의 표시로 새긴 나무쪽을 둘로 쪼개어 나누어 가졌다가 이후 계약을 확인할 때에 사용되기도 하였다. 그러나 이러한 것들은 다 문자가 발명되기 이전에 사용된 것이어서 완전한 문자라 할 수는 없다.

전설에 의하면, 한자는 황제黃帝 때의 사관史官이었던 창힐倉頡이라는 사람이 새나 짐승이 남긴 발자국을 보고 문자를 만들었다고 하지만, 지금으로서는 증명할 길이 없다.

문자로서 인정할 수 있는 한자는 서안西安의 반파半坡 유적지에서 발견된 채색토기 위에 그려진 일련의 그림(그림문자 혹은 회화문자)에서 그 기원을 찾을 수 있다. 그러나 이 그림들은 아직 그 의미가 분명하게 파악되지 않고 있으며, 이것 또한 어떤 의미를 전달하는 보조수단으로 사용된 것으로 보여 완전한 문자로 보기는 어렵다. 그러므로 진정한 한자의 기원은 B.C 14세기에서 ~ B.C 11세기의 것으로 추정되는 갑골문甲骨文에서 찾아야 할 것이다.

갑골문은 1899년 하남성 안양安陽현 소둔촌小屯村의 은허(殷墟 : 은나라 수도)에서 발굴된 거북껍질 · 소의 어깨뼈 · 사슴의 뼈에 새겨진 글자이다. 당시 점을 칠 때에 거북껍질이나 소뼈에 구멍을 뚫거나 불로 지져 거기에 생기는 균열을 보고 나라의 길흉화복을 점쳐서 그 결과를 새겨놓은 문자이다. 따라서 이것을 '복사卜辭' 라고도 하며, 또 상대商代 후기의 수도인 은허에서 출토되었기 때문에 '은허복사殷墟卜辭' · '은허문자殷墟文字' · '은계殷契' 라고도 한다. 지금까지 15만여 편片의 갑골편甲骨片이 발굴되었는데, 그 갑골편에는 단 몇 자만 새겨져 있는 것도 있고, 어떤 것은 몇 십자가 새겨져 있는 것도 있으며, 많게는 100여 자까지 새겨져 있는 것도 있다. 갑골문의 단자單字는 총 4,500여 자이며, 판독된 것은 1,700여 자 정도이다. 갑골문은 이미 상당히 발달한 문자로, 현존하는 가장 오래된 대규모의 한자 자료이다. 그래서 갑골문은 고대 한자 연구에 있어 아주 중요한 자료가 되며, 중국 고대사회를 연구하는 데에도 매우 중요한 자료가 된다.

2) 한자의 변천

한자는 역사적으로 갑골문 · 금문金文 · 전서(篆書 : 대전大篆 · 소전小篆) · 예서隸書 · 해서楷書 · 초서草書 · 행서行書 등의 글씨체가 있다.

상형성이 강하여 형체구조가 고정되어 있지 않고 글자 하나가 여러 형태를 지니는 갑골문에 이어, 금문(金文 : 금석문金石文 혹은 종정문鐘鼎文이라고도 함)이 나타났다.

금문이란 일반적으로 청동기에 주조한 글을 말하는데, 전국시대 이전에는 금속으로 된 것을 모두 금金이라 하였으므로, 청동기를 비롯한 금속에 새긴 글자들을 모두 금문이라고 불렀다. 금문을 다른 말로 종정문鐘鼎文이라고도 하는데, 청동기로 만든 기물器物 중에서 종鐘과 정鼎이 가장 많았기 때문에 붙여진 이름이다.

금문은 주대周代에 가장 발달하였고 주로 주대의 청동기에 새긴 문자이기 때문에, 금문은 주대에 통용된 글자체라 할 수 있다.

금문은 주조하여 낸 것이므로 글자모형을 미리 만들 수 있었기 때문에, 글자가 비교적 정연하고 균형이 잘 잡혀있다. 갑골문에 비해 필획이 간소화되어 문자의 상형성이 약화되고 기호적 특성이 강화되었다.

전서篆書는 대전大篆과 소전小篆이 있다. 대전大篆은 주대周代 사관이었던 주籒라는 사람이 만들었다 하여 주문籒文이라고도 한다. 대전은 금문에서 발전된 것으로, 주로 춘추전국시대 진秦나라에서 통행되던 문자이다. 춘추전국시기에는 문자가 나라마다 형태가 달라, 지역간의 의사소통이 매우 어려웠다. 진나라는 천하를 통일하고 강력한 중앙집권제를 실시하였지만, 지역마다 문자가 달랐기 때문에 중앙에서 내려오는 문서가 제대로 해독되지 못하여 행정업무가 원만하게 집행되지 못하였다. 이러한 상황에서 진시황은 재상 이사李斯의 건의를 받아들여 대전大篆을 개혁하여 소전小篆을 만들어 문자를 통일하였다. 아울러 의학醫學과 농업農業에 관련된 서적을 제외한, 소전 이외의 문자로 쓰인 모든 서적을 불태우고, 이를 반대하는 유생儒生 등을 구덩이에 묻어 죽였다. 이것이 그 유명한 '분서갱유焚書坑儒' 이다.

소전은 금문에 비하여 상형성이 더욱 약화되고, 기호적 특성이 더욱 강화되었으며, 형체가 고정되어 글자마다 한 가지 형태만을 가졌다. 특히 필획이 꺾이는 곳은 모두 호형弧形의 곡선이 되도록 하여, 중국의 글자체 중에서 소전이 가장 예술적인 아름다움을 지니게 되었고, 서예가나 전각篆刻을 하는 사람들이 가장 좋아하는 서체가 되었다. '전각篆刻' 이란 말도 바로 '소전으로 새긴다' 라는 뜻이다.

그러나 소전은 그 아름다움에 비해 쓰기에 실용적인 글자체가 아니어서 진대秦代 초까지 통용되다가 서한西漢 중기부터 예서隸書가 유행하게 된다.

예서隸書는 소전을 간략화 하여 만든 글자체로, 진대에 만들어졌지만 한漢 중기부터는 한대의 통용문자가 되었다. 진나라는 만리장성의 축조와 분서갱유 등의 사건으로 많은 죄수가 생겨나 감옥을 관리하는 옥리獄吏들의 업무는 늘어만 갔다. 특히 죄수들의 신상을 정리하는 옥리들은, 쓰기 번거로운 소전으로는 많은 업무를 원활하게 수행하기 어려웠다. 이러한 상황에서 만들어진 서체가 예서이다. 예서는 한대 중기 이후부터 통용문자가 되었는데, 이전의 문자들에 비해 복잡한 형태에서 간단한 형태로, 쓰기 어려운 형태에서 쓰기 쉬운 형태로 바뀌었다.

해서楷書는 진서眞書 · 정서正書라고도 한다. 예서를 간략화 하여, 쓰기 편리하도록 만든 문자체이다. 해서의 '해楷' 자는 '틀' · '모범' 등의 뜻으로, 획을 독립시키고 정형화시켜서 쓴 서체이다. 해서는 주로 민간에서 비문碑文을 새기는 데에서 비롯되었다고 한다. 한대 말부터 쓰이기 시작하여, 송대宋代에 인쇄술이 크게 발달하면서 해서가 널리 보급되게 되었고, 오늘날 일상적으로 사용되는 글자체가 되었다.

행서行書는 한대 후기에 쓰이기 시작하여 지금까지 유행하고 있는 글자체이다. 각 글자의 자획을 한 획씩 또박 또박 써야하는 해서楷書는 쓰는 속도가 늦어, 좀 더 빠르면서 신축성 있게 쓸 수 있는 글자체가 필요하였다. 행서는 바로 이러한 필요에 의해 만들어진 글자체이다. 고금의 행서의 작품으로 유명한 것은 왕희지王羲之의 〈난정집서蘭亭集序〉가 있다. 〈난정집서蘭亭集序〉는 '천하제일의 행서天下第一行書' 라 한다.

초서草書는 행서를 더 풀어 자획을 줄여 흘려 쓴 글씨를 말한다. '초草' 는 '흘려 쓰다' · '거칠다' 라는 뜻이다. 초서의 가장 뚜렷한 특징은 필사가 간략하고 자유롭다는 것인데, 그래서 '초솔草率' · '초서' 라는 이름이 지어졌다.

이상에서 살펴보았듯이, 한자의 변천과정은 후대로 내려오면서 그림의 성격이 강한 상형문자에서 점차 순수한 기호의 특징을 지닌 한자, 즉 글자체가 복잡하고 어려운 한자의 형체에서 간단하고 쓰기 쉬운 한자의 형체로 변모하여 왔음을 알 수 있다.

한자체의 변천

인쇄체	갑골문(甲骨文)	금문(金文)	소전(小篆)	예서(隸書)	해서(楷書)	초서(草書)	행서(行書)
虎	虎	虎	虎	虎	虎	虎	虎
象	象	象	象	象	象	象	象
鹿	鹿	鹿	鹿	鹿	鹿	鹿	鹿
鳥	鳥	鳥	鳥	鳥	鳥鸟	鳥	鳥

3) 한자 수의 변화

다음은 한자 수의 변화에 대해 알아보자. 한자의 수는 갈수록 많아진다. 전국시대 이전에는 글자 수에 대한 기록이 없기 때문에, 진대秦代 서적의 글자 수에서 한자 수의 발전 개황을 알 수 있다. 진나라 이사 등이 글자를 배우기 위해 만든 교과서 《창힐편倉頡篇》·《박학편博學篇》·《원력편爰歷篇》에는 모두 3,300자가 수록되어 있고, 한대 허신許愼이 편찬한 중국 최초의 자전字典인 《설문해자說文解字》에는 9,353자가 실려 있다. 남조南朝 고야왕顧野王이 편찬한 자전《옥편玉篇》에는 16,917자가 수록되어 있고, 송대宋代 진팽년陳彭年 등이 편찬한 운서韻書《광운廣韻》에는 26,194자가 실려 있다. 그리고 청대淸代의《강희자전康熙字典》에는 45,035자가 수록되어 있으며, 최근 출판된《한어대자전漢語大字典》에는 54,678자가 실려 있다. 현재 한자의 수는 대략 6만자(그 중에서 이체자는 약 2만 자 정도) 정도이나 사용하지 않는 고자古字와 고이체자古異體字가 많다. 이처럼 한자의 수는 후대로 내려올수록 부단히 증가하여 왔음을 알 수 있다.

그러나 각 시대에 통용된 글자는 많아야 6천에서 7천 자를 넘지 않는다. 1971년 수정된《신화자전新華字典》은 약 8,500자를 수록하고 있으며, 중국에서 출판 부수가 가장 많은《마오쩌뚱선집毛澤東選集》에 사용된 한자도 약 3천 자이다. 그리고 인쇄공장에서 사용하고 있는 한자의 자수 역시 보통 3천 자를 넘지 않는다. 여기에 일부 전문적인 한자를 추가한다 해도 상용자는 3,500자 내외로 보면 될 것이다.

4) 한자의 기본요소

한자는 그 뜻意과 소리音 뿐만 아니라 글자의 형태形로 구성되어 있다. 한자의 형태形·소리音·뜻意 이 세 가지 요소가 한자의 구성요소이다. 따라서 중국문자를 연구하는 학문도 크게 문자학文字學·성운학聲韻學 · 훈고학訓詁學의 세 갈래로 나누어진다.

문자학文字學은 주로 한자의 형태를 연구하는 것이다. 처음에는 어떤 형태로 생겼는지, 어떠한 형태로 변해 왔는지, 또 어떤 방법으로 써왔는지 등이 이 학문의 과제이며, 이와 함께 보통 육서六書라고 하는 조자造字방식의 문제도 여기에 포함된다.

성운학聲韻學은 글자의 음을 밝히는 것인데, 시대에 따른 음의 변천을 규명한다.

훈고학訓詁學은 글자의 뜻을 풀이하는 학문이다. 한자는 표의문자이므로 글자를 보면 뜻을 안다고 하지만 글자 수가 많고 없어진 글자도 있어 그 뜻을 파악하기가 매우 어렵다. 그래서 옛날의 전적典籍에서 사용한 글자의 뜻을 풀이하는 것이 훈고학이다.

5) 한자의 구조 – 육서六書

한자를 구성하는 일정한 원리와 운용 방식은 체계적으로 형성 · 변천되어 왔다. 이 원리를 '육서六書'라고 하는데, 상형象形 · 지사指事 · 회의會議 · 형성形聲 · 전주轉注 · 가차假借의 여섯 가지 원리가 그것이다.

① 상형象形은 물체의 모양을 본떠서 만든 글자를 말한다.

예 : "日, 月, 水, 山" 등

② 지사指事는 어떤 부호를 이용하여 사물의 특성을 보여주는 글자를 말한다. 지사는 대체로 두 가지로 나눌 수 있는데, 한 가지는 상형자를 기초로 하여 어떤 부호를 첨가하여 이루어진 글자이다.

예 : "刃, 旦, 本, 末" 등

다른 하나는 부호와 부호를 결합시켜 만든 글자이다.

예 : "上, 下, 一, 二, 三" 등

③ 회의會議는 둘 이상의 글자를 합하여 새로운 뜻을 나타내는 글

자를 말한다.

예 : "林, 森, 鳴, 分, 武" 등

④ 형성形聲은 뜻을 나타내는 부분과 음을 나타내는 부분을 합하여 새로 만든 글자를 말한다.

예 : "依, 松, 江, 基" 등

⑤ 전주轉注에 대한 해석은 많은 논란이 있지만, 크게 두 가지로 나누어 볼 수 있다.

첫째, 전주는 어떤 글자의 본래 의미에서 파생된 부차적인 의미를 그 글자에 전용轉用하는 것이다. 예를 들면, '樂' 이라는 글자가 '풍류' 라는 본래 의미에서 '즐겁다' · '좋아하다' 라는 의미로 전용되는 것을 말한다.

둘째, 의미가 같거나 유사한 문자들끼리 서로 통용해 쓰는 것이라 할 수 있다. 예를 들면, '考' 자와 '老' 자는 두 자 모두 '老(늙을로)' 의 부수에 속하여, 모두 노인을 의미하는 문자이므로 이 두 문자는 서로 통용해 쓸수가 있는 전주문자轉注文字라 할수 있다.

사실 전주는 한자의 조자造字와는 관련이 없는 한자 활용活用의 원리라 할 수 있다.

⑥ 가차假借란 '빌리다', '빌려오다' 라는 말이다. 이는 곧 어떤 의미들은 아직 이것을 표현할 문자가 없거나 만들지 못하여, 기존의 문자 중에서 음이 같거나 유사한 문자를 빌려와 그 뜻을 실어 표현하는 것을 말한다. 이는 문자의 의미와는 관계없이 전적으로 자음字音에만 의지하는 것이라 할 수 있다.

예를 들어 접속사 '그러나' 와 같은 추상적인 의미는 당시에 말로는 표현할 수 있었으나 이를 나타낼 문자가 없었으므로, 기존의 문자 중에서 당시에 '그러나' 를 표현하던 발음과 같은 음을 가진 '然' 자나 '而' 자를 차용하여 표현하는 방법을 말한다. 본래 '然' 은 '불로 개고기를 굽다' 는 뜻을 가진 문자였고, '而' 자는 '코밑수염' 을 뜻하던 문자였으나, '그러나' 라는 차용된 의미로 쓰여, 즉 가차의假借義를 갖게 되면서 본래의 의미와는 점차 멀어져 갔다.

지시사인 '그', '그것' 이라는 의미를 가진 '其' 자 역시 갑골문이나 금문에 의하면, 양손에 키를 들고 키질을 하고 있는 모습을 그린 문자이다. 따라서 '其' 자는 '키', '키질하다' 가 본래의 의미이다. 후에 '그', '그것' 이라는 의미로 가차되어 쓰이게 되자, 이에 '키' 라는 의미와 지시사의 의미를 따로 구별하기 위해 '其' 자에 키의 재료를 나타내는 대나무 竹자를 가해 '箕' 자를 만들게 되었다.

6) 한자의 간화簡化

1949년 중화인민공화국 성립 이후, 중국 정부는 문맹퇴치와 교육보급을 위해 한자의 간화 정책을 적극 추진하였다. 그 결과 1955년 '한자간화방안초안漢字簡化方案草案' 을 공포하고 다시 각계각층의 의견을 구한 뒤, 1956년 1월 28일 국무원國務院 전체회의 제23차 회의에서 정식으로 통과시키고, 31일 《인민일보人民日報》를 통해 '한자간화방안' 을 발표하였다. 그 후 네 번에 걸쳐 모두 2,238자를 간화하였다. 이렇게 간화된 한자를 간체자簡體字라 하며, 간화되기 전의 한자를 번체자繁體字라 하는데, 간체자는 번체자에 비해 필획이 많이 줄어들어 글자를 암기하거나 쓰는데 커다란 도움을 주었다. 이렇듯 간체자의 출현은 또 한 번의 한자체의 변천이라고 할 수 있는 획기적인 사건이었다. 물론 간체자 출현 이전에도 복잡한 필획의 한자를 간략화하기 위한 노력이 부단히 시도되었다. 문자는 끊임없이 변화하면서 번잡한 것에서 간단한 것으로 바뀌는 것이 필연적인 추세라고 할 수 있을 것이다. 그래서 한자에는 갑골문 이후 필획의 생략으로 생겨난 (통속체로서의) 이체자가 많이 존재한다.

그러나 현대중국어를 학습하는 데에는 번체자를 몰라도 되지만, 고대중국어를 학습하려면 반드시 번체자를 알아야 하는 어려움이 있다. 더군다나 주로 번체자[우리는 일반적으로 정자正字라고 함]를 배워온 한국인들은 간체자를 새로 배워야 하는 부담을 안게 되었다. 그러나 간체자에 대한 조자造字의 규칙이 분명히 있으므로, 보는데 얼마간 습관이 되면 간체자를 쉽게 익힐 수가 있다. 타이완의 국민당 정부는 한자의 간화 정책이 민족문화의 말살이라고 규정하고 반대하는 입장을 줄곧 견지하고 있다.

번체자와 간체자간의 관계를 살펴보면 대체로 다음과 같다.

첫째, 대다수의 간체자는 번체자와 1대1의 관계로 되어 있다. 이런 부류에 대해서는 거기에 해당되는 번체자를 이해하면 된다. 예를 들면:

国 : 國　　学 : 學　　爱 : 愛

达 : 達　　宝 : 寶　　办 : 辦

둘째, 본래는 의미가 다른 글자들인데, 다만 그 독음이 같기 때문에 어느 한 글자에 귀속시켜 하나의 간체자로 대표한 것이 있다. 예를 들면 '余 — 余, 餘'가 바로 그러하다. '余'는 제1인칭 대명사이고 '餘'는 '남다'로서 그 구별이 명확한 것이다. 그러므로 고서에 나오는 '余'를 현대한어의 습관에 따라 '남다'로 해석해서는 안 된다. 이런 예는 많다.

谷 : 谷(골짜기) — 穀(곡식, 착하다)

丑 : 丑(간지의 하나) — 醜(추악하다, 더럽다)

后 : 后(임금, 황후) — 後(뒤)

셋째, 서로 다른 글자를 한 글자에 귀속시킨 것으로서 통용할 수 있는 경우도 있고 그렇지 않은 경우도 있다.

征－征, 徵 : '征' 은 '멀리가다, 치다, 세수를 징수하다' 등의 뜻이 있고, '徵' 은 '징집하다, 징수하다. 구하다, 증명하다' 등의 뜻이 있는 바 '세를 징수하다' 라는 의미에서는 통용할 수 있다.

才－才, 纔 : '방금' 이라는 의미에서만 통용될 수 있다. 그러므로 '재능' 의 '才' 를 '纔' 로 쓸 수 없다.

번체자와 간체자를 배울 때 위에서 언급한 두 번째와 세 번째의 경우에 특별히 주의하여야 한다.

이미 공포된 간체자를 고찰해보면 한자를 간략화하는 데는 다음과 같은 몇 가지 방식이 있었음을 알 수 있다.

첫째, 복잡하고 어려운 편방을 간단한 것으로 고친 것.

예 : 燈－灯　黏－粘　機－机

둘째, 원래 글자의 일부 편방을 없앤 것.

예 : 務－务　開－开　雖－虽

셋째, 해서를 초서화 한 것.

예 : 東－东　當－当　學－学

넷째, 필획이 간단한 옛글자를 쓴 것.

예 : 禮－礼 (고대의 이체자)

薦－荐 (고대의 통용자)

捨－舍 (고금자)

다섯째, 동음자로 대체한 것.

예 : 後－后　穀－谷　麵－面

이상에서 말한 몇 가지 방식은 모두가 쓰기에 편리하게 한 것을 원칙으로 하였다.

4. 중국인의 언어(중국어)[12]

현재 중국어의 표준어는 북경어를 기본으로 한 북방음을 기준으로 하고, 전형적인 현대 백화문 저작을 문법기준으로 삼고 있다. 하지만 북경어 자체가 표준어의 전부는 아니며, 단지 음의 경우는 북경어가 가진 어음을, 어휘의 경우는 보편적인 백화체의 어휘를 취하므로, 북경어가 지니고 있는 방언方言적 요소는 여기서 제외되고 있다.

1) 중국어의 일반적 특징

음운학적으로 보아 중국어는 단음절어單音節語에 속한다. 한 글자에 한 음과 하나의 뜻을 나타내는 어소(語素 : 문법적인 최소 기본단위이자 최소의 의미단위)가 기본단위이고, 이런 어소를 기본으로 하여 보다 많은 어휘의 이해가 가능하다. 이를테면, '배우다' 는 의미의 어소 '학學' 이 만들 수 있는 어휘는 학교學校 · 학생學生 · 학원學院 · 철학哲學 · 수학數學 · 미학美學…… 등 얼마든지 있을 수 있는 것이다.

문법적으로 보아 중국어는 고립어孤立語로서, 굴절어〔屈折語 : 어미의 변화에 의하여 성(性) · 수(數) · 격(格) 등의 문법적 기능을 나타내는 언어〕인 영어 · 불어 · 독어 그리고 교착어(膠着語 : 어떤 말에 독립성이 없는 조사나 접사 따위를 붙여 그 기능에 의하여 문법적 관계를 나타내는 언어)인 한국어 · 일본어 · 터키어와는 명백한 차이가 있다. 고립어란 한 낱말이 하나의 의미를 가지며, 낱말 자체는 아무런 변화가 없이 낱말의 위치(어순)에 따라 문법 관계가 결정되는 언어를 말한다. 아래에서 중국어의 고립어적인 특징을 열거해 보면 다음과 같다.

12) 최환 · 남민수 · 박운석 공저《현대중국의 이해》, 영남대학교 출판부, 2005.

첫째, 명사가 단 · 복수에 따라 변하지 않는다.

둘째, 동사 역시 단 · 복수의 영향을 받지 않는다.

셋째, 성별性別의 변화가 없다. 즉 남성 · 여성명사 등의 구별이 없다.

넷째, 대명사에도 격의 변화가 없다. 즉 주격이니 소유격이니 하는 구별이 없다.

다섯째, 조동사의 종류나 활용이 미미하며 복잡하지 않다.

여섯째, 과거 · 현재 · 미래 어느 시제나 격의 변화 없이 그대로 사용된다.

일곱째, 관사가 없다.

여덟째, 단어의 형태 변화가 거의 없다.

어음학적 특징으로 중국어는 다른 언어의 음운체계와는 달리 각 글자마다 사성四聲의 성조聲調가 있고, 이 성조 때문에 중국어는 음악적인 리듬감이 있다.

성조에 관한 예를 들어보자. 'ma' 라는 음을 보면, 제1성의 ma는 媽, 제2성의 ma는 麻 · 痳……, 제3성의 ma는 馬 · 碼 · 瑪 · 螞……, 제4성의 ma는 罵…… 등이 있다. 이처럼 같은 음이라고 할지라도 성조가 달라지면 완전히 다른 의미를 나타내게 된다. 또 한 가지 예를 들면, 'wen' 이라는 음에 제1성으로는 溫(따뜻하다), 제2성에는 文(글), 제3성으로는 吻(입술, 입 맞추다) 그리고 제4성으로는 問(묻다)이 있다. 만약 "我要問你(당신에게 물어보겠습니다)" 라는 말을 하려고 했는데, 'wen' 을 4성으로 하지 않고 3성으로 한다면 "我要吻你(나는 당신에게 키스를 하고 싶어요)" 라는 의미로 되어버린다. 그러므로 중국어를 공부할 때, 성조는 다른 어떤 요소보다 의사소통에 있어서 중요한 요소라고 할 수 있다.

중국어의 또 하나의 특징은 사물의 개수를 세거나 동작의 횟수를 셀 때 그것에 어울리는 다양한 양사量詞를 사용한다는 것이다. 예를 들면, 사물의 개수를 세는 양사로는 個·條·隻·本…… 등이 있으며, 동작의 횟수를 세는 양사로는 次·回·遍…… 등이 있다.

또한 중국어에는 우리말이나 일본어에서 많이 발달되어 있는 존댓말이 거의 없다는 것도 하나의 특징으로 꼽을 수 있다.

2) 중국어의 기타 특징

중국어는 방대한 영토 위에서 수천 년의 역사를 거쳐 형성된 언어이다. 중국어는 이렇듯 오랜 세월 동안 변천 과정을 거쳐 형성된 언어이기 때문에 지방에 따른 차이뿐만 아니라 서면어書面語와 구두어口頭語에도 큰 차이가 있다. 서면어와 구두어의 차이는 오랫동안 지속되었는데, 당唐·송宋시기에 이르러서야 구두어에 가까운 서면어 즉 백화문이 나오게 되었다. 송宋·원元시기의 화본소설話本小說을 비롯하여 이후에 나온 여러 장편소설과 기타 형식의 문학작품들이 거의 북방방언의 백화문으로 쓰여 전국 각지로 널리 전파됨에 따라 북방방언의 보급을 촉진시켰고, 또 금·원金·元 이후 8백여 년간 북경이 중국의 정치·경제·문화의 중심지가 되었으므로 북경어가 관화(官話 : 관청의 통용어)로서 전국 각지에 전파되었다. 이리하여 북경어가 점차 여러 방언 가운데 공용어로 쓰이게 된 것이다. 특히 5·4 운동 이후 '백화문 운동'이 일어나 그 동안 지식층이 사용해 온 문언문의 지위가 크게 흔들리면서 북경어가 표준어의 위치에 놓이게 된 것이다. 그후 중국 대륙에서는 그것을 보통화普通話라고 했으며, 타이완에서는 국어國語라고 불렀다.

중국의 방언은 조사된 큰 분류의 것만 해도 약 70여 종에 달한다. 이들 70여 종의 방언은 다시 언어학적인 측면에서 크게 일곱 갈래로 나누어 볼 수 있다. 즉, 북방방언(관화)·오吳방언(상하이방언이 그 대표) · 월粵방언(광둥어) · 객가客家방언(객가인들이 사용하는 언어, 객가인이란 원래 황하 유역에 살던 한족의 일부가 집단으로 이동하여 남쪽 여러 지역으로 흩어져 살고 있는 사람을 가리키는데, 주된 분포지역은 광둥 · 푸젠 · 장시 · 쓰촨 · 타이완 등 각 성과 동남아시아의 화교들 중에도 있음) · 민閩방언(푸젠어 · 타이완어가 그 대표) · 상湘방언(후난어) · 감贛방언〔장시성 난창南昌어가 그 대표〕이 그것이다.

그런데 이들 방언은 서로 많은 차이를 보여 표준어를 할 줄 모르고 방언만을 구사할 줄 아는 두 중국인이 만나 각기 자신들의 방언으로 이야기한다면 의사소통이 거의 불가능하다. 특히 표준어인 북경어(위에서도 언급했듯이 이 역시 넓은 의미에서 방언에 속함)와 일부 방언과는 현격한 차이가 난다. 이를테면 홍콩을 중국어로는 '향항香港' 이라고 쓰는데, 왜 '샹강' 이라고 하지 않고 '홍콩Hong Kong' 이라고 하는 것일까? 그것은 광둥어의 발음이 '횡꽁' 으로, 영국인들이 원음과 유사하게 영문 표기를 그렇게 했던 것이다. 북경(북경, Beijing)을 어떤 곳에서는 영문으로 'Peking' 으로 표기하고 있는데, 이것도 홍콩과 같은 경우이다.

중국어로 외국어를 어떻게 표기할까? 중국어는 표의문자인 관계로 외국어를 발음대로 표기하기에는 어려운 점이 있다. 이 점을 극복하기 위해서 중국어는 표의문자의 장점을 최대한 살려 외래어를 의역意譯하기도 하고, 음역音譯하기도 한다. 아래에서 그 예들을 보기로 하자.

巴士 : 버스의 음역

的士 : 택시의 음역

可口可樂 : 코카 콜라의 음역. 단, 의미상에서 글자를 고려하여 음역하였음.

百事可樂 : 펩시 콜라의 음역. 단, 의미상에서 글자를 고려하여 음역하였음.

熱狗 : 핫도그의 의역

電腦 : 컴퓨터의 의역

傳眞 : 팩시밀리의 의역

愛國者飛彈 : 패트리어트 미사일의 의역

迷你裙 : 미니스커트의 반음반의역

桑那浴 : 사우나의 반음반의역(의역하여 '蒸氣浴' 이라고 함)

因特網 : 인터넷의 반음반의역. 인터넷을 또한 國際網絡(網際)라고 의역하기도 한다.

제5장

서안西安

1. 섬서성陝西省
2. 서안西安 개황
3. 서안西安 역사
4. 서안문화탐방

제5장

서안西安

1. 섬서성陝西省

섬서성陝西省은 중화인민공화국中華人民共和國의 중앙에 있는 성省으로서, 성도省都는 서안시西安市이다. 섬서성陝西省을 '섬陝' 혹은 '진秦'으로 간칭한다. 섬서성은 동경 105도 29분-111도 15분, 북위 31도 42분-39도 3분에 위치하고 있는 중국 내륙지역으로서 황하의 중상류에 속한다. 북부는 내몽고자치구內蒙古自治區와 접하고 동부는 산서성山西省·하남성河南省, 서부는 녕하회족자치구寧夏回族自治區·감숙성甘肅省, 남부는 사천성四川省·중경시重慶市, 동남부는 호북성湖北省과 접하고 있다. 남북이 높고 가운데가 낮으며, 섬북고원陝北高原·진파산지秦巴山地·관중평원關中平原 등의 다양한 지형으로 이루어져 있다. 남북의 길이는 870㎞이고, 동서의 길이는 200~500㎞이며, 면적은 20.58만㎢이다.

연평균기온은 13.3℃, 1월 평균기온 -1.3℃, 7월 평균기온 26.7℃, 연평균강수량 604㎜이다.

섬서성陝西省은 서안시西安市 · 보계시寶鷄市 · 함양시咸陽市 · 동천시銅川市 · 위남시渭南市 · 한중시漢中市 · 안강시安康市 · 상락시商洛市 · 연안시延安市 · 유림시楡林市 등 10개의 행정구역으로 나눠지고, 인구는 3,762만 명이며, 97% 이상이 한족이다.

2. 서안西安 개황

오랫동안 동방문화의 중심지로, 중국의 가장 화려했던 역사를 보여주는 곳이 바로 3천년의 역사를 지닌 고도古都 장안長安, 바로 지금의 서안西安이다. 서안은 한국의 경주에 해당하는 중국의 역사문화도시이다.

서안은 중국의 6대 고도(古都 : 북경 · 항주 · 남경 · 낙양 · 개봉 · 서안)의 하나로, 중국의 대표적인 관광도시이다. 서안은 기원전 11세기부터 서기 10세기까지 13개의 왕조가 도읍을 정하였고, 동양과 서양의 문화 교류에서 중요한 역할을 했던 실크로드의 기점이었다.

서안의 오랜 역사를 함께 해온 명대明代의 성벽城壁과 돌로 된 서예창고라 불리는 비림碑林, 삼장법사가 인도에서 갖고 온 불경을 번역하고 보관한 대안탑大雁塔 · 소안탑小雁塔 등의 건축물은 물론이거니와 진시황秦始皇 병마용박물관兵馬俑博物館과 양귀비楊貴妃의 별장 화청지華淸池, 그리고 중화민족의 발상지 중 하나인 반파半坡 유적 등 중국고대문명의 진귀한 유적들이 보존되어 있으니, "오천년의 중국역사를 서안에서 볼 수 있다"라는 말이 과언이 아니다. 뿐만 아니라 중국 오악五嶽 중 서악으로 불리는 화산華山도 보는 사람이 저도 몰래 감탄이 나올 지경이니, 수많은 외국인들이 중국을 여행할 때 서안을 필수 코스로 잡는 것도 당연하다.

오늘날 서안의 인구는 약 846.78만 명(2010년 11월)이며, 중국의 신흥 내륙공업지역 가운데 하나이다.

3. 서안西安 역사

장구한 중화민족의 역사에서 끊임없는 정권교체와 왕조교체로 전후 217 곳의 도성이 건립되었다. 중국 고도古都 가운데에 가장 많은 왕조가 도읍하였고, 도읍한 기간이 가장 긴 곳이 바로 장안(長安 : 지금의 陝西省 西安)이다. 중국 역사상 서주西周 · 진秦 · 서한西漢 · 신망新莽 · 동한東漢의 헌제獻帝 · 서진西晉의 민제愍帝 · 전조前趙 · 전진前秦 · 후진後秦 · 서위西魏 · 북주北周 · 수隋 · 당唐 13개의 왕조가 장안에 도읍하였으며, 도읍으로 지낸 기간도 1066년에 이른다.

13개 왕조의 고도인 장안은 중국 8대 고도古都 중에서 으뜸일 뿐만 아니라, 세계 4대고도의 하나이다.

- 장안長安에 건도建都한 조대朝代에 관해서는 십조十朝 · 십삼조十三朝 · 십사조十四朝 · 십육조十六朝 · 십칠조十七朝 등 모두 5가지 설이 있지만, 일반적으로는 십삼조十三朝 설이 유력하다.
- 중국 고도古都 중에서 역대로 '오대고도五大古都' · '육대고도六大古都' · '칠대고도七大古都' · '팔대고도八大古都'의 여러 설이 있다. '오대고도五大古都'란 서안西安 · 북경北京 · 낙양洛陽 · 남경南京 · 개봉開封을 가리키고, '육대고도'란 '오대고도'에 항주杭州를 더한 것을 가리키며, '칠대고도'란 '육대고도'에 안양安陽을 더한 것을 가리키고, '팔대고도'란 '칠대고도'에 정주鄭州를 더한 것을 가리킨다. 고도의 어떠한 설이든 간에 모두 서안이

포함되어 있으며, 또 도읍으로 삼은 조대朝代가 많고 · 도읍으로 지낸 기간이 길며 영향이 컸던 순세대로 이야기하면, 서안이 가장 우선이며, 다음이 북경이고, 그 다음이 낙양이다.

■ 세계 사대고도四大古都란 일반적으로 중국의 서안 · 이탈리아 로마 · 그리스 아테네 · 이집트 카이로를 말한다.

1) 주周나라 도읍 : 풍豊 · 호鎬

주周나라 사람은 섬서陝西에 있는 경수涇水 · 위수渭水 유역의 한 부락으로, 오랜 기간 위수渭水 중류의 황토고원에서 활동하였다. 사서史書의 기록에 의하면, 더 큰 발전을 모색하기 위해 주나라 사람은 자주 그 도읍을 옮겼는데, 초기에 태(邰 : 지금의 陝西 武功縣 서남쪽)에 도읍하였다가 다시 빈(豳 : 지금의 陝西 彬縣 일대)으로 옮겼고, 나중에 또 주원(周原 : 지금의 陝西 岐山)으로 옮겼다. 주周 문왕文王에 이르러, 대략 기원전 11세기 중엽, 주나라 사람들은 다시 또 풍豐으로 도읍을 옮겼다. 주 문왕이 풍경豐京으로 천도한 이듬해 죽고, 그 뒤를 이은 주周 무왕武王이 또 호鎬로 도읍을 옮겼다.

풍豐 · 호鎬는 지금의 서안시 장안구長安區 풍하灃河 두 기슭에 위치하였는데, 풍하灃河를 경계로 하여 풍경豐京은 서쪽에 있었고, 호경鎬京은 동쪽에 있었다. 강 하나를 사이에 두고 있었기 때문에 서로의 거리가 아주 가까웠으며, 게다가 서로 이어졌기 때문에 역사적으로는 '풍호豐鎬' 라고 병칭한다. 기원전 11세기 중엽에서 기원전 770년 주周 평왕平王이 동쪽 낙읍洛邑으로 천도하기까지의 300년간은 '풍호豐鎬' 두 수도가 줄곧 전국의 정치 · 경제 · 문화의 중심이었으며, 주나라 도읍 '풍호豐鎬' 는 관중關中 지역에서 처음으로 출현한 전국적인 도성都城이었다.

2) 진秦 도성都城 : 함양咸陽

주周 평왕平王이 동쪽 낙읍洛邑으로 천도한 후, 관중關中은 견융(犬戎 : 섬서성에 살던 옛 오랑캐의 이름)을 수령으로 한 여러 서융西戎에게 점거되어 융적戎狄간에 싸움이 끊임이 없었다. 이 때 위수渭水 상류에서 활동하던 진秦나라 사람들이 기회를 틈타 동쪽으로 내려와 용산隴山을 넘어 땅을 확장하였다. 진나라 사람들은 개혁에 용감하였고 진취적이어서 오래지 않아 서융의 패자覇者가 되었고, 그 후 관중關中에서 일어나 마침내 천하를 통일하고 주周나라의 옛 도읍지인 풍호豐鎬에서 멀지 않은 함양咸陽에 도읍을 정하였다.

옛날 사람들은 산의 남쪽 · 물의 북쪽 땅이 일조시간이 가장 길다고 생각하여 '양陽' 이라 하였다. 진秦의 도성都城은 '산수山水가 다 양陽' 의 특징을 갖추었으므로 이름을 '함양咸陽' 이라 하였다.

진秦 효공孝公 13년(기원전 349년) 함양으로 천도하여 진秦 이세二世 3년(기원전 207년)에 진이 망할 때까지 함양은 진의 도성으로써 143년을 보내었다. 진나라 말년 농민봉기 때에, 항우項羽의 군대가 함양을 도륙하고 진나라 궁실을 불태우니, 그 불길이 석 달 동안 꺼지지 않았다 한다.

3) 한漢 · 수隋 · 당唐 : 장안長安

(1) 한漢 장안성長安城

기원전 202년, 유방劉邦이 초楚나라 항우項羽를 멸하고 사수汜水 북쪽(지금의 山東定陶)에서 즉위하여 한漢 왕조를 건립하고, 루경婁敬 · 장량張良의 건의로 관중關中에 도읍을 정하였다. 유방이 관중에 도읍을 정한 후, 위하渭河 남쪽 기슭의 원래 진 도성인 함양의 한 촌락인 장안향長安鄕을 중심으로 도성을 건설하였는데, 장안長安이란 이름을 취한 데에는 '장치구안長治久安' 의 의미를 함축하고 있어서이다. 한漢 장안성은 지금의 서안시 서북 위하渭河 남안의 용수원龍首原 북쪽 기슭에 위치하였는데, 위하渭河 건너 위북渭北의 진나라 함양고궁과 서로 마주보고 있었다.

(2) 수隋 · 당唐 장안성長安城

서기 581년 양견楊堅이 북주北周 정제靜帝를 폐하고, 수隋나라를 건립하여 여전히 한漢 장안성에 도읍하였다. 얼마 뒤 수隋 문제文帝 양견楊堅은 한漢 장안성 동남쪽의 용수원龍首原으로 천도하여, 새 도읍인 대흥성大興城을 건설하였다. 뒤 이어 일어난 당唐나라는 수나라의 구도舊都를 이어 대흥성에 도읍을 정하고, 장안성으로 이름을 바꾸었다. 수 대흥성과 당 장안성은 실제로 같은 도시였기 때문에 사람들은 습관적으로 수당隋唐 장안성長安城이라 부른다.

당 태종은 지속적으로 장안성에 일련의 개축과 확장을 하였다. 대규모의 개축과 확장 공사는 태종太宗 · 고종高宗 · 현종玄宗 · 덕종德宗 · 헌종憲宗 황제 재위기간에 집중되었는데, 끊임없는 개축과 확장을 통해 당나라 장안은 중국고대의 규모가 가장 방대한 도성이 되었고, 인구 100만의 세계에서 가장 유명한 국제화 대도시가 되었다.

그러나 당 말의 연이은 전란 속에 인위적으로 파괴되어 장안은 이로부터 더 이상 수도가 되지 못하였다.

4) 명明 청清 : 서안부西安府

오대五代의 후량後梁 · 후당後唐 · 후진後晋 · 후한後漢 · 후주後周가 서로 이어 개봉開封과 낙양洛陽을 수도로 삼았고, 양송兩宋은 전후 개봉開封과 항주杭州를 수도로 삼았으며, 원元나라는 대도(大都 : 지금의 북경)에 도읍하였고, 명나라는 먼저 남경에 도읍하였다가 뒤에 북경으로 옮겼으며, 청나라 또한 북경을 수도로 삼았다. 오대에서 명청에 이르기까지 국도는 점차 서에서 동으로 옮겨갔고, 또 남에서 북으로 옮겨갔다. 현재의 시역市域은 명明나라 때 구축한 주위 13㎞의 성벽으로 둘러싸인 구시가와 교외로 되어 있으며, 명 · 청대에 서안부西安府를 설치한 바 있으나 중화민국 때에 그것을 폐지하고 산시성에 직속시켰다. 구시가는 당나라의 장안성을 중심으로 한 지역으로, 고도古都의 면모를 간직하는 한편 관공서와 상점 등이 밀집해 있다.

5) 서안사변西安事變 : 1936년

서안은 또 1936년 12월에 중국에서 공산군 토벌을 위하여 섬서성陝西省의 서안에 주둔하고 있던 장학량張學良 휘하의 동북군東北軍이 남경에서 격려하러 온 장개석蔣介石을 감금하고 국공 내전의 정지와 거국적 항일 투쟁을 요구한 사건으로도 유명하다.

항일抗日을 외치던 국내 여론에도 불구하고 공산당 토벌 작전에만 진력한 장개석은 마지막 작전을 독려키 위해 1936년 12월 12일 서안에 왔다. 이때 동북군 장학량張學良과 서북군 양호성楊虎城이 장개석을 감금하고 남경국민정부의 개조, 내전 중지, 언론 출판 집회 결사의 자유 등을 요구하였다. 감금당한 장개석은 주은래周恩來와 만나 정부의 개조와 정치범의 석방, 공산당 토벌 작전 중지 등에 합의하여 서안사변은 평화적으로 해결되었고, 장개석은 12월 25일 서안을 출발 남경으로 돌아갔다.

4. 서안문화탐방

1) 시내와 성벽

현재의 시역市域은 명明나라 때 구축한 주위 13㎞의 성벽으로 둘러싸인 구시가와 교외로 되어 있으며, 구시가는 당나라의 장안성을 중심으로 한 지역으로, 옛 도읍지의 면모를 간직하면서도 관공서와 상점 등이 밀집해 있다. 시안은 역사적 도시여서 사적 또한 풍부하다. 서안 주변의 역사적 유적들을 잠시 소개해 본다.

2) 진시황릉秦始皇陵

서안에서 동북쪽 33㎞, 임동현臨潼縣에서 동쪽으로 5㎞ 떨어진 지점인 여산驪山에 있다. 중국을 통일한 최초의 황제 진시황(기원전 259~210년)이 여기에 묻혀 있다. 37년간에 걸쳐 완공된 능묘의 높이는 76m, 둘레는 2,000m이다. 지금까지 능 동쪽에서 3개의 진시황릉 병마용갱이 발견되었고, 능 서쪽에서는 2대의 진나라 구리마차와 말 구리인형이 발굴되었다.

진이세秦二世 호해胡亥는 아버지 진시황秦始皇을 장례지내면서 수많은 궁녀를 함께 순장하고, 지하궁전을 짓는데 참여한 엄청난 기술자와 인부를 모두 생매장시켜 지하궁전의 비밀이 세상에 알려지지 못하도록 하였다 한다.

1987년에 세계문화유산으로 지정되었다.

3) 병마용兵馬俑

진시황릉에서 1.5㎞ 떨어진 곳에 있는 진시황릉의 순장갱으로, 1974년 한 농부가 우물을 파다가 우연히 발견하였다. 현재 1호갱과 3호갱은 이미 박물관으로 개조하여 개방하고 있다. 1호갱에는 거의 실물크기의 6,000여 병마가 질서정연하게 늘어서 있는데, 병마용 하나하나가 당시 병사들의 실물을 근거로 만들다보니 병사들의 표정이 다 다르고 살아 있는 것처럼 생동적이다. 질서정연하게 삼중종대(3中縱隊)로 11열列 200m 길이로 뻗어 서있고 또 맨 앞에는 선봉 3열 횡대로 서있다. 진용이 매우 웅대하여 '세계 8대 기적' 이라 칭송된다.

갱내에는 청동검 · 구리 · 창쇠뇌 · 화살등 실전 무기가 완전하게 보존돼 있다. 2호갱에는 6,000여기의 병마용이 있고 3호갱 면적은 500㎡에 전차 1대, 근위병용 68개가 있어 마치 군대의 통수기구와 흡사하다.

4) 화청지華清池

서안에서 약 25㎞ 떨어진 임동현臨潼縣 여산驪山의 서북쪽 기슭에 위치한 유명한 온천이다. 역대 제왕이 여기에 행궁별장行宮別莊을 세워 휴양하였으며, 특히 당 현종玄宗은 여기에 호화별장 화청궁華清宮을 수축하여 정무를 멀리 하고, 중국 4대 미인 중의 하나인 양귀비楊

貴妃와 더불어 환락생활을 탐닉하였다. 양귀비가 목욕했다는 해상탕海常湯은 지금도 섭씨 43도를 유지하며, 신경통·관절염에 효험이 있다고 한다. 현종玄宗과 양귀비楊貴妃의 로맨스가 서린 곳이며 서안사변西安事變이 발생한 곳이기도 하다.

●중국 4대 미인 애칭

중국의 4대 미인하면 흔히 월越나라 서시西施와 한漢나라 왕소군王昭君, 삼국시대 초선貂蟬, 그리고 당唐나라 양귀비楊貴妃를 꼽는다. 이들 미인은 그 명성에 걸맞은 여러 애칭과 미모에서 유래한 한자성어를 지니고 있는데, 이중 자연도 그 아름다움에 주눅 든다는 식으로 풀어 쓴 유래가 재미나다.

월越나라의 절세미인인 서시西施는 물속의 고기도 그 아름다움에 반해 가라앉았다 하여 '침어沈魚' 라 불렸으며, 한漢나라 왕소군王昭君은 나는 기러기도 그녀의 미색에 반하여 떨어졌다 하여 '낙안落雁' 이라는 애칭을 가지고 있다. 삼국시대의 여포呂布의 여인이었던 초선貂蟬은 달도 부끄러워 구름 속에 숨을 만큼 아름다웠다 하여 '폐월閉月' 이라 했으며, 당唐나라 양귀비楊貴妃는 거닐던 정원의 꽃마저 고개를 숙인다고 해서 '수화垂花' 라는 애칭을 얻었다.

서시

왕소군

초선

양귀비

5) 대안탑大雁塔 · 소안탑小雁塔

대안탑大雁塔은 서안시 남쪽의 대자은사大慈恩寺 내에 있다. 본명은 자은사탑慈恩寺塔이다. 648년에 당나라 고종高宗 이치李治가 모친 문덕황후文德皇后를 추념하기 위하여 대자은사를 세웠고, 영휘永徽 3년(652)에 현장玄奘 법사가 인도에서 가져온 657권의 불경을 소장하기 위해 이 탑을 만들었다.

소안탑小雁塔은 서안시 남쪽 천복사薦福寺 경내에 있다. 당 고종이 승하한 100일 후 아내 측천무후(則天武后 : 634~705)가 고종의 명복을 빌기 위하여 세운 탑이다.

당시는 15층 45m였다고 하는데, 현재는 상부 2층이 무너져 내려 13층 42m이다. 대안탑이 직선적이고 남성적인 데에 비하여 소안탑은 곡선적이고 여성적이다.

●**현장玄奘**

삼장법사三藏法師로 더 유명한 현장玄奘은 629년 트르판, 사마르칸드를 거쳐 바미얀(아프가니스탄), 간다라(파키스탄)를 거쳐 마침내 천축(天竺 : 지금의 인도)에 이르렀다. 카시미르에서 2년간 체재한 후 북쪽에서 남쪽까지 인도 각지를 다녔고, 16년 후인 645년에 150개의 불사리

佛舍利, 8체의 불상, 657부의 경전을 가지고 장안으로 돌아왔다. 그가 지은 대당서역기大唐西域記가 남아 있다.

6) 흥교사興教寺

서안시 남쪽 20㎞ 두곡杜曲에 자리 잡고 있는 고찰로, 여기에 당의 고승 현장玄奘의 묘와 탑이 있다. 현장탑 좌우에는 두 기의 3층탑이 서 있는데, 하나는 신라 승려 원측圓測의 묘탑이고, 다른 하나는 자은대사慈恩大師 규기窺基의 묘탑이다. 원측 스님은 어려서 출가, 당나라에 가서 법상法常·승변僧辨 밑에서 유식론唯識論을 배웠다. 한문과 범어에 능통하여 수많은 범어 불경을 한문으로 번역, 중국 불교의 발전에 큰 공헌을 하였다.

7) 비림碑林

서안 시내의 삼학가三學街 문묘文廟 옛터에 위치하고 있다. 당나라 개성(開成836~840) 연간에 새긴 '개성석경開成石經', '석대효경石臺孝經'을 소장하기 위해 만든 것으로 중국 최대의 석조 서고이다. 이곳에는 왕희지王羲之·구양순歐陽詢·안진경顔眞卿 등 한漢·위魏에서 당唐에 이르는 유명한 서예가의 석비石碑 1095기가 모여 있다. 그 가운데 '대진경교유행중국비大秦景敎流行中國碑'는 고대 로마로부터 전래된 경교(景敎 : 네스토리우스파 그리스도교)가 635년부터 약 150년간의 선교활동 및 교세의 역사가 새겨져 있어, 중·외 문화교류를 살펴볼 수 있는 귀중한 자료이다.

8) 반파박물관半坡博物館

서안시 동쪽 교외 반파촌 북쪽에 위치하고 있다. 황하黃河 유역의 전형적인 원시공동체 사회인 모계씨족의 유적으로, 지금으로부터 6,000여 년 전(B.C 4000~2500)의 촌락 유적이다. 1953년 발견되어 1957년까지 5회에 걸쳐 발굴되었다. 발굴면적은 1만㎡에 이르는데, 이것은 유적 총면적의 1/5에 불과하다. 주거유적 45, 가축우리 2, 곡물 저장소 약 200, 성인묘 174, 소인묘 76, 옹관 73, 도기제작소 6, 기타 생산 용구와 생활 용구가 1만 점 이상이나 출토되었다.

발굴된 유적은 거대한 돔으로 덮혀 잘 보존되고 있다. 인류 생활의 기원을 알 수 있으며, 1958년 원 유적지에 반파 박물관을 설립하였다.

9) 아방궁阿房宮

진秦 도성都城 함양咸陽의 위수渭水 남쪽에 있는 가장 방대한 궁전 건축이 아방궁阿房宮인데, 건축을 시작하면서부터 진秦이 망할 때까지는 단지 4·5년의 시간밖에 없었기 때문에 완공하지는 못하였다. 역사기록에 의하면 진시황秦始皇 35년(기원전 212년)에 "위수 남쪽의 상림원上林苑 가운데 전전前殿인 아방궁을 지었는데, 동서로 약 700m 남북으로 약 120m로, 만 명의 사람이 앉을 수 있었다. 아방궁이 완성되지 않았지만, 완성되면 아름다운 이름을 골라 다시 이름을 붙이려고 하였다. 궁을 아방阿房이란 곳에 지었기 때문에 사람들은 아방궁이라 불렀다. 은궁(隱宮 : 宮刑을 받은 사람)과 도형(徒刑 : 강제노역)을 받은 자 70여 만 명을 나누어서 아방궁을 짓거나 혹은 여산을 만들게 했다. 북산北山의 석재를 가져오고, 촉蜀·형荊 땅의 목재를 모두 옮겨왔다"고 한다. 이 기록에서 아방궁의 광활한 넓이·거대한 공정·화려한 건축을 엿볼 수 있다.

10) 종루鐘樓 · 고루鼓樓

서안에서 먼 실크로드로 떠나는 출발지인 이곳은 누대에 오르면 멀리 서역이 보이는 듯하다. 시내 중심부 대로에 종루鐘樓가 있고 그 근처에 고루鼓樓가 있다. 예전에는 낮에는 종을, 밤에는 북을 쳐서 시간을 알렸다. 따라서 종루에는 종이 있었고 고루에는 북이 있었지만, 현재 종루는 무게 5,000근의 거대한 철제 시계 하나가 걸려 있고, 고루에 걸려있던 북은 남아 있지도 않다.

11) 화산華山

중국 화산華山은 중국에서 이름난 다섯 산五嶽 중 가장 험한 산으로 불린다. 화산은 오악五嶽 중의 서악西嶽으로 섬서성 화음현華陰縣 남쪽에 위치해 있으며 해발 2,200m이다. 남쪽은 진령秦嶺, 북쪽은 황하를 가까이 하고 있어 멀리서 바라보면 그 모양이 한 송이의 꽃을 방불케 한다하여 화산華山이라고도 하고, 서쪽의 소화산少華山에 인접하고 있어 태화산太華山이라고도 한다.

깎아지른 듯한 암벽과 끝이 보이지 않는 깊은 계곡은 마치 신비로운 기운마저 감도는 듯하여 무협지의 주 무대이기도 하였다. 이곳 화산에서 무림고수들의 결투가 벌어지기도 하여 화산론검華山論劍이라는 말이 생겨나기도 하였다.

화산은 또 도교道教의 발상지이다. 지금도 수백 개의 크고 작은 도관道觀이 있으며, 양귀비가 잠시 양태진楊太眞이란 도호道號로 여도사女道士 생활을 한 곳이기도 하다.

예로부터 화산 산정에 이르는 길은 하나밖에 없는 험준한 산이어서, 중국 사람들은 '험난하기로 천하 제1산[奇險天下第一山]' 으로 부르기도 하였다. 화산에는 동봉(朝陽峰, 2096.2m), 서봉(蓮花峰, 2082.6m), 남봉(落雁峰, 2154.9m), 북봉(云臺峰, 1614.9m), 그리고 중봉(玉女峰, 2037.8 m) 등 다섯 봉우리가 있다. 북쪽에서 시작하여 남쪽으로 동봉 · 서봉 · 남봉 · 북봉 · 중봉을 관통하며, 총 길이는 약 20㎞에 달한다.

●오악五嶽

중국의 오악五嶽이란, 동악(東嶽 : 산동성(山東省)의 태산(泰山) 1524m), 서악(西嶽) : 섬서성(陝西省)의 화산(華山) 1997m), 남악(南嶽 : 호남성(湖南省)의 형산(衡山) 1290m), 북악(北嶽 : 산서성(山西省)의 항산(恒山) 2017m), 중악(中嶽 : 하남성(河南省) 숭산(崇山) 1440m)를 두고 한 말이다.

12) 교자餃子

교자餃子의 발상지인 서안에 가면 180여종 이상의 다양한 교자(餃子 : 만두)를 맛볼 수 있다. 온갖 종류의 고기와 야채 · 버섯 등의 다양한 재료를 사용하여, 나뭇잎 · 물고기 · 꽃 · 나비 등 온갖 모양의 만두를 찌거나, 삶거나, 굽거나, 튀겨서 교자餃子를 만든다.

섬서성陝西省의 성도省都인 서안은 예로부터 이 지역의 건조한 기후로 인하여 밀가루 음식과 그곳에서 재배되는 사과 · 복숭아 · 포도 등이 유명하였다.

서안은 예로부터 밀가루 음식 중에서도 교자餃子로 유명하여, 이 지방의 특산물이 되었다. 예로부터 황제들 특히 청淸나라 서태후西太后가 서안으로 피난 왔을 때에 즐겨 찾았던 음식이 교자餃子이었다. 미국의 키신저 일행이 서안을 방문하여 교자로 식사한 후, "중국에 와서 만리장성을 가보지 않으면 진정으로 중국을 방문했다 할 수 없고, 서안에 와서 해방로解放路 교자관餃子館의 교자를 맛보지 않으면 진정으로 서안을 방문했다 할 수 없다"라는 유명한 일화가 있다. 서안의 교자餃子를 찬양하는 말 중에 "만두 하나하나가 모양이 다르고, 만두마다 속이 다르니 백가지 맛을 낸다. 한 상의 만두로 천하 맛을 다 본다."라는 말도 있다.

제6장

문학文學

제6장

문학文學

중국문학을 소개할 때 일반적으로 시대의 흐름에 따라 그 시대의 주요 문학의 흐름을 중심으로 서술하는 통시적通時的인 방법과 문학 장르에 따라 서술하는 방법 두 가지가 있다. 이 장에서는 먼저 중국문학의 기원을 간단히 소개하고, 각 시대의 주요 문학 장르에 따라 중국문학을 간단히 살펴보고자 한다.

1. 중국문학의 기원

먼 옛날 상고上古시대에는 봄이 되어 농경을 시작할 때, 풍년을 기원하기 위한 제사나 혹은 주술적인 의례를 행하며 신의 은총을 빌었다. 이때 여러 가지의 공물을 바치는 것은 물론이고 음악과 노래 그리고 춤을 추는 것이 필수적인 요소였다. 바로 이 노래가 중국에서는 문학의 한 원천이 되었다. 물론 가을의 수확이 있은 뒤에도 마찬가지 의식이 있었다. 농사뿐만 아니라 산이나 들에서 수렵을 하는 사람들도

신의 도움으로 많은 수확물을 얻기 위한 의식이 있었으므로 거기에서도 가요가 생겨나기도 하였다.

이러한 가요의 가사는 최초에는 한 사람의 입을 통해 나왔다 하더라도 끝내는 한 집단 전체가 불렀기 때문에 독자와 작가의 관계가 성립되지도 않았고, 또 의식적으로 문학을 짓는 직업문인도 존재하지 않았다.

고대의 중국에서는 죽은 사람의 영혼을 신으로 받들어 제사하였는데, 이때 신을 불러내어 신의 계시를 받고자 하였다. 신을 불러내는 특수한 능력을 가진 사람이 바로 무巫인데, 고대 사람들은 신이 무를 통해 계시를 알려 준다고 믿었다. 무는 신의 계시를 받아 그 말을 운문韻文의 형식으로 읊어놓았는데, 바로 이 가사가 중국문학의 한 기원이 되었다. 그러나 이것도 본래 무巫가 창작한 것이라고는 할 수 없다.

2. 상고시기의 신화神話

1) 세상을 연 반고(반고개천지 盤古開天地)

반고盤古는 중국의 천지창조 신화에 등장하는 거인신巨人神이다. 아득한 옛날 이 우주가 아직 하늘과 땅이 열리지 않은 칠흑漆黑 같은 혼돈混沌 상태였을 때에 반고는 태어났다. 그는 태어나 1만 8천년을 잠을 잔 후에 일어나 도끼로 혼돈混沌 상태의 우주를 쳐서 깨었다. 이때 가벼운 물질은 위로 올라가고, 무거운 것은 아래로 가라앉았다. 이들이 다시 붙을까 걱정한 반고는 가벼운 물질은 손으로 받쳐 들고, 무거운 것은 발로 밟고서 자신의 키를 하루에 1장(丈 : 약 3m)씩 1만 8천년을 키우니 천지간의 거리가 지금처럼 9만 리가 되었다.

반고가 임종에 임하자 그가 헐떡거리는 숨은 하늘의 풍운風雲이 되었고, 목소리는 뇌성벽력이 되었으며, 왼쪽 눈은 태양이 되고 오른쪽 눈은 달이 되었다. 그리고 그의 피는 바다와 강의 물이 되었고, 뼈는 산악이 되었으며, 근맥은 도로로, 살갗은 흙으로, 머리카락과 수염은 별로, 몸의 털은 초목으로, 치골정수齒骨精髓는 금석주옥金石珠玉 등이 되어 지금과 같은 세상이 되었다.

2) 사람을 만든 여와(여와조인 女媧造人)

하늘과 땅이 열린 후에도 이 세상에는 아직 인류가 없었다. 여와女媧는 바로 누런 흙黃土으로 자신과 닮은 인간을 빚기 시작하였다. 사람을 빚는 일은 매우 힘들어 생각만큼 일이 진척되지 않았다. 이에 여와女媧는 새끼줄을 진흙 속에 넣고 획하니 빼서 공중에 던지니 떨어지는 진흙이 모두 사람으로 변하였다. 여기에서 인간은 빈부귀천으로 나뉘게 되었다 한다. 여와가 진흙으로 정성껏 빚은 자들은 부귀한 사람이 되었고, 새끼줄을 던져서 아무렇게나 만들어진 사람들은 빈천한 사람이 되었다 한다.

3) 하늘을 기운 여와(여와보천 女媧補天)

중국의 서북쪽에 있는 부주산不周山의 꼭대기에는 하늘을 떠받치고 있는 기둥이 있었는데, 물의 신 공공共公과 불의 신 축융祝融이 까닭 없이 전쟁을 벌였다가 공공共公이 패하게 되자 화를 이기지 못하여 죽기로 결심하고 자신의 머리로 부주산을 떠받아 버리고 말았다. 그 순간 하늘은 서쪽으로 땅은 동쪽으로 기울어져버렸고, 하늘은 거대한 구멍이 생겨 큰 비가 내려 하천이 범람하는 엄청난 홍수가 생겼다. 이에 여와女蝸가 강에서 오색 돌을 주워 녹여서 하늘을 다시 기우고, 거대한 거북이의 다리를 잘라 기둥으로 세워 하늘을 지탱하게 하였다.

4) 해를 쏜 후예(후예사일 后羿射日)

후예后羿는 천상에 사는 신으로 활의 명인이다. 요임금 때에 천제天帝 제준帝俊이 열 개의 태양을 만들어 차례대로 뜨게 하였는데, 어느 날 열 개의 태양이 한꺼번에 뜨자 땅은 화염에 싸여 농작물과 초목이 말라죽어 백성들은 극심한 굶주림에 시달렸다. 요임금도 이 뜻하지 않은 재난에 어쩔줄 몰라하자 제준帝俊은 활의 명수인 후예를 하계로 보내어 사태를 처리하게 하였다. 인간세상으로 내려온 후예는 열 개의 태양을 활로 하나씩 겨냥해 쏘아 아홉 개의 태양을 떨어뜨리고, 하나의 태양만 남겨두었다. 지상의 사람들은 다시 온화한 햇빛의 은혜를 입게 되었으나, 후예는 그 지나친 처리 때문에 제준의 분노를 사서 지상으로 추방되었다.

5) 해를 쫓은 과보(과보축일 夸父逐日)

과보夸父가 태양을 정복하고자 태양을 쫓아 달리다가 해가 저물게 되었다. 하루 종일 해를 쫓아갔으니, 목이 타서 물을 마시고 싶어 황하와 위수의 물을 마셨다. 그러나 황하와 위수의 물로는 부족하여, 북쪽으로 대택의 물을 마시러 갔다가 도착하기도 전에 목이 말라 죽었다.

6) 바다를 메운 정위(정위진해 精衛塡海)

염제의 딸인 여와가 동쪽 바다에서 놀다 빠져 죽어 변한 새의 이름이 정위精衛이다. 이 정위 새는 자신을 빠져 죽게 한 동해를 복수하기 위해 날마다 서산에서 나뭇가지와 돌을 입으로 물고와 이 동해 바다를 메우려 했다는 신화이다.

7) 온갖 약초를 맛본 신농씨(신농상약 神農嘗藥)

신농씨神農氏는 고대 중국의 전설상의 제왕으로 염제炎帝라고도 한다. 그는 백성에게 처음으로 나무로 만든 따비와 보습 같은 농기구를 이용하여 농사짓는 법을 가르쳐, 농업의 신으로 숭앙되어 '신농神農'이라 불린다. 그는 또 온갖 풀[百草]을 직접 맛보아 약초를 찾아내 병을 치료하였다. 그가 《신농본초神農本草》를 지었다 한다.

8) 물을 다스린 곤과 우(곤우치수 鯀禹治水)

곤鯀과 우禹는 부자관계로 2대에 걸쳐 홍수를 다스린 사람들이다. 요堯임금 때에 큰 홍수로 물이 범람하자 요임금이 곤에게 치수를 맡겼는데, 곤은 하늘의 보물인 '식양(息壤 : 저절로 불어나는 흙)' 을 훔쳐와 보를 쌓는 방법으로 홍수를 막았지만 끝내 실패하자 요임금이 그를 죽이고, 그 아들 우禹에게 그 일을 맡겼다. 우는 보를 쌓는 방법이 아닌 물길을 터서 바다로 빠져나가는 방법을 이용하여 홍수를 잡았다.

3. 시경詩經과 초사楚辭

1) 시경詩經

중국문학에서 가장 확고한 지위를 지켜왔던 문학장르가 바로 시이다. 중국의 시를 모아서 엮은 최초의 시가총집이 《시경詩經》인데, 서주西周 초기로부터 춘추春秋 중엽에 이르는 약 5백년간에 걸쳐 창작된 시가詩歌 305편이 이 《시경》에 수록되어 있다. 공자는 시경을 편집하고서 "시 3백 편를 한 마디로 말하자면 생각에 사악함이 없다詩三百,

一言以蔽之, 曰思無邪." 라고 평하였다.

시경은 노래의 성질에 따라 풍風 · 아雅 · 송頌 세 부류로 나뉘는데, 풍은 15개 나라에서 수집한 노래이어서 '국풍國風' 이라고 한다. 이 국풍은 모두 160수로 대부분이 민요이고, 몇 수는 귀족작품이다. 아는 '대아大雅' 와 '소아小雅' 로 나눠지며, 105편으로 대부분이 귀족들의 작품이고 민요는 몇 수밖에 안 된다. 송은 종묘제사에 쓰이는 무용곡으로 주송周頌 · 노송魯頌 · 상송商頌이 있는데 모두 40수로서 귀족들의 작품이다. 《시경》의 시는 대개가 4 · 4조로 되어 있다.

〈관저關雎〉(국풍國風 · 주남周南)

관관저구, 재하지주關關雎鳩, 在河之洲

꽈안꽈안 우는 물수리, 황하 모래섬에 있고요.

요조숙녀, 군자호구窈窕淑女, 君子好逑

아리따운 아가씨, 군자의 좋은 짝이지요.

참치행채, 좌우류지參差荇菜, 左右流之

올망졸망 마름풀을, 이리저리 헤치고요.

요조숙녀, 오매구지窈窕淑女, 寤寐求之

아리따운 아가씨, 자나 깨나 찾지요.

구지불득, 오매사복求之不得, 寤寐思服

찾아도 얻지 못하니, 자나 깨나 그리워하지요.

유재유재, 전전반측悠哉悠哉, 輾轉反側

그리움에 길고 긴 밤을, 이리 뒤척 저리 뒤척 하지요

참치행채, 좌우채지參差荇菜, 左右采之

올망졸망 마름풀을, 이리저리 헤치며 캐고요

요조숙녀, 금슬우지窈窕淑女, 琴瑟友之

아리따운 아가씨, 금슬을 타며 구애하지요.

참치행채, 좌우모지參差荇菜, 左右芼之

올망졸망 마름풀을, 이리저리 헤치며 고르고요

요조숙녀, 종고악지窈窕淑女, 鍾鼓樂之

아리따운 아가씨, 종과 북을 치며 즐기지요.

이 시는 남녀 간의 사랑을 은근히 나타낸 시이다. 이처럼《시경》의 시들은 남녀 간의 사랑을 주제로 한 시도 있지만, 통치자에 대한 반항 · 과중한 병역과 부역 · 통치자들의 추악성을 내용으로 하는 사실주의적인 내용도 많다.

2) 초사楚辭

시경詩經과는 달리 낭만적이며 유미주의적인 시체詩體인 초사楚辭는 남방에서 유행하였다. 이 초사는 낭만적인 색채가 짙고, 구식句式이 비교적 자유로우며, 어기사 '혜兮' 자를 많이 쓰거나 초나라 방언을 많이 사용하였다.

초사의 대표작으로 굴원의 〈이소離騷〉를 비롯하여, 〈구가九歌〉 · 〈천문天問〉 · 〈어부사漁父辭〉 등을 꼽을 수 있다. 특히 굴원의 작품은 귀족들의 부패상을 심각하게 폭로하고 있다. 그러면 여기서 〈어부사漁父辭〉를 살펴보자.

굴원이 이미 추방되어 강가에서 노닐고 호숫가를 거닐며 노래를 읊조리니, 얼굴은 시름 겨워 초췌해지고 몰골은 마르고 야위었다. 어부가 그를 보고 물어 말하기를, "그대는 삼려대부三閭大父가 아니오? 무슨 까닭에 여기에 이르렀소?" 굴원이 말하기를, "온 세상이 모두 혼탁해 있는데 나만 혼자 맑고, 뭇 사람들이 모두 취해 있는데 나만 깨혼자 깨어 있어서 이렇게 추방당했다오." 어부가 말하기를, "성인은 사물에 막히거나 걸리지 아니하고, 능히 세상과 더불어 옮아가니, 세상사람 모두가 혼탁해있다면 어찌하여 그 진흙탕을 휘저어 그 물결을 높이 일으켜 덮어쓰지 않고, 뭇 사람 모두가 취해 있다면 어찌하여 그 술지게미라도 배불리 먹고 묽은 술이라도 마시지 않는단 말이오? 무슨 까닭에 깊이 생각하고 고결하게 행동해 스스로 추방을 당하였소?" 굴원이 말하기를, "내가 듣기로는 새로 머리 감은 이는 반드시 갓을 털어 쓰고, 새로 몸을 씻은 이는 반드시 옷을 털어 입는다고 했소. 그러니 어찌 깨끗한 몸에 더러운 문건을 받겠소? 차라리 상수湘水로 달려가 강의 물고기 뱃속에 장사지낼 지언정 어찌 이 깨끗하고 깨끗한 몸에 세속의 먼지와 티끌을 뒤집어 쓸 수 있겠소?" 어부가 빙그레 웃고는 노를 두들기고 떠나면서 이에 노래하기를, '창랑의 물이 맑을 때면 내 갓끈을 씻을 수 있을 것이고, 창랑의 물이 흐릴 때면 내 발이나 씻으리라.' 하고는, 마침내 떠나가 다시 함께 말하지 않았다.

굴원기방屈原旣放, 유어강담游於江潭, 행음택반行吟澤畔. 안색초췌顔色憔悴, 형용고고形容枯槁. 어부견이문지왈漁父見而問之曰, 자비삼려대부여子非三閭大夫與. 하고지어사何故至於斯. 굴원왈屈原曰, 거세개탁擧世皆濁, 아독청我獨清. 중인개취衆人皆醉, 아독성我獨醒. 시이견방是以見放. 어부왈漁父曰, 성인불응체어물聖人不凝滯於物, 이능여세추이而能與世推移. 세인개탁世人皆濁, 하불굴기니이양기파何不淈其泥而揚其波. 중인개취衆人皆醉, 하불포기조이철기리何不餔其糟而歠其醨. 하고심사고거何故深思高擧, 자령방위自令放爲. 굴원왈屈原曰, 오문지吾聞之. 신목자필탄관新沐者必彈冠, 신욕자필진의新浴者必振衣. 안능이신지찰찰安能以身之察察, 수물지문문자호受物之汶汶者乎. 녕부상류장어강어지복중寧赴湘流葬於江魚之腹中, 안능이호호지백安能以皓皓之白, 이몽세속지진애호而蒙世俗之塵埃乎. 어부완이이소漁父莞爾而笑, 고예이거鼓枻而去. 내가왈乃歌曰, 창랑지수청혜滄浪之水淸兮, 가이탁오영可以濯吾纓. 창랑지수탁혜滄浪之水濁兮, 가이탁오족可以濯吾足. 수거불부여언遂去不復與言.

후인들은 이 초사를 소체시騷體詩라 부르기도 하는데, 이것은 바로 굴원의 작품인 이소離騷의 소騷자로써 지칭한 것이기도 하다. 또 굴원의 작품을 초사 혹은 부賦라고도 하는데, 부賦는 실제로 한대漢代에 유행한 문체로써 초사에서 발전한 것이다. 그러나 굴원의 작품은 압운한 시의 형식이고 초성楚聲으로 노래도 할 수 있지만, 부는 점차 음악과 멀어지고 일정한 압운도 없어져 산문화되었다.

이러한 초사와 한부漢賦를 합쳐 사부辭賦라고도 하는데, 이 사부는 운문적韻文的 요소와 산문적 요소를 가진 독특한 문학 장르라 하겠다.

4. 악부시樂府詩와 당시唐詩

1) 악부시樂府詩

악부樂府는 원래 음악기관, 즉 음악을 관장하던 관청 이름인데, 민간에서 유행하는 노래를 수집하였다. 악부는 대략 진대秦代에 설립되어 한대漢代에 계승되었는데, 한나라 무제武帝 때에 대량으로 민가의 가사를 수집하였다. 악부에서 수집한 가사를 '악부시' 또는 '악부' 라고 하였으며, 후대 문인이 이 형식을 모방해서 지은 시도 악부시라고 하였다.

이 악부는 질박한 문자와 풍부한 감정으로 전쟁 · 빈곤 · 가정비극 · 남녀의 애정 등 진실한 내용을 담고 있다.

악부시는 2언[字] · 3언 · 6언이 교체되는 잡언체雜言體의 시도 있고, 정연한 5언체의 시도 있으며, 7언체의 시도 일부 나타나고 있어, 이후 중국의 시가 5언시나 7언시로 굳어지는 중요한 역할을 하였다. 악부시의 대표작으로는 육조시대六朝時代의 〈공작동남비孔雀東南飛〉가 있는데, 앞부분만 소개한다.

공작동남비孔雀東南飛	공작새 동남쪽으로 날다
오리일배회五里一徘徊	오리를 가서는 배회하네.
십삼능직소十三能織素	열세 살에 비단 짜는 것을 배웠고
십사학재의十四學裁衣	열네 살에 옷 마름질을 배웠으며
십오탄공후十五彈箜篌	열다섯 살에 공후를 켜고
십륙송시서十六誦詩書	열여섯 살에 시서를 암송하고
십칠위군부十七爲君婦	열이곱 살에 당신의 아내가 되었지만
심중상고비心中常苦悲	마음은 늘 괴롭고 슬프다오.
군기위부리君旣爲府吏	당신은 고을의 낮은 관리 되어도
수절정불이守節情不移	딴 마음 먹지 않고 사랑도 변치 않지만
천첩류공방賤妾留空房	나 홀로 빈 방에 남겨져
상견상일희相見常日稀	서로 같이 보내는 날이 드무네.
계명입기직鷄鳴入機織	닭울어 베틀에 오르면
야야부득식夜夜不得息	밤늦도록 쉬지도 못하고
삼일단오필三日斷五疋	사흘에 다섯 필을 끊건만
대인고혐지大人故嫌遲	시어머니 굼뜨다 트집이시네.
……	

이 〈공작동남비孔雀東南飛〉는 오언五言 353구句로 된 장편 서사시로, 지은이는 미상이다.

이 시의 내용은 고부姑婦간의 불화로 일러난 가정비극을 다룬 것이다. 후한後漢 말기인 건안建安 연간에 여강부廬江府의 하급관리인 초중경焦仲卿의 아내 유난지劉蘭芝는 남편의 극진한 사랑에도 불구하고 시어머니의 구박을 받아 끝내 시집에서 쫓겨나고 말았다. 친정에 돌아가 있는 동안에 유난지의 오빠가 난지蘭芝를 고을 태수太守에게 재혼시키려 하였으나, 유난지는 응하지 않고 남편과의 약속을 지키기 위해 연못에 빠져 죽었다. 이 소식을 들은 남편도 자기 집 마당에 있는 나무의 동남으로 뻗은 가지에 목매어 죽었다. 이 시는 섬세한 묘사와 생생한 대화로 이야기를 전개하고 구성이 엄밀하여 문학 작품으로 높이 평가받고 있다.

2) 당시唐詩

당대唐代에는 중국 고전시가의 전성시대이다. 이백李白 · 두보杜甫 · 왕유王維 · 백거이白居易 · 이하李賀 · 이상은李商隱 · 왕지환王之渙 등 2,300 여 명의 시인이 50,000여 수의 시를 남겼다.

특히 성당시기盛唐時期의 '시선詩仙' 이라 불리는 호방하면서도 낭만주의 대표시인인 이백李白과 '시성詩聖' 이라 불리는 섬세하면서도 사실주의 시인인 두보杜甫는 '이두李杜' 로 병칭되는 중국 최고의 시인들이다.

당대唐代에는 고체시古體詩와 근체시近體詩가 유행하였다. 고체시古體詩는 근체시近體詩와 상대되는 말로, 당唐 이전의 엄격한 격률 제한을 받지 않은 시를 말하며, 고풍古風이라고도 한다. 물론 당대唐代나 당대 이후의 시인들이 이 고체시를 모방하여 지은 시도 고체시라고 한다.

이백

근체시는 자수字數 · 압운押韻 · 대장對仗 · 평측平仄 등 엄격한 격률 제한을 받는 일종의 격률시로 금체시今體詩라고도 하며, 율시律詩와 절구絶句가 여기에 속한다. 이 근체시는 육조六朝의 제량齊梁 시대에서부터 당초唐初에 이르기까지 그 형식이 고정되었고, 당 중기 이후 크게 유행하였다.

이백李白의 〈촉도난蜀道難〉을 살펴보자.

〈촉도난蜀道難　촉나라 길은 험난하다〉

희우희위호고재噫吁戲危乎高哉

아이구나! 위태롭고, 높을시고.

촉도지난난어상청천蜀道之難難於上青天

나라 길은 험난하기가 푸른 하늘 오르기보다 어렵구나.

잠총급어부蠶叢及魚鳧

잠총과 어부가

개국하망연開國何茫然

나라를 연 일은 얼마나 아득한가.

이래사만팔천세爾來四萬八千歲

그 뒤로 사만 팔천 년,

불여진새통인연不與秦塞通人煙

진나라 변경과는 교류가 없었다.

서당태백유조도西當太白有鳥道

서쪽 태백산 너머로 새는 날아서

가이횡절아미전可以橫絶峨眉巓

아미산 꼭대기로 빠져올 수나 있었을까?

지붕산최장사사地崩山摧壯士死

땅이 꺼지고 산이 무너져 장사가 죽더니,

연후천제석잔상구련然後天梯石棧相鉤連

하늘에 닿은 사다리와 돌로 쌓은 잔도가 차츰 놓였다.

상유육룡회일지고표上有六龍回日之高標

위로는 해님의 수레도 돌아가는 높다란 봉우리가 있고,

하유충파역절지회천下有衝波逆折之回川

아래로는 세찬 물결이 거꾸로 흐르는 소용돌이가 있다.

황학지비상부득과黃鶴之飛尙不得過

노란 두루미의 날개로도 지나갈 수가 없고,

원노욕도수반원猿猱欲度愁攀援

원숭이의 재주로도 기어오르기 어렵다.

청니하반반靑泥何盤盤

청니 고개는 서리서리,

백보구절영암만百步九折縈巖巒

백 걸음에 아홉 번은 바위를 돈다.

문삼력정앙협식捫參歷井仰脅息

삼숙을 잡고 정숙을 지나며 어깨로 숨 쉬고

이수무응좌장탄以手撫膺坐長歎

손으로 가슴을 쓸며 앉아서 길게 탄식한다.

문군서유하시환問君西遊何時還

묻노니, 그대는 서방 여행에서 언제 돌아오려 하오?

외도참암불가반畏途巉巖不可攀

무섭게 깎아지른 길 기어오를 수도 없소.

단견비조호고목但見悲鳥號古木

보이느니, 고목에서 울부짖는 슬픈 새,

웅비자종요림간雄飛雌從繞林間

수놈이 날면 암놈도 좇아 수풀 사이로 맴돌고

우문자규제야월수공산又聞子規啼夜月愁空山

또 들리느니, 달밤 빈 산 시름겨운 두견이 울음

촉도지난난어상청천蜀道之難難於上青天

촉나라 길은 험난하기가 푸른 하늘 오르기보다 어렵구나.

사인청차조주안使人聽此凋朱顏

얘기만 들어도 홍안에 주름이 생기리라.

연봉거천불영척連峰去天不盈尺

잇닿은 산봉우리는 하늘과 한 자 사이도 못된다.

비단폭류쟁훤회飛湍瀑流爭喧豗

마른 소나무는 절벽에 거꾸로 걸려 있다.

고송도괘의절벽枯松倒掛倚絶壁

여울물 튀고 폭포수 떨어지는 소리 시끄럽다.

빙애전석만학뢰砯崖轉石萬壑雷

낭에 부딪고 돌을 굴려 골짜기마다 천둥이다.

기험야약차其險也若此

그 험하기 이와 같소.

차이원도지인호위호래재嗟爾遠道之人胡爲乎來哉

아아, 그대 먼 길손이여, 어이하려고 왔소?

검각쟁영이최외劍閣崢嶸而崔嵬

검각 잔도는 가파르고 우뚝하구나!

일부당관一夫當關

한 사람이 관문을 지키면,

만부막개萬夫莫開

만 사람도 뚫지 못한다.

소수혹비친所守或匪親

지키는 사람이 친한 이가 아니면,

화위랑여시化爲狼與豺

이리나 승냥이로 바뀔지도 모른다.

조피맹호朝避猛虎

아침엔 사나운 범을 피하고

석피장사夕避長蛇

저녁엔 기다란 뱀을 피한다.

마아연혈磨牙吮血

이빨을 갈아 피를 빨아먹고

살인여마殺人如麻

삼대를 베듯 사람을 죽인다.

금성수운락錦城雖云樂

금성은 즐겁다고들 말하지만

불여조환가不如早還家

일찌감치 집으로 돌아감만 못하다.

촉도지난난어상청천蜀道之難難於上青天

촉나라 길은 험난하기가 푸른 하늘 오르기보다 어렵구나.

측신서망장자차側身西望長咨嗟

몸을 돌려 서녘을 바라보며 길게 탄식한다.

촉도난은 고악부古樂府에 속한다. 촉蜀은 지금의 사천성四川省으로, 옛날 촉나라가 있었던 곳이다. 사천성은 사방이 높은 산으로 둘러싸인 분지이며, 교통이 불편한 곳이다. 이 시는 서안(西安 : 옛 長安)과 사천성 사이의 험한 길에 대해서 노래한 것이다. 이 시는 7언을 기조로 길고 짧은 구절을 자유롭게 섞어 리듬이 자유분방하다.

다음은 이백의 근체시 가운데 5언 절구 〈정야사靜夜思〉와 두보杜甫의 근체시 가운데 7언 율시 〈봄날에春望〉란 시 한 수씩을 감상해보자.

〈고요한 밤에 생각하다靜夜思〉 – 이백李白

상전명월광牀前明月光	침상 머리에 밝은 달빛
의시지상상疑是地上霜	땅 위에 내린 서리런가.
거두망명월擧頭望明月	머리 들어 밝은 달 바라보다.
저두사고향低頭思故鄕	고개 숙여 고향을 생각한다.

이백이 객지의 숙소에서 맞이한 밤에 침상 머리로 밝은 달빛이 비치고, 바닥에 비친 달빛은 마치 땅 위에 서리가 하얗게 깔린 듯하다. 문득 고개를 들어 밝은 달을 바라보던 시인은 고향에서 바라보던 달에 생각이 미치고, 멀리 떠나와 돌아갈 수 없는 고향 생각에 절로 머리가 수그러진다. 단 4구절 20자의 지극히 평이한 언어로, 고향을 그리워하는 나그네의 마음을 빼어나게 묘사하였다. 천고千古에 회자되는 명시名詩이다.

〈봄날에春望〉 – 두보杜甫

국파산하재國破山河在	나라는 망하여도 산천은 남아있어
성춘초목심城春草木深	봄 깃든 성곽에 초목이 무성하구나.
감시화천루感時花濺淚	시절이 서러워 꽃만 보아도 눈물이요
한별조경심恨別鳥驚心	이별이 한스러워 새소리에도 놀라누나.
봉화연삼월烽火連三月	봉화 불은 연 석 달이나 그칠 줄 모르니
가서저만금家書抵萬金	집소식 만금이나 값할 것 같구나.
백두소갱단白頭搔更短	흰머리 긁어 긁어 더더욱 짧아지니
혼욕불승잠渾欲不勝簪	비녀를 꽂으려도 비녀를 이기지 못하누나.

당나라 현종 지덕至德 2년(757년) 따스한 봄날에, 안록산安祿山의 난으로 현종은 촉蜀땅으로, 숙종은 봉상鳳翔으로 피난을 떠나 임금조차 없는 수도 장안이 적군에게 유린된 처참한 모습을 보고, 두보杜甫가 전쟁의 아픔을 봄의 아름다움과 대비시켜 읊은 시이다.

두보

5. 송대宋代의 사詞와 원대元代의 잡극雜劇

1) 송대宋代의 사詞

사詞는 당나라 말기에서부터 지어지기 시작하여 송宋대에 크게 유행한 시체詩體의 일종으로, 음악에 배합하여 노래할 수가 있었다. 최초에는 사詞를 곡자사曲子詞라 하였는데, 곡자曲子란 음악부분을 말하고 사詞란 가사부분을 말한다. 그러나 남송南宋 때에 와서는 점차 음악과 떨어져 일종의 독립적이고 특수한 형식을 갖춘 시체가 되었다. 소식蘇軾의 사 한 수를 보자.

〈염노교念奴嬌〉 – 적벽에서 옛 일을 생각하며赤壁懷古

대강동거大江東去 — 큰 강물은 동쪽으로 흘러가면서

랑도진 · 천고풍류인물浪淘盡 · 千古風流人物

물결이 만고의 영웅호걸들을 깡그리 일어갔네.

고루서변故壘西邊 — 서편 강 언덕 옛 진지를

인도시삼국주랑적벽人道是三國周郞赤壁

사람들은 삼국 때 주유장군의 적벽싸

	움터라 말하네.
난석천공亂石穿空	어지러운 절벽은 구름 뚫고 서있고,
경도박안驚濤拍岸	세찬 물결은 돌 바위 쪼갤 듯 출렁 철썩,
권기천퇴설捲起千堆雪	천만갈래 눈덩이를 말아 올리는 듯하네.
강산여화江山如畵	그림 같은 강산이여,
일시다소호걸一時多少豪傑	한때 얼마나 많은 영웅호걸 활약하였나?

요상공근당년遙想公瑾當年	아득히 젊은 주유 그때 그 일 생각하면,
소교초가료小喬初嫁了	교현喬玄의 둘째 딸을 갓 처로 맞았고,
웅자영발雄姿英發	늠름한 영웅기개 더욱 피어났지.
우선륜건羽扇綸巾	새깃 부채 들고 청사두건 쓰고
담소간談笑間	담소하는 사이에
장노회비연멸檣櫓灰飛煙滅	조조의 백만 대군 연기 속에 사라졌네.
고국신유故國神遊	그 옛날로 생각을 펼치니
다정응소아多情應笑我	다정한 이들은 틀림없이 나를 보고 웃으리라,
조생화발早生華髮	벌써 반백이 되었다고.
인생여몽人生如夢	인생은 꿈만 같거니,
일존환뢰강월一尊還酹江月	달빛 낀 강물에 한잔 술을 바치노라.

사詞는 사조詞調라는 곡조명이 있는데, 일반적으로 사패詞牌라고 한다. 예로 든 소동파의 〈염노교〉가 바로 그것이다. 사패는 처음엔 사의 내용과 관계가 있었지만, 후대에 음악에 정통하지 못하여 곡보에 따라 가사만 채워넣는 사람들이 많아짐에 따라 가사와 음악이 분리되기 시작하였고, 아울러 사조의 명칭과 내용이 점차 달라졌다. 따라서 송대의 사인들은 사조의 명칭 아래에 달리 하나의 표제를 달게 되었는데, 예로 든 '적벽에서 옛 일을 생각하며 적벽회고赤壁懷古가 그런 류이다.

2) 원대元代의 잡극雜劇

주周나라 때에 이미 노래하면서 춤추는 가무희歌舞戲라는 것이 있었고, 당대唐代에 와서는 기악 · 노래 · 무용 · 동작 · 배우의 말을 갖춘 가무극과 어리광대극 등과 같은 간단한 희곡형태들이 나타났다. 그 뒤를 이어 나타난 것이 송대의 잡극인데, 이때의 잡극이란 송조宋朝 이전에 이미 유행된 어리광대극, 당조唐朝에 성행한 가무극, 당송시기에 크게 유행했던 꼭두각시극(괴뢰극) 등을 총칭한 것이다. 금金나라 때에는 원본院本이라는 것이 생겨났는데, 원본院本이란 행원行院 사람, 즉 기생 · 악인樂人 · 광대 · 거지들이 각지로 돌아다니며 공연하는 잡극의 각본을 말한다. 명대明代에 와서는 남쪽 지방의 희곡계통이 전기傳奇라는 형식으로 발전하였다.

북방희곡의 일종으로 훗날 전국으로 유행된 것이 원元 잡극雜劇이다. 원元 잡극雜劇은 노래[唱] · 무용과 동작[科] · 대화[白]의 세 가지 요소가 유기적으로 결합되어 있으나, 노래가 가장 중시되었다. 원잡극은 보통 한편이 1본本 4절折로 되어 있는데, 절折이란 현대연극의 막幕에 해당된다. 배우들이 맡은 배역도 크게 말末 · 단旦 · 정淨 · 잡雜으로 나뉘어졌다. 말末이란 남자 배역으로, 남자 주인공을 정말正末이라 한다. 단旦이란 여자배역으로, 여자 주인공을 정단正旦이라 한다. 정淨은 주로 강직하고 사나운 인물을, 잡雜이란 잡배역을 말한다. 대표적인 작가와 작품으로 관한경關漢卿의 〈두아원竇娥冤〉과 왕실보王實甫의 〈서상기西廂記〉 등이 있다.

■ 〈두아원竇娥冤〉 : 1,300년 경에 쓴 관한경關漢卿 만년의 작품으로, 모두 4막으로 되어 있다. 젊은 과부인 두아竇娥가 불한당 장여아張驢兒의 뜻을 따르지 않자 그의 간계奸計로 시아버지 살해 혐의를 뒤집어쓰고 살인죄로 사형을 당하게 되고, 형장에서 두아의 목을 치자 두아가 공언한대로 두아의 목에서 솟아오른 피가 한 방울도 땅에 떨어지지 않고 펄럭이는 깃발을 물들여 자신의 무죄를 증명한다는 이야기이다. 당시 사회의 부패와 부조리를 고발한 작품이다.

■ 〈서상기西廂記〉 : 내용은 당대唐代 원진元禛의 전기傳奇 소설 《앵앵전鶯鶯傳》 나오는 재상의 딸 최앵앵과 백면서생 장생張生과의 사랑 이야기이다. 왕실보는 12세기 말에 완성된 《서상기제궁조諸宮調》를 토대로 《앵앵전鶯鶯傳》을 5부 21절折의 장편 잡극으로 각색하였다. 기지와 풍자를 알맞게 섞은 연극구성으로, 제궁조를 넘어선 원곡元曲의 대표적 성공작이다.

6. 명明 · 청淸의 소설小說

초기 중국에서의 소설이란 말은 짤막짤막하고 자질구레한 이야기를 의미하였다. 그러나 오랜 세월을 거치는 동안 이 소설도 다양한 모습으로 발전하였다.

한漢나라 말 이후 시대가 혼란하자 괴이한 이야기들이 많이 유행하였는데, 이 괴이한 이야기들을 기록해 놓은 것이 지괴소설志怪小說이다. 지괴소설의 내용은 민간설화 같은 것도 있고, 그때 그때의 사건이나 인물에 관한 에피소드라든가 신선 · 방술에 관한 것, 풍신風神 · 우신雨神 · 토지신 등에 관한 것, 꿈에 관한 것 등 매우 다양하다.

당唐나라에 와서는 전기傳奇라는 소설체가 나왔는데, 이 전기도 '진기한 것을 전한다' 는 뜻이기는 하지만, 대개 한 사람의 일생을 다루고 있는 것이 특징이다. 그래서 당대 전기소설의 제목은 대개 주인공의 이름을 따서 보통 '○○전傳' 으로 되어 있다. 이 전기소설은 지괴소설에 나오는 이야기처럼 귀신 · 괴물 같은 괴이한 것도 있고, 요즘 많이 볼 수 있는 중국무협소설과 같은 영웅 · 협객들의 무용담을 허황하게 과장시켜 놓은 것도 있지만, 가장 많이 등장하는 이야기는 역시 남 · 여 주인공의 연애에 관한 이야기이다.

지괴소설이나 전기소설은 모두 문언문文言文으로 된 것이기 때문에 보통 문언소설이라고도 한다.

이 문언소설과는 달리 백화문체白話文體로 된 소설도 많다. 송나라 때에는 저자거리에서 시민들을 모아 놓고 백화체로 이야기로 들려주는 설화인說話人이라는 직업인이 생겨 역사이야기나 민간에 떠도는 이야기를 설창說唱 형식을 빌려 이야기를 해주었는데, 이것을 설화說話라고 하였다. 설화는 설화인이 이야기할 때의 원고였다. 이 원고가 후에 가공되고 발전되어 화본소설話本小說이 되었다. 보통 설화는 소설[小說] · 역사이야기[講史] · 불경이야기[講經] · 무술 이야기[說鐵騎儿]의 네 가지 부류로 나누어지며, 이 가운데 소설이 가장 중요한 지위를 차지하였다. 소설은 시민생활과 민간전설에서 제재를 취한 데다가 이야기 구성이 복잡하지 않고 편폭도 짧으며 사회 교양적인 의미도 깊어, 청중들이 매우 즐겨하는 예술형태였다. 역사이야기[講史]처럼 편폭이 긴 것을 평화平話라고도 하는데, 훗날 이것이 더욱 발전하여 연의소설演義小說 · 장회소설章回小說이 되었다. 명明나라 때에 나온 4대기서四大奇書, 즉 《삼국지연의三國志演義》 · 《수호전水滸傳》 · 《금병매金甁梅》 · 《서유기西遊記》와 청나라 때 지어진 《홍루몽紅樓夢》이 이런 부류이다.

●《삼국지연의三國志演義》

진수陳壽가 쓴 정사正史 《삼국지三國志》에 서술된 위魏 · 촉蜀 · 오吳 3국의 역사를 바탕으로, 전승되어 온 이야기들을 나관중羅貫中이 장회소설章回小說이란 형식으로 재구성한 장편소설이다. 원래 이름은 《삼국지통속연의三國志通俗演義》이며, 후한後漢 말부터 위魏 · 촉蜀 · 오吳 삼국의 정립시대를 거쳐서 진晉이 천하를 통일하기까지의 역사를 유비劉備 · 관우關羽 · 장비張飛 등 세 인물의 무용과 제갈공명諸葛孔明의 지모를 중심으로, 웅장한 규모 · 수많은 등장인물 · 파란만장한 전투 장면 등으로 구성된 가장 널리 읽히는 역사 소설이다.

●《수호전水滸傳》

《수호전水滸傳》은 중국 명나라 시내암施耐庵의 장편소설로, 후세의 무수한 무협소설의 원조가 되었다. 북송말년 선화宣和년간에 실제로 일어났던 송강宋江의 난을 바탕으로 하여, 방랍方臘의 난까지 120회분으로 엮었다. 《수호전水滸傳》의 전반부는 송강 등 108인의 호걸들이 산동성山東省 양산박梁山泊에 모이기까지의 다채로운 경위를 서술하고 있고, 후반부는 양산박의 호걸들이 조정의 회유책으로 관군으로 편입되어 북방의 요遼나라와 강남의 방랍方臘의 난을 평정하면서 전사하고 흩어지고 독살되는 비극을 담고 있다.

●《서유기西遊記》

《서유기西遊記》는 현장법사가 천축국(天竺國 : 인도)에 불경을 구하러 간 17년 동안의 일을 〈대당서역기大唐西域記〉라는 이름으로 엮었는데, 그의 서역 여행기는 수백 년간 민간에 전승되면서 명나라 중엽 오승은吳承恩이 이것을 가공하고 정리하여 새로운 신화소설을 만들게 되었다. 소설 속에는 당나라 시대 실존인물이었던 삼장법사인 현장스님과 여러 가지 신통력을 지닌 손오공·저팔계·사오정 등이 등장한다.

현장은 629년 30세의 젊은 승려로 혼자 타클라마칸 사막을 지나 천축으로 불경을 구하러 갔다가 17년 만에 범문으로 된 불경 657부를 가지고 돌아와 중국 불교사에 획을 그은 사람이다.

●《금병매金瓶梅》

명明나라 만력萬曆 중기의 작품으로 100회로 이루어져 있다. 작자作者는 미상未詳이지만, 산동방언이 많은 것으로 보아 산동 사람일 것으로 추정한다. 명나라 왕세정王世貞이라는 설도 있고 소소생笑笑生이라는 설도 있다. 수호전水滸傳 속의 무송武松의 형 무대武臺의 아내인 반금련潘金蓮과 서문경徐門慶의 간통사건을 중심으로 구성된 소설이다. 탕아蕩兒인 서문경西門慶과 반금련潘金蓮을 비롯한 여섯 아내와의 음탕하고 문란한 생활모습을 묘사하여, 명나라 때의 부패한 정치와 부호들의 추악한 퇴폐상을 폭로한 작품이다.

●《홍루몽紅樓夢》

청淸나라 건륭乾隆 때에 조설근曹雪芹이 쓴 장편소설의 걸작으로, 《석두기石頭記》·《금옥연金玉緣》·《금릉십이차金陵十二釵》·《정승록情僧錄》·《풍월보감風月寶鑑》이라고도 한다. 모두 120회인데, 앞 80회는 조설근曹雪芹이 짓고, 뒤 40회는 고악高鶚이 지은 것으로 전해진다. 다정다한多情多恨한 귀공자 보옥賈寶玉과 임대옥林黛玉·설보채薛寶釵를 주인공으로 하여 주위周圍의 많은 여성들을 묘사하고 있는데, 주요 내용은 명문가인 가부賈府의 몰락과정을 생생하게 그렸다.

청나라 말기부터 오늘날에 이르기까지 홍학紅學이라 하여 홍루몽을 전문학문분야로 다루어 연구하고 있다.

7. 중국 현대문학

1840~1842년에 있었던 아편전쟁阿片戰爭의 결과로 남경南京조약이 체결되어 홍콩을 영국의 식민지로 할양하게되자 청나라의 위신이 떨어져 한족들의 반란이 뒤를 잇게 되었다. 따라서 당시 지식인들은 이러한 국난에 처하여 중국인들의 정신을 어떻게 개조하고 문학을 어떻게 혁신할 것인가 하는 문제를 생각하기 시작하였다.

보수파의 지식인들 속에서도 서양의 현대사상을 받아들여 각종 기구를 개혁하고 신식학교를 세워 부국강병을 도모하려는 사람도 있었고, 혁신파의 지식인들 중에는 중국전통문화에 대한 비판과 반성, 서구문화의 장점을 과감히 수용해야한다는 사람도 있었다.

서구의 계몽주의 사상을 소개하고 신문과 소설의 역할을 강조한 양계초梁啓超, 영국의 공리주의 사상가들의 저서를 중국어로 번역 소개한 엄복嚴復, 많은 서구문학작품들을 중국어로 번역한 임서林紓 등은 입장은 서로 달랐으나 서구 문물을 중국에 도입하는데 한 몫을 담당한 대표적인 사람들이다.

1) 1917~1927 : 문학혁명文學革命

1917년 백화문 사용을 주지로 하는 호적胡適의 《문학개량추의文學改良芻議》가 《신청년新靑年》에 발표되면서, 문학에 있어서 혁명의 도화선이 되었다. 백화문 제창은 문학의 내용보다 표현형식에 중점을 두었지만, 그 의미는 결코 형식에만 있는 것이 아니었다. 호적에 이어서 진독수陳獨秀는 《문학혁명론文學革命論》에서 귀족문학貴族文學·고전문학古典文學·산림문학山林文學 등을 타파하고 국민문학·사실문학·사회문학을 건설해야 한다며 문학의 전면적인 개혁을 주장하기도 하였다. 1918년에는 노신魯迅 최초의 신소설 《광인일기狂人日記》가 발표되면서 문학혁명의 가능성이 입증되었고, 1919년 '5·4운동'으로 문학개혁운동은 마무리되고 신문학의 발전단계로 접어들었다.

노신

1921년 1월에는 정진탁鄭振鐸·주작인周作人·모순矛盾 등 12인에 의해 문학연구회文學硏究會란 써클이 탄생되었다. 문학연구회는 리얼리즘 경향을 띠고 있었기 때문에 '인생파' '리얼리즘 경향파' 라고 불렀는데, 실제로는 낭만주의 요소가 많이 있었다. 1921년 7월에 곽말약郭沫若·욱달부郁達夫·성방오成仿吾 등 일본 유학생들에 의해 창조사創造社란 문학단체가 결성되었는데, 이들은 내심의 욕구나 영감靈感 등을 중시하고 주정적主情的인 경향이 강하여 '예술파' '낭만주의 경향파' 라고 불렀다. 이때부터 중국문단은 문학연구회와 창조사를 중심으로 신문학이 주도되었다. 바로 이 시기에 노신은 그의 대표작 《아큐정전阿Q正傳》을 발표하여 낡은 중국사회의 모습을 적나라하게 폭로하였다.

2) 1927~1937 : 혁명문학운동革命文學運動, 중국현대문학 황금기黃金期

곽말약郭沫若 등을 중심으로 한 초기의 창조사는 1926년에 성방오·이초리李初梨·풍내초馮乃超를 중심으로 프로레타리아 문학이라는 기치로 문학혁명에서 혁명문학으로 방향전환을 선언하고 점차 좌경左傾화 되었다. 또 같은 시기에 전행촌錢杏邨·장광자蔣光慈 등도 프로레타리아 문학의 기치를 들고 태양사太陽社라는 문학단체를 결성하였다. 창조사나 태양사는 당시 문단의 거두였던 노신이나 모순이 과거의 암흑만을 묘사하고 미래의 광명을 제시하지 못한 소부르조아 문학자라고 비판을 퍼부었고, 노신과 모순도 여기에 대해 강한 반론을 제가하자 '혁명문학논쟁'이 벌어지게 되었다. 한편 국민당정부가 좌익작가들에 대한 탄압을 강화하고, 또 문학계 내부에서도 문인들의 좌경에 대항하여 1929년에 호적·서지마徐志摩·문일다聞一多 등의 서구유학파들이 신월사新月社란 문학단체를 만들어 예술지상주의를 제창하여, 문학과 정치의 결합 그 자체를 반대하고 나섰다. 이에 좌익문단은 이들에 대항하기 위한 내부통일이 요구되자 1930년에 마침내 상해에서 '좌익작가연맹左翼作家聯盟'이 결성되었다. 창립당시에는 노신 등 50여 명이었으나 2년 후에는 150여명으로 불어났다. 좌련左聯은 '무산계급 혁명문학'이라는 기치아래, 국민당정부로부터 심한 탄압을 받아 많은 희생자를 내면서도, 문예대중화운동을 전개하는 등 1936년까지 활동을 계속하였다. 이 시기의 작품 가운데 모순의《자야子夜》가 가장 주목을 받은 작품이다.

1936년 공산당원이면서 문학자인 주양周揚이 좌파·우파 가릴 것 없이 모두가 일본 제국주의 침략을 막는데 앞장서야 한다는 '국방문학國防文學'을 주장하면서 좌련의 해체를 주장하였다. 이에 노신은 그들과 '국방문학논쟁'을 벌였고, 결국 이 논쟁으로 좌련은 해산되었다.

3) 1937~1949 : 항전문학抗戰文學, 대중문학大衆文學, 인민문학人民文學

이 시기는 국통구國統區 · 해방구解放區 · 윤함구淪陷區 · 고도孤島 등 지역별로 문예활동이 이루어졌던 시기이고, 문학이 대중화되기 시작한 시기로, 단시短詩 · 가두극街頭劇 등이 발달하였다. 그리고 중일전쟁中日戰爭 이후 많은 청년과 문학자들이 도시를 떠나 연안延安으로 모여들었고, 1942년 모택동毛澤東은 연안에서 '문예강화文藝講話'를 발표하게 된다. 모택동은 이 강화에서 "문학 · 예술은 인민 즉 노동자 · 농민 · 병사에게 봉사하는 것이 아니면 안 된다."고 하여 이후 중국공산당 문예이론의 지침이 되었다. 이 시기 주요작품으로 집단 창작극인 〈백모녀白毛女〉를 들 수 있다.

4) 1949 이후의 당대문학當代文學

1966년에 시작된 문화대혁명文化大革命은 원래 당黨내의 실권파를 타도하기 위하여 전개한 숙청운동으로 전개되었지만, 문학 · 예술계에도 당시 문예계의 정치적 · 이론적 지도자였던 주양周揚 · 모순茅盾 등 많은 작가가 공격을 받았고, 소설《낙타상자駱駝祥子》로 유명한 노사老舍 등은 생을 마감하기도 하였다. 10여년에 걸친 문화혁명이 종결되고 1977년 가을에 비판받았던 대부분의 문인들이 명예회복 되었고, 1987년 노신화盧新華의《상흔傷痕》등 문화혁명의 부정적인 면을 고발하는 형식의 작품이 잇달아 발표되어 '상흔문학傷痕文學'이라는 명칭이 생겨나기도 하였다. 아울러 '상흔傷痕' · '반사反思' · '심근尋根'으로 분류되는 새로운 조류가 나타났다. 시에서는 몽롱시朦朧詩, 희곡에서는 고행건高行健의《절대신호絶對信號》와 같은 부조리극의 신시기新時期 문학이 대두하고, 영화에서는 5세대 감독들이 나타나기 시작한다. 1949년 중화인민공화국 수립 이후의 문학을 '27년간의 문학'과 '신시기 문학'으로 구분하기도 한다.

제7장

상해上海

제7장

상해上海

1. 상해上海

상해上海는 중국에서 가장 큰 도시이면서 국가중심도시인 직할시直轄市로, 중국의 경제 · 금융 · 무역 · 해운의 중심이다. 상해는 동경 121°.4′, 북위 31°.2′이며, 중국대륙해안선의 정중앙, 장강長江의 입구에 위치하고 있다. 상해는 바다 건너 일본의 규슈九州와 마주하고 있고, 남으로는 항주만杭州灣과 접해 있으며, 서쪽으로는 강소성江蘇省 · 절강성浙江省 두 성省을 접하고 있다.

상해를 간칭으로 '호沪'라 하고, 별칭으로 '신申'이라 한다. 진晋나라 때에 송강(松江 : 현재의 이름은 吳淞江이다)과 해변 일대에 거주하던 주민들이 고기잡이를 업으로 하면서 '호扈'라는 대나무 통발을 사용하여 고기를 잡았는데, 나중에 이 '호扈' 자를 '호滬' 자로 바꾸어 사용하면서 이 지역을 '호滬'라고 간칭하게 되었다. '沪' 자는 '滬' 자의 간체자이다. '신申'이라는 별칭이 붙게 된 것은 지금의 상해지역이 전국시대 초楚나라 춘신군春申君의 봉읍이었기 때문이다.

상해는 또 우리나라 독립지사, 김구金九 선생을 비롯한 이시영李始榮·이동녕李東寧·안창호安昌浩·신규식·박은식·신채호·이동휘·김두봉·여운형·조소앙·김원봉·김규식·안광천·조봉암 등 근·현대사 주역들의 주요 활동 무대이기도 하였다.

2. 상해개황

상해의 면적은 6,340㎢이고, 인구는 23,019,148 명(2010년 현재)이다. 인구밀도는 ㎢ 당 3,631명으로 중국에서 가장 인구 밀도가 높은 곳이다.

상해는 아열대습윤계절풍 기후에 속하며, 사계절이 분명하지만 봄과 가을이 아주 짧다. 1, 2월이 가장 추운데 최저기온은 -5℃에서 -8℃이고, 7월이 통상적으로 가장 더운데 최고기온이 35℃~38℃이다.

행정구역은 황포구黃浦區·서회구徐匯區·장녕구長宁區·정안구靜安區·보타구普陀區·갑북구閘北區·홍구구虹口區·양포구楊浦區·민행구閔行區·보산구宝山區·가정구嘉定區·포동신구浦東新區·금산구金山區·송강구松江區·청포구青浦區·봉현구奉賢區의 16개의 시직할구와 한 개의 숭명현崇明縣으로 이루어져 있다.

공항으로는 상해홍교공항[上海虹橋机場], 상해포동국제공항[上海浦東國際机場]이 있고, 기차역은 상해역[上海站], 상해남역[上海南站], 상해홍교역[上海虹橋站] 등이 있다.

3. 상해의 역사

상해는 기록된 역사만 해도 2,500년이 넘는다. 춘추시대에는 오吳나라의 땅이었고, 전국시대에는 초楚나라 춘신군春申君의 봉읍이었다. 춘신군은 이름이 황헐黃歇로, 봉지인 오吳 땅(지금의 蘇州 일대)의 강을 준설한 뒤 자신의 이름을 따서 '황헐포黃歇浦'라 하였다. 오늘날의 '황포黃浦' 강은 여기에서 유래하였다.

전국시대 때에 '신성申城'이라는 최초의 성城이 지금의 상해 서남 지역에 만들어졌지만, 진秦이 통일하면서 이곳을 해염현海鹽縣으로 바꾸고 회계군會稽郡에 소속시켰다.

삼국시대三國時代에는 해염현 북쪽의 화정진(華亭鎭 : 지금의 松江區)이 점차 발전하여, 중심이 화정진華亭鎭으로 옮겨갔다.

서진西晋 때에는 송강(松江 : 吳淞江) 주민들이 고기잡이로 사용한 대나무 통발인 '호扈'를 만들어 썼고, 또 강물이 바다로 들어가는 곳을 '독瀆'이라 하였기 때문에 송강하류 일대를 '호독扈瀆'이라 부르다가 나중에 '호扈'자를 '호滬'자로 바꾸어 썼다. 따라서 지금까지도 상해의 별칭으로 '호滬'를 사용하고 있다. 동진東晋이 지금의 남경으로 천도함에 따라 강남일대가 크게 발전하였고, 수隋·당대唐代에는 지금의 상해인 화정華亭 지역에 처음으로 화정현華亭縣이 설치되었다.

송대宋代에 접어들어 상업이 조금씩 발달하여 상해포上海浦를 비롯한 여러 포구가 형성되었고, 상해포 서쪽에 상해진上海鎭이 설립되어 이때부터 상해라는 명칭이 사용되었다.

원대元代에는 상해진에 시박사(市舶司 : 해상 무역에 대한 모든 사무를 맡아보던 관아)가 설립되어 전국 7대 시박사의 하나가 되었다. 그 후 상해는 유리한 지리적 조건으로 신흥 무역항구로 점차 자리잡기 시작하였다.

명대明代에는 중국 최대의 면방직 도시로 성장하였고, 청대淸代에는 세관이 설치되면서 조세창구 역할을 하는 항구도시로 성장하였다.

1840년에 일어난 아편전쟁의 패배로, 영국과 남경조약(1842년)이 체결되어 상해는 통상 항구로 강제 개방되면서 역사의 급류에 휘말렸다. 1843년 영국 · 미국 · 프랑스 등 서방열강들의 무역을 위한 항구가 되면서, 상해는 도시로서 급속히 발전하였다. 그러나 상해는 영국 · 프랑스 · 미국인들이 이 도시의 특정지역을 점유하여 그 지역 안에서의 특권과 면책을 인정받았고, 일본도 1895년 시모노세키 조약에 따라 조계를 확보하였다. 치외법권이 인정되는 조계는 제국열강들의 중국 침략의 근거지가 되었고, 청나라의 통치력은 점점 쇠퇴하였다. 따라서 중국 각지의 도시 노동자와 빈민 · 농민 · 지식인 등이 '청나라를 배격하고 명나라를 복구하자反淸復明' 는 구호를 외치며 반란하였다. '반청복명反淸復明' 을 외치며 반란을 주도한 세력은 흔히 홍문洪門으로 총칭되는 소도회小刀會 등의 민간 비밀결사조직이었다. 소도회는 "멸청복명滅淸復明 · 탐관초멸貪官剿滅" 을 기치로 봉기를 일으켜 일년 반 동안 청조에 대항했지만, 프랑스가 청군에게 군사를 지원함으로써 진압되었다.

중화민국中華民國 때의 상해는 민족해방운동과 노동운동의 중심지이기도 하였다. 1920년대 들어 경제적 · 정치적으로 상해에 대한 외국의 지배가 강화되자, 노동자 · 학생 · 지식인들이 점차 정치활동에 참여하였다. 1921년 중국공산당이 상해에서 창당되었고, 1925년 5월 30일 상해에서 반제국주의 민중운동인 5 · 30 사건이 일어났다. 5 · 30 사건은 1925년 2월 중국에 있는 일본 방적공장에서 한 일본인 감독이 중국인 여공을 학대한 사건이 발단이 되어 봉건주의 · 자본주의를 반대하고 외국 열강의 제국주의적 침략을 반대하는 학생 · 노동자들의 대규모 정치적 시위운동이었다.

1927년에는 장개석蔣介石이 4·12정변을 일으켜 국민당 정권을 탈취한 뒤 공산당원들을 대거 숙청했다. 중일전쟁 동안의 상해는 일본에 점령되었으며, 이 도시에 있던 공장들은 심각한 전화戰禍를 입었다.

1945년 중일전쟁에서 승리한 뒤 조계는 중국 정부에 회수되었고, 1949년 중화인민공화국 정부수립 후 상해는 직할시가 되어 중국 제일의 경제무역 중심도시로 발전하였다.

상해는 우리나라와도 깊은 관계가 있다. 상해는 1919년 4월 13일에 대한민국 임시정부가 조직되어 1932년 5월에 일본의 탄압을 피해 항주杭州로 옮기기 전까지 활약했던 곳이고, 1932년 4월 29일 윤봉길 의사의 의거가 일어났던 곳도 상해의 홍구공원(虹口公園 : 현재 노신공원(魯迅公園))이다.

4. 상해문화海派文化

상해가 대외무역항으로 개방되면서, 중국 강남의 전통문화[吳文化]에 서구에서 전래된 구미문화歐美文化가 융합되면서 전통적이면서도 서구적인 풍격을 갖춘 독특한 문화가 형성되었는데, 이러한 상해문화를 '해파문화海派文化'라 한다.

초기 해파문화에 영향력을 가장 크게 끼친 것이 영화와 연극이다. 근대 중국에서 최초로 영화가 상영된 것은 1896년 상해에서였다. 상해 최초의 영화관은 스페인 상인이 1903년 하이닝루海寧路 쟈푸루코우乍浦路口에 세운 것이고, 중국인 스스로 찍은 최초의 영화는 정정추鄭正秋의 '못말리는 부부[難夫難妻]'이다. 1930년대 이후, 상해는 영화산업이 비약적으로 발전하여 중국 영화산업의 주요 기지가 되었다. 공산당이 창립될 당시의 연극을 '신극新劇'이라 했는데, 해파문화의 한 갈래라 할 수 있다. 상해 최초의 연극단은 왕종성王鐘聲이 만든 춘양사春陽社로, '엉클 톰스 캐빈Uncle Tom's Cabin' 등을 상연하였다. 이는 역사적으로 큰 획을 긋는 연극 활동이었다.[13] 이러한 것이 나중에 문학계로 확대되어, 1930년대 중국에서는 해파에 대한 격렬한 논쟁이 벌여졌는데, 긍정적인 평론보다는 부정적인 주장들이 훨씬 많았다. 예컨대 심종문沈從文은 해파를 '명사들의 재능과 상업경매의 결합' 이라고 정의했고, 노신魯迅은 다음과 같이 지적했다.

"북경은 명 · 청 양대 제국의 수도였고, 상해는 각국의 조계지였다. 제국의 수도에는 관료들이 많고 조계지에는 상인들이 많은 법이다. 때문에 북경의 문인들은 관료에 가깝고, 상해 문인들은 상인들과 가까웠다. 관료에 가까운 사람들은 관직을 통해 명성을 얻고, 상인과 가까운 사람들은 장사를 통해 이익을 추구하면서 입에 풀칠을 했다. 간단히 말해서 '경파' 는 관료들에게 봉사하는 한가한 어용 문학이었고, '해파' 는 상인들에게 봉사하는 상업 문학이었다. …… 그러면서도 관료라는 지위를 이용하여 상인들을 업신여기는 것은 중국의 오랜 구습이라 해파 작가들은 경파 작가들의 눈에 비천하게 보일 수밖에 없었다."

1980년대로 들어서면서 해파문화의 내용은 모든 문화영역으로 확대되었고, 해파문화가 바로 상해문화라는 등호가 형성되었다. "해파의 기치를 높이 들자." 또는 "해파의 웅풍을 재현하자." 등의 구호가 문화의 모든 영역으로 확산되었고, 새로운 세기를 맞이하면서 해파 문화의 주류는 긍정적인 평가를 받으며 중국의 현대화를 주도하고 세계로 나아가는 중요한 역량으로 자리 잡게 되었다. 이러한 해파문화의 가장 큰 특징은 다원성이다. 다원성은 바다 '해海' 자에서 나온다. 개

13) 광뚱여행출판사 저, 임대근 역 〈중국을 누빈다〉, 예담차이나, 2002, 21쪽 인용

방된 항구라는 지리적 위치가 바로 다원성의 근원인 것이다. 바다는 수많은 하천의 물줄기를 받아들여 하늘 끝까지 갈 수 있는 통로를 제공한다. 상해는 동서 문화의 교량이라는 지위를 이용하여 온갖 유형의 문화와 사조가 서로 만나고 섞이는 기회를 만들었다. 지방 문화든 외국 문화든 상해는 거부하는 것이 없었다.……이러한 다원 공존의 관용적인 환경이 문화가 번성할 수 있는 기름진 옥토였던 것이다.[14)]

해파 문화의 특징은 새로운 것을 창조해내는 데 인색하지 않고 융통성이 있으며 다양하다는 점이다. 다시 말하자면 해파문화는 상해문화의 대명사로 '창신'과 '다원성'이 주요 특징이요 정수라는 것이다. 해파문화는 상해 사회와 문화가 더욱 다채롭고 화려한 모습을 지닐 수 있도록 해주었던 것이다.

●중국의 남북인 기질차이

중국의 지역적 특징은 장강長江을 기준으로 장강 이북의 북부지방과 장강 이남의 남부지방으로 크게 나누어진다. 물론 중국자체가 워낙 넓기 때문에 각 지방에 따라서 사람들의 생김새는 물론이고 말투나 성격도 다소 차이가 나지만, 북방 사람들과 남방 사람들 간에는 그 기질의 차이가 뚜렷하다.

북쪽은 전통적으로 날씨가 춥고 바람이 심하게 불어 기후가 거칠며, 지대도 황토지대여서 밭이 많고, 주요 교통수단으로 말을 많이 타고 다녔다. 반면에 남쪽은 날씨가 따뜻하고 온화하며, 강과 호수가 많아 논이 많고, 주요 교통수단으로 배를 많이 타고 다녔다. 이러한 자연환경의 뚜렷한 차이에 따라 사람들의 행동양식이나 성격도 달라질

14) 후자오량(胡兆量) 著, 김태성 역 『중국의 문화지리를 읽는다』, 휴머니스트, 2005 133쪽 인용

수가 있다. 대개 북쪽지방 사람들은 체구가 크고 성격이 좀 거칠며 현실적이고, 대범하고 호쾌한 기질에 보수적이고 봉건적이며, 관념적 성향이 강하게 나타난다. 따라서 그들은 정치가나 군인 같은 직종에 종사하는 사람들이 많다. 반면에 남쪽지방 사람들은 체구가 작고 성격이 비교적 온화하며 다소 환상적인 성향이 강하다. 그래서 남방인은 세심하고 민주적이며 혁명적이고 정열적인 기질로 문인 · 화가 · 상인 등이 많다.

이러한 중국 남북의 자연환경과 기질의 차이로 중국의 문학 · 철학 · 음악 · 서예 · 미술 등 여러 문화면에서도 남북의 대비를 이루기도 한다.

여기서 한 가지 첨부할 것은 대개 이렇게 남북의 차이에 대해서는 언급하지만, 동서의 차이는 크게 언급하지 않는데, 그것은 중국의 영역이 남북의 위도에 따라서 아열대 · 온대 · 한대로 기후가 나누어지고, 또 큰 강물이 대개 서쪽에서 발원하여 동쪽으로 흘러 바다로 들어가기 때문에, 동서간의 내왕이 남북간의 내왕보다 빈번하여, 서로 간에 어느 정도 조화되었다고 볼 수 있기 때문이다.

●남북 문화 비교

	남방(南方) 상해(上海)	북방(北方) 북경(北京)
기후	온난	한냉, 거센 바람
토지	논	밭
교통	배	말
주식	쌀	밀
사람	체격 왜소, 온화, 낭만적, 정열적, 혁명적, 화가, 상인	체격 장대, 과격, 현실적, 관념적, 보수적, 정치가, 군인
문학	초사(楚辭)	시경(詩經)

5. 문화탐방

상해는 국내외의 문화교류의 중심지이다. 상해는 세계적으로 이름난 명승지가 있는 곳이 아니지만, 오랜 세월에 걸쳐 중국과 서양의 문화가 만나 만들어낸 상해문화의 전통이 국내외관광객을 불러 모으고 있다. 상해는 쇼핑의 천국이어서 남경로南京路와 화이하이루淮海路는 밤낮없이 사람들로 붐빈다.

1) 남경로南京路

상해에 있는 핵심 상업거리이다. 한국의 명동과 자주 비교되는 곳이지만, 난징루는 직선의 도로에 양쪽으로 상가가 늘어선 형태로서

명동과는 형태가 많이 다르다. 상가의 특징도 명동은 젊은 층이 주 대상인 반면 난징루는 고객층이 노년층까지 고르게 분포한다. 난징루는 동쪽 와이탄外灘부터 시작하여 5.5㎞에 이르지만, 핵심적인 상업중심지는 1㎞ 정도이다.

■ 난징루南京路라는 이름은 1851년으로 거슬러 올라간다. 당시는 와이탄外灘으로 통하는 공원의 오솔길이었다. 1854년에 대로가 있던 저장루浙江路까지 확장되었고, 1862년에는 시장루西藏路까지 확장되었다. 1865년 상해에 조계가 들어서면서 난징루南京路라는 이름을 갖게 되었다. 세계2차대전이 끝나고 조계지가 말소되면서, 난징루는 난징동루南京東路로, 장안사靜安寺가 있던 징안쓰루靜安寺露는 난징시루南京西路로 이름이 바뀌었다.

20세기 초에 이곳에 여덟 개의 대형 백화점이 세워졌고, 앞 다투어 프랜차이즈 상가들이 들어섰다. 2000년 난징루의 도시계획에 따라 8m 폭의 보행자만 다닐 수 있는 보행자거리가 만들어지고, 길이도 1㎞에서 2㎞까지 확장되었다.

2) 화이하이루淮海路

상해의 중심거리 난징루가 상업중심가의 상징이라면, 이곳 화이하이루는 패션유행의 거리라고 할 수 있다. 난징루가 100여 년 된 건물들과 새롭게 지어진 건물들의 조화 속에 이루어진 화려한 거리라면, 이곳은 높이 솟은 현대식 건축물들이 중심이 되어 최첨단의 유행과 패션을 주도하는 쇼핑거리이다.

■ 1901년에 도로(총 길이 4㎞)로 조성된 화이하이루淮海路는 프랑스 조계지 안에 있었는데 당시에는 '바오창루寶昌路'라 불렸고, 이후 세계대전 때에 독일군을 막는 데에 공을 세웠던 프랑스 동로군 총사령관 제프리(J.J.C.Joffre. 중문 霞飛)의 이름을 따 '샤페이루霞飛路'로 개칭했다가 1943년에는 '타이샨루泰山路'로, 1945년 국민당 원로인 린선林森의 이름을 따 '린선중루林森中路'로 바뀌었다. 1950년 5월 화이하이전역淮海戰役을 기념해 '화이하이루'로 이름을 바꾸었다.

프랑스 조계지였던 화이하이루는 유럽풍 분위기가 물씬 풍긴다. 양쪽으로 즐비하게 늘어선 상가 건물들을 보면 마치 유럽에 온 듯한 느낌을 준다. 내부 장식은 우아하면서도 고급스러워 유럽과 중국의 예술적 조화를 보여준다.

동쪽 시장중루西藏中路에서 서쪽 홍챠오루虹橋路까지 총 6㎞에 달하는 화이하이루는 샨시난루陝西南路에서 시장루西藏路까지 약

2.2㎞의 쇼핑거리가 형성되어 있다.

3) 와이탄外灘

상해를 동서로 가르는 황포강黃浦江을 따라 서편에 자리하고 있다. 와이탄外灘은 상해에서 가장 특색 있는 곳인데, 잘 조화된 아름다운 석조 건물들이 줄지어 장관을 이룬다. 여러 나라의 다양한 건축 양식이 모여 있어서 '세계 건축박물관' 이라고 불릴 정도다. 각기 다른 느

낌을 주는 와이탄의 수십여 채의 높고 큰 건물에서 한 세기 상해의 건축예술을 살펴볼 수 있고, 또 상해가 100여 년의 중국역사의 축소판임을 이해할 수도 있다.

밤이 되면 와이탄은 더욱 아름다워진다. 야간조명으로 더욱 웅장하고 화려하게 보이는 석조 건물들과 세계적인 브랜드의 광고판이 와이탄의 밤을 화려하게 수놓는다. 그래서 와이탄은 밤에 더 많은 관광객들이 몰려든다.

와이탄 북쪽 끝에 있는 공원이 황포공원이다. 아편전쟁 뒤 상해에 살던 영국 사람이 1868년에 조성했다고 한다. 처음 문을 열었을 때에 '개와 중국 사람은 들어올 수 없다' 고 표지판을 붙여놓았다 한다. 서양인들이 조계지에서 중국인을 얼마나 무시하였는지 짐작할 수 있다.

4) 포동지구浦東地區

'황포강黃浦江 동쪽' 을 뜻하는 포동浦東은 얼마 전만 해도 농어촌 지역이었으나, 1991년 경제특구로 지정되면서 급속도로 성장하여 중

국경제의 중심지가 되었다. 특히 무역과 금융·하이테크 산업 등 중국의 첨단산업 기지를 지향하면서 금융무역구·수출가공구·보세구·하이테크구의 4개 소구역으로 나누어 개발하였다. 면적은 522㎢로 서울의 약 86% 규모에 해당한다.

상해 시내에서 포동으로 가려면 남포대교南浦大橋를 건너야 하는데, 1993년에 세워진 이 다리의 길이는 약 7,658m이다. 포동의 도심 지역에는 증권거래소와 인민은행 상해지점 등 각종 국내외 금융기관이 있으며, 중국에서 가장 많은 초고층 건물들이 들어서 있다. 포동을 상징하고 있는 동방명주타워(東方明珠Tower)는 1995년 완공하였는데, 높이 468m의 방송수신탑이다. 이 외에도 높이 420.5m, 지상 88층 지하 3층의 진마오따샤金茂大厦를 비롯한 고층빌딩이 즐비하게 늘어서 있다.

5) 노신공원魯迅公園

1905년에 문을 열었으며 우리나라 사람들에게는 홍구공원虹口公園으로 더 잘 알려져 있다. 지금은 중국의 문호 노신魯迅의 묘와 기념관, 윤봉길기념관 등이 들어서 있다.

상해시 정부는 중국문화운동의 선구자인 노신(1881~1936)을 이곳에

노신동상

윤봉길 의거 기념비

묻고, 그의 기념관을 세우고서 마오쩌똥이 친히 '노신선생지묘魯迅先生之墓'라는 비명을 썼다. 노신기념관에는 노신이 생전에 애용한 물건과 자필원고, 각국에서 출판된 노신 연구서 등의 자료들을 전시하고 있다. 공원 주변에 있는 산양루山陽路에는 노신이 말년을 보낸 옛집이 남아 있다.

윤봉길 의사를 기념하기 위하여, 노신공원 안에 1994년 6월 매정梅亭이라는 2층으로 된 한국식 정자亭子를 건립하였다. 2003년 12월 4일 윤봉길기념관으로 개관하여, 윤봉길의사의 출생부터 홍구공원虹口公園의거 전후의 사적을 보여주는 유품과 사진 · 대한민국임시정부의 활동자료 등을 전시하고 있다.

●윤봉길 의사의 의거

1932년 4월 29일 이곳 홍구공원虹口公園에서 일본 천황의 생일인 천장절天長節을 거행하던 중, 윤봉길尹奉吉 의사가 폭탄을 투척하여 일본군 대장 시라카와 요시노리白川義則와 일본인 거류민단장 가와바타 사다지河端貞次는 즉사하였고, 제3함대 사령관 노무라 기치사부로野村吉三郞 중장과 제9사단장 우에다 겐키치植田謙吉 중장, 주중공사 시게미쓰 마모루重光癸 등이 중상을 입었던 사건이다.

6) 대한민국 임시정부 청사

1919년 4월 상해에서 수립된 대한민국 임시정부가 1926년 12월부터 1932년까지 임시정부 청사로 사용했던 곳이다. 1932년 대한민국 임시정부는 윤봉길尹奉吉 의사의 의거로 13년이나 활동했던 상해를 떠나 항주로 옮겨갔다.

대한민국임시정부청사로 사용했던 이 건물은 벽돌로 지은 3층짜리 건물이다. 당시 이곳에서 김구 선생을 비롯한 임시정부 요인들이 생활했다고 한다.

1층에는 회의실과 주방, 2층에는 임시 정부 수반의 집무실과 침실, 3층에는 임시 정부 요인숙소와 전시실이 있다. 전시실에는 임시정부의 활동모습을 담은 사진과 주요 인사들의 사진을 전시하고 있다.

임시정부청사가 있는 마당로馬當路는 역사적인 유물이 많은 거리여서 개발이 제한되어 아직까지 옛 모습을 갖추고 있다.

7) 예원豫園

명나라 가정嘉靖 38년(1559)에 착공하여 1577년에 완성한 정원으로, 사천성四川省 관리였던 반윤단潘允端이 부모를 위해 지었다. '예원豫園' 이라는 이름은 '예열노친豫悅老親', '부모님을 즐겁게 해드린다' 라는 의미에서 그 이름을 땄다.

2만㎡나 되는 부지에 삼혜당三穗堂 · 앙산당仰山堂 · 점춘당点春堂 등의 많은 건축물과 연못이 잘 배치되어 있다. 건물군들 가운데 점춘당点春堂은 1853년에 일어난 태평천국의 난을 지지하며 봉기한 소도

회小刀會가 본부로 사용하였던 장소로 더 잘 알려져 있다. 이 정원을 둘러싸고 있는 담장은 황제만 사용할 수 있는 용문양으로 장식되어 있는데, 용의 발가락을 한 개 덜 만듦으로써 황제의 문양을 사용했다는 오해를 피했다고 전해진다.

지금까지 약 400년 동안에 걸쳐

몇 번이나 주인이 바뀌었다가 1956년에 개수되었으며, 1961년에 일반인에 개방되었다.

8) 상해박물관Shanghai Museum

1952년에 상해시 중심인 인민광장 남쪽에 건축한 상해박물관은 상해뿐만 아니라 중국 전체의 문화를 한 눈에 볼 수 있는 곳이다. 1995년 신관이 개관되면서 상해박물관은 많은 국보급 유물을 보유함으로써 북경·서안·남경박물관과 더불어 중국의 4대 박물관의 하나가 되었다. '천원지방天圓地方' 즉, '하늘은 둥글고 땅은 네모나다' 라는 전통사상에 따라 건물의 기저부분은 사각형이고 상단은 원형인 독특한 외관을 가지고 있다.

총 12,000㎡ 4개 층의 12개 전시실에는 국보급을 포함한 12만 여 점의 유물을 전시하고 있다.

1층에는 기원전에 사용했던 청동기 전시실로, 주로 강남의 수집가들의 일부 소장품과 1930년대 이후에 발굴한 유물들을 전시하고 있는데, 대극정大克鼎·혼원이기渾源彝器·정화희존精華犧尊 등 유명한 유물들이 다수 전시되어 있다. 2층 도자기 전시실에는 도자기를 시대별로 전시하고 있는데, 이 대부분은 강남의 진품 도자기이다. 3층은 서예관·회화관·인장관으로, 고대 중국 명사들과 화가들의 서예·그림·인장 등을 전시하고 있고, 4층에는 소수민족공예관少數民族工藝館·중국화폐관中國貨幣館·옥기관玉器館 등이 있다.

제8장

정원과 호수의 도시

1. 소주蘇州
2. 항주杭州
3. 소흥紹興

제8장

정원과 호수의 도시

– 소주蘇州 · 항주杭州 · 소흥紹興 –

소주蘇州는 강소성江蘇省, 항주杭州는 절강성浙江省, 소흥紹興은 항주杭州에서 동남쪽으로 60㎞ 떨어진 지점에 위치하고 있다. 이들 지역은 인구밀도가 조밀하고 경제수준이 아주 높은 곳이며, 유구한 역사와 더불어 문화유적도 많이 분포되어 있어 관광업이 매우 발달하였다. 그래서 옛날부터 소주 · 항주를 두고 "하늘에 천당이 있다면, 땅에는 소주 · 항주가 있다上有天堂, 下有蘇杭."라는 말이 있을 정도로 유명하였다.

1. 소주蘇州

1) 개황

소주蘇州는 옛 명칭으로 오吳 · 오도吳都 · 오중吳中 · 동오東吳라 하였고, 지금은 간칭으로 소蘇라고 하며, 중국 24개의 역사문화도시 가운데 하나이다.

소주는 태호太湖의 동쪽, 양자강 삼각주 평원 위에 위치하여 운하를 비롯한 교통이 발달하였다. 전체 면적 8,488㎢, 그 중 평원이 4,654㎢를 차지하며, 총인구는 571만 명, 시내 거주 인구는 105만 명이다.

정원과 물로 대변되는 중국 남방의 대표적인 도시로, '동양의 베니스' 라는 별칭을 가지고 있다. 기온은 온난 습윤하고, 토질이 좋고 자원이 풍부하여 소주蘇州를 "사주지부(絲綢之府 : 비단의 도시)" · "어미지향(魚米之鄕 : 물고기와 쌀이 많이 생산되어 먹을 것이 풍부한 살기 좋은 곳)" · "원림지도(園林之都 : 정원의 도시)" 등으로 부르고 있다. 이 때문에 사람들은 예전부터 소주의 별명으로 '인간의 천당人間天堂' 이라 불렀다.

2) 역사

기원전 514년 춘추전국시대 오吳나라 합려闔閭가 오자서伍子胥의 건의를 받아들여 소주蘇州를 수도로 정하였고, 기원전 248년에는 춘신군春申君의 봉지로 오吳라 하였으며, 진시황秦始皇 25년(기원전 222년)에는 오현吳縣이라 하여 회계군會稽郡의 군소재지가가 되었다.

한漢 건안建安 원년(196년)에서 212년까지는 삼국시대 손권孫權의 동오東吳의 수도가 되었고, 남조南朝 진陳 정명禎明 원년(587년)에 오주吳州로 바뀌었다.

수隋 개황開皇 9년(589년)에 처음으로 소주라는 명칭을 사용하였는데, 소주라는 이름은 소주성蘇州城 서쪽의 고소산姑蘇山으로 인해 붙여진 이름이다.

소주는 당태종唐太宗 때에 이르러 강남도江南道의 도소재지가 되어 강남 제일의 도시로 발전하여, 당대唐代에는 줄곧 소주라는 이름을 썼다.

후당後唐 때에는 중오中吳, 북송北宋 때에는 평강부平江府, 원대元代에는 융평부隆平府로 이름이 바뀌었다가 명明 · 청淸 때에 와서 소주부

蘇州府라 하여 다시 소주蘇州라는 명칭을 사용하였다.

소주는 서한西漢 초에 동남부 최대의 도시로 번영하였고, 송대宋代에는 비단의 생산지로 명성을 날렸다. 특히 송대에 들어와 탑塔이 많이 만들어져 지금도 송대의 탑이 가장 많이 남아 있으며, 소주의 자랑인 정원도 이 무렵부터 많이 건축되었다.

명明 · 청淸 때에는 견직물산업이 활성화되어 부유한 상업도시로 그 명성을 유지하였다.

3) 소주의 정원[園林]

"강남의 원림은 천하의 으뜸이요, 소주의 원림은 강남의 으뜸이다江南園林甲天下, 蘇州園林甲江南"라는 미칭이 있을 정도로 소주는 아름다운 정원이 많은 도시이다.

소주의 정원은 그 정교함과 '검은 기와에 하얀 담장[黑瓦白墻]'이 특징으로, 중국 남방의 원림건축의 정화라 할 수 있다. 소주의 정원은 송대에서부터 만들어지기 시작하여 청대 말기에는 그 정원의 수가 거의 200가구에 이르렀다고 한다. 지금까지 남아 있는 것은 60여 곳으로, 이 가운데 10곳을 복원하여 외부에 개방하고 있다. 그 가운데 소주의 4대 정원이라 일컫는 송대宋代의 창랑정滄浪亭 · 원대元代의 사자림獅子林 · 명대明代의 졸정원拙政園과 유원留園이 가장 대표적이다.

●중국 정원의 성격

자연을 해치지 않으면서, 자연을 삶의 일부로 끌어들이려 했던 중국인들은 자연미와 인공미를 겸비한 그들만의 독특한 정원문화를 발달시켰다.

중국의 정원은 북경北京의 황실정원 같은 규모가 웅장한 북방 정원(이화원은 북방정원의 백미)과 소주를 중심으로 한 규모는 작지만 자연미와 인공미가 잘 조화된 개인정원(소주의 졸정원이 대표적)으로 나눌 수 있다.

소주를 포함한 강남의 땅은 인공을 가하지 않아도 자연 그대로의 산수가 매우 아름다워, 조경하는데 태호석과 같은 기암을 적절히 배치만 하여도 훌륭한 정원이 된다. 특히 소주는 태호太湖와 가깝기 때문에 태호석을 이용하여 만든 정원이 많다.

(1) 졸정원拙政園

졸정원拙政園은 처음엔 만당晩唐의 시인 육구몽陸龜蒙의 저택이었다. 이 저택이 원대元代에 와서 대굉사大宏寺라는 사찰로 쓰였다가, 명대明代에 왕헌신王獻臣이라는 사람이 이 사찰을 구입하여 원림으로 조성하였다.

졸정원拙政園이라는 이름은 진대晋代 시인 반악潘岳의 작품 '한거부閑居賦'에 나오는 '拙者之爲政(어리석은 자가 정치를 한다)'이라는 구절에서 따왔다. 관직에서 추방되어 실의에 빠져 고향에 칩거하고 있는 자신의 신세를 한탄해서 이런 이름을 붙였다 한다.

졸정원拙政園의 면적은 4ha로, 4대 명원 중에서도 가장 큰 규모이다. 부지의 60%가 연못이고, 연못 주변으로 누각과 정자를 배치하였다. 자연을 잘 이용한 공간배치로 정원 안팎의 풍경이 잘 조화를 이루었다.

정원 안은 동 · 중 · 서 3개의 구역으로 나뉘어져 변화가 풍부하다.

가장 볼만한 곳은 중원中園으로, 원향당遠香堂에서 보는 경치는 일품이다. 연꽃의 향기가 멀리까지 퍼진다하여 원향당遠香堂이라 하였다.

1997년 세계문화유산으로 지정되었다.

(2) 유원留園

유원留園은 졸정원과 함께 중국에서도 손꼽히는 정원이다.

명明 가정嘉靖 때에 태복시경太僕寺卿의 벼슬을 지낸 서시태徐時泰라는 사람이 처음 동원東園과 서원西園을 지었는데, 청淸 가경嘉慶 3년(1798) 유서劉恕라는 사람이 새 주인이 되면서 동원東園을 확장하여 한벽산장寒碧山庄이라 하였다. 그러나 사람들은 유서劉恕의 성을 따서 유씨劉氏의 정원, 즉 유원劉園이라 하였다가 '劉'는 '留'와 음이 같아서 나중에 '유원留園'으로 이름을 바꾸었다. 전형적인 청대淸代의 정원이다.

유원留園은 동 · 서 · 중 · 북의 네 부분으로 나누어 배치하였는데, 동쪽은 건축물, 서쪽은 언덕과 나무 숲, 중앙은 산수경색山水景色, 북쪽은 전원풍광田園風光을 위주로 각각 배치하였다. 건물은 직선과 곡선 · 명암 · 고저를 절묘하게 조화시켜 그야말로 배치가 뛰어나다.

유원留園 가운데에서도 특히 700m 길이의 장랑長廊과 장랑 벽에 있는 온갖 모양의 화창花窓도 볼만하며, 이 화창을 통해 바라보는 경관 역시 빼놓을 수 없는 볼거리이다. 또 관운봉冠雲峰이라는 높이 약 7m의 태호석은 강남최대의 태호석으로도 유명하다.

(3) 창랑정滄浪亭

소주의 4대 명원 가운데 가장 오래된 정원이다. 북송 인종 때인 1045년에 조성되어 약 1000여 년의 역사를 가지고 있다. 북송의 시인 소순흠蘇舜欽이 이 정원을 구입하여 기거하면서 이름을 창랑정滄浪亭이라 하였다. 창랑滄浪이라는 말은 굴원屈原의 어부사漁父辭 '창랑지수滄浪之水' 에서 따왔다. 정치적 실의에 빠져있던 소순흠蘇舜欽이 굴원屈原처럼 산수에 의지에서 시름을 달래고 싶어 이렇게 이름을 지었을 것이다.

창랑정滄浪亭의 면적은 약 1ha로, 규모는 작지만 세련된 배치와 구조에 대나무가 잘 어울린다. 특히 높은 담벼락으로 안팎을 격리한 소주 정원의 전통 양식과는 달리, 창랑정은 멀리서도 풍경을 감상할 수 있다. 창랑정 건너편 하천에서 바라보면 정원 내부의 고목·정자·누각 등이 잘 드러나 보인다.

창랑정滄浪亭의 주요 볼거리는 창랑정滄浪亭·명도사明道祠·간산루看山樓 등이며, 특히 회랑벽의 누창漏窓을 통하여 보는 정원 밖의 풍경이 운치가 있다.

2000년 세계문화유산으로 등재되었다.

●굴원屈原의 어부사漁父辭에 나오는 창랑가滄浪歌

滄浪之水淸兮, 可以濯吾纓, 滄浪之水濁兮, 可以濯吾足.(창랑의 물이 맑으면 내 갓 끈을 씻을 것이요, 창랑의 물이 흐리면 내 발을 씻을 것이다. 즉 창랑의 물 맑은 좋은 세상이라면 내 갓 끈을 씻고 벼슬길에 나아가면 될 것이고, 창랑의 물 흐린 혼탁한 세상이라면 발이나 씻고 물러나 은거하면 될 것이라는 뜻이다.)

〈어부사漁父辭〉에서 굴원이 온 세상 사람들이 다 취해 있었지만 자기 한 사람만 깨어있었기 때문에 추방되었다고 하자, 어부는 그렇다면 자신도 술지게미라도 먹고 세상 사람들과 함께 취하지 않았느냐고 나무라면서 굴원과의 다른 처세 방법을 보여준다. 어부는 결국 여세추이與世推移하지 못하는 굴원을 나무라면서 뱃전을 두드리며 이 창랑가滄浪歌를 부르면서 가 버렸다는 게 이 작품의 줄거리이다.

(4) 사자림獅子林

원대元代 혜종惠宗 지정至正 2년(1342), 천려선사天如禪師라는 고승이 그의 스승 중봉선사中峰禪師가 보리정종사菩提正宗寺를 짓고, 천목산天目山 사자암獅子岩에서 득도한 것을 기념하기 위하여 지은 것이다. 처음에는 사자림보리정종사獅子林菩提正宗寺라 이름 하였다가, 이것을 줄여서 사자림獅子林이라 하였다.

명明 홍무洪武 6년(1373년), 대화가로 이름난 예찬(倪瓚 : 호는 云林)이 73세의 나이로 소주를 지나다가 사자림을 보고 그린《사자림도獅子林圖》가 지금도 사자림 안에 걸려있다.

청淸 건륭乾隆 초에 이 사원寺園은 개인에게 넘어가 섭원涉園 혹은 오송원五松園이라고 불리다가, 1917년 상인商人 패윤생貝潤生이 이 정원을 사들여 9년에 걸쳐 수리하고 확장하여 사자림獅子林이라 하였다.

연못 주변은 태호석이 얼기설기 미로처럼 연결되어 가산假山의 왕국으로 불리며, 정원 안에는 송대 4대 서예가인 황정견黃庭堅 · 소식蘇軾 · 미불米芾 · 채양蔡襄의 글과

60여 점의 비석이 있다.

2000년 세계문화유산으로 등재되었다.

4) 기타 명승고적

(1) 호구虎丘

호구虎丘는 춘추시대 오왕吳王 합려闔閭의 묘이다. 호구虎丘라는 이름은 합려闔閭를 장례 지낸지 3일째 되던 날 백호 한 마리가 나타나 능을 지켰다는 전설에서 유래했다는 설이 있고, 또 호구虎丘의 모습이 호랑이를 닮아서 붙여졌다는 설이 있다.

호구虎丘 입구에 들어서면 둘로 갈라진 큰 바위 돌이 있는데, 시검석試劍石이라 한다. 오왕吳王 합려闔閭가 천하의 명검을 시험해보다 돌이 두 조각으로 쪼개어져 있다고 한다.

조금 더 안쪽으로 들어가면 천인석千人石이라는 평평한 바위가 있는데, 육조시대 양梁나라 고승 생공生公이 이곳에 1,000명의 사람을 앉혀놓고 설법하였다고 한다. 천인석千人石 옆 백련지白蓮池에 서있는 돌을 점두석点頭石이라 하는데, 고승의 설법을 아무도 알아듣지 못하였지만, 이 돌만이 고개를 끄덕거렸다 한다.

호구虎丘 정상에는 소주의 상징인 호구탑虎丘塔이 있다. 북송北宋시대 세운 탑으로 정식 이름은 운암사탑雲岩寺塔이다. 이 호구탑은 팔각형의 7층 전탑으로 높이 47.5m이며, 탑이 비스듬히 기울어져 있어 소주 사람은 이탈리아의 피사의 탑에 견주곤 한다. 탑 안에는 불경과 고문서가 보존되어 있다.

(2) 한산사寒山寺

육조시대 양梁나라 천감天監 연간에 지은 사원이다, 원래 명칭은 묘보명탑원妙普明塔院이었으나 당대唐代의 고승인 한산자寒山子가 이곳에서 주지를 지낸 적이 있어 한산사寒山寺로 명칭이 바뀌었다

한산사는 사실 당나라의 시인 장계張繼의 《풍교야박楓橋夜泊》이라는 시 때문에 더 유명해진 사찰이다.

〈풍교야박楓橋夜泊〉

월락오제상만천月落烏啼霜滿天,	달 지고 까마귀 울고 서리 하늘에 가득한데
강풍어화대수면江楓漁火對愁眠.	강가 단풍, 고기잡이 불, 시름 속에 잠드는데.
고소성외한산사姑蘇城外寒山寺,	고소성 밖 한산사에서
야반종성도객선夜半鐘聲到客船.	한밤중 종소리가 객선에 이르네.

작자인 장계張繼가 과거에 낙방한 후 낙향하는 길에 소주蘇州 교외의 풍교楓橋에서 일박하며 아픔을 그린 시이다. 그는 3번이나 과거에 낙방했으니, 그 낙방의 상처와 가족에 대한 그리움으로 수심에 젖어 잠 못 이루는데, 까마귀 · 서리 · 단풍 · 어화漁火 등의 처량한 주변 정경과 때마침 한밤중에 적막을 깨며 들려오는 한산사의 종소리에 얼마나 마음이 아팠을지 짐작이 간다.

2. 항주杭州

1) 개황

항주杭州는 절강성浙江省 북쪽 전당강錢塘江 하구에 위치하며, 서쪽 교외에 아름다운 서호西湖를 끼고 있어, 소주蘇州와 함께 소항蘇杭으로 병칭될 만큼 풍경이 빼어나다. 게다가 항주는 아열대 기후에다 산물 또한 넉넉하여, 오랜 옛날부터 중국인들의 이상향이었다.

항주는 현재 절강성의 성도省都로써 정치 · 경제 · 교육 · 문화 · 교통의 중심지이며, 면적은 166만㎢이다. 행정구역은 8개의 구 · 2개의 현 · 3개의 현급시로 이루어져 있고, 인구는 870여만 명(2010년 기준)이다.

항주도 소주와 마찬 가지로 '사주지부絲綢之府' · '어미지향魚米之鄕' · '인간천당人間天堂' 과 같은 아름다운 수식어가 따라다니는 도시이다. 항주는 또 녹차綠茶로 이름난 용정차龍井茶의 산지이기도 하다.

항주는 2007년 2월 유엔 세계관광기구(UN WTO)로부터 중국에서 가장 아름다운 관광도시로 선정되었다.

2) 항주杭州의 역사

항주는 중국의 7대고도(七大古都 : [북경(北京) · 서안(西安) · 낙양(洛陽) · 안양(安陽) · 개봉(開封) · 남경(南京) · 항주(杭州)])의 하나이다.

항주는 춘추시대에는 월越의 수도였고, 진秦나라가 6국[제(齊) · 초(楚) · 연(燕) · 위(魏) · 한(韓) · 조(趙)]을 통일한 뒤, 현縣으로 바꾸어 전당錢唐이라 하였다.

한대漢代에도 여전히 전당錢唐이라 하였다가, 위진남북조魏晋南北朝 시대에는 오흥군吳興郡이라 하였다.

수隋 개황開皇 9년(589년)에 군郡을 폐지하고 주州로 바꾸면서 항주라는 이름이 처음으로 사용되었다. 특히 수隋 양제 때(605년)에 항주에서 북경까지의 대운하 건설이 시작되면서 항주는 더욱 중시되기 시작하였다.

당대唐代에는 항주군杭州郡이라 하다가 여항군余杭郡으로 바뀌었으며, 오대십국五代十國 때에는 오월국吳越國의 서도西都가 되기도 하였다.

항주는 12세기 초 남송南宋의 수도가 되면서, 역사의 중심무대로 부상하였다. 송나라는 북방 민족이 세운 금金나라에 밀려 남쪽으로 천도하면서 임안(臨安 : 항주의 옛 이름)을 새 도읍지로 정하였다. 대운하의 지리적 장점과 견직물 산업의 활성화로 항주는 물류 및 상업중심지로 번창하였다.

원대元代에는 항주에 양절도독부兩浙都督府를 설치하였다가 나중에 항주로총관부杭州路總管府로 바꾸었고, 명대에는 북경과 항주를 잇는 경항京杭 대운하를 보다 완벽하게 만들어 개통하였다.

아편전쟁 후 남경조약南京條約으로 상해上海가 개항되자 항주는 항구로서의 주도적인 위치를 상해에 빼앗겼고, 1956년에 일어난 태평천국군太平天國軍의 난으로 피폐해졌다.

● 경항대운하京杭大運河

수隋 양제 때(605년)에 항주에서 북경을 잇는 6년간의 대공사 끝에 약 1천764km 길이의 세계 최장의 운하가 탄생했다. 경항대운하京杭大運河는 장강長江 · 해하海河 · 회하淮河 · 전덩강錢塘江을 관통하며 강남의 도시들을 실핏줄처럼 이었다. 대운하는 당나라와 송나라 때에도 중요한 수로가 되었고, 원나라 때 다시 대공사를 하여 황하의 위하유역을 잇는 회통운하라는 새로운 운하가 건설되었다. 1411년 명나라 때에는 더욱 완벽하게 건설하여 대운하를 6개의 주요 부분으로 나누었다. 19세기에는 몇 차례 홍수로 제방이 무너져 큰 문제가 발생하기도 하였고, 1934년 국민당 정부가 장강 구간의 운하를 수리하였다.

1958년에는 공산당 정부가 600t 선박이 지나갈 수 있도록 다시 수리하고 근대식 갑문과 64㎞의 새로운 운하를 연결하였다.

3) 서호西湖

항주는 서호가 있어 더욱 유명하고, 서호는 서호10경이 있어 더욱 아름답다. 2011년 UNESCO 세계문화유산으로 지정되었다.

서호는 원래 항주만杭州灣과 연결된 해만海灣이었으나, 전당강錢塘江에서 흘러든 토사로 해만이 막히면서 만들어진 석호潟湖이다. 한대漢代에는 서호를 명성호明聖湖라고 불렀으나, 당대唐代부터 도시 서쪽에 있다 하여 서호라 하였다.

서호西湖는 둘레 15㎞, 총 면적 60.8㎢, 평균수심 1.5m, 최대수심 2.8m이다.

서호에는 백제(白堤 : 당대 백거이가 항주자사로 부임하여 쌓은 제방)와 소제(蘇堤 : 송대 소동파가 항주지주로 부임하여 만든 제방) 2개의 큰 제방과 몇 개의 작은 둑을 쌓아서 만든 외호(外湖 : 서호의 본호) · 북리호北里湖 · 서리호西里湖 · 악호岳湖 · 남호南湖 등 5개의 작은 호수가 있다.

플라타너스가 늘어선 호수 주변에는 복숭아꽃 · 목련 · 백련 · 홍련 · 물푸레나무꽃 · 국화 · 매화 등이 4계절 내내 끊이지 않고 핀다. 특히 4월이 가장 아름다워, 서호의 진면목을 볼 수 있다.

서호는 월나라 구천勾踐이 오나라 부차夫差에게 바친 미녀 서시西施를 닮았다 하여 서자호西子湖라고도 불린다.

서호는 봄 · 여름 · 가을 · 겨울과 아침 · 점심 · 저녁 그리고 맑은 날 · 흐린 날 · 비오는 날 등 어느 때를 막론하고 그 나름의 분위기로 사람들을 매료시킨다. 서호는 특히 안개가 끼었을 때나, 달 밝은 밤 또는 일출 때에 가장 아름다운 자태를 보여준다.

2011년 세계문화유산에 등재되었다.

●서호西湖 10경

소제춘효蘇堤春曉・단교잔설斷橋殘雪・유랑문앵柳浪聞鶯・뇌봉석조雷峰夕照・곡원풍하曲院風荷・평호추월平湖秋月・삼담인월三潭印月・화항관어花港觀魚・남병만종南屛晩鐘・쌍봉삽운雙峰揷雲을 서호 10경이라 한다.

① 소제춘효蘇堤春曉

소제는 서호의 서쪽에 남북으로 길게 이어져 있는 제방인데, 북송北宋 때의 시인 소동파蘇東坡의 성을 딴 것이다. 소동파는 1071년과 1089년 두 차례에 걸쳐 항주지주를 지냈다. 그는 재임기간에 20만 명의 사람을 동원하여 서호를 개수改修하였다. 서호 바닥의 흙을 이용하여 쌓은 이 제방을 후세 사람들이 그를 기려 소제라 불렀다. 이른 봄날 아침 안개 자욱하고 초록빛 버드나무 가지가 늘어져 있을 때, 하얀 복숭아꽃 잎이 살짝 물 위에 떠 있으면, 그 경치가 기가 막히다 하여 10경의 하나로 치고 있다.

② 평호추월平湖秋月

백제白堤의 서쪽 고산孤山 아래의 물가에 있는 이 전망대는 달구경을 하기 좋은 곳이다. 거울 같은 수면에 가을의 둥근달이 비칠 때면 절로 시 한 수가 떠오른다 하여 10경의 하나로 꼽는다.

③ 곡원풍하曲院風荷

소제蘇堤의 홍교虹橋 북서쪽에 있다. 남송南松 시대에 궁중의 술을 빚던 이곳의 정원이 특히 아름다웠는데, 연꽃이 핀 정원에 술향기가 바람에 떠다니면 기막힌 분위기를 만들어낸다 하여 붙여진 이름이다.

④ 단교잔설斷橋殘雪

겨울에 백제에 눈이 쌓이면 다리의 중앙에서부터 쌓인 눈이 녹아서 지면이 드러나게 되는데, 멀리서 보면 마치 다리가 끊어진 것처럼 보인다 해서 이름이 붙여졌다.

⑤ 화항관어花港觀魚

서호의 남서쪽 호반에 위치한 곳으로, 송대의 관료가 이곳에 별장을 지어 연못에 고기를 기르고 누각을 지어 풍경을 즐겼다 한다. 수백 그루의 모란과 작약이 있는 모란원, 금붕어와 붉은 잉어가 헤엄쳐 다니는 어락원, 배를 띄우는 항만 등 3부분으로 되어 있다.

⑥ 유랑문앵柳浪聞鶯

남동쪽 연안에 있는 정원으로 잔디밭과 버드나무가 잘 조성되어 있다. 특히 늘어진 수양버들과 꾀꼬리 노랫소리가 어우러져서 멋진 풍경을 자아낸다 하여 붙여진 이름이다.

⑦ 쌍봉삽운雙峰插雲

서호의 서남쪽에 있는 북고봉北高峰과 남고봉南高峰 사이의 골짜기에 운무가 끼면, 마치 구름에 봉우리가 꽂혀 있는 것과 같다하여 이름하였다.

⑧ 삼담인월三潭印月

서호 안에 떠 있는 섬으로, 서호 바닥을 파서 축조한 곳이다. 호수 안에 섬이 있고, 섬 안에 또 호수가 있다. 섬 안에는 누각과 정자가 잘 어울려져 있다. 이 섬의 남쪽에 3개의 석등롱이 있는데, 이 등에 불이 켜지면 마치 작은 달처럼 보이는 것이 운치가 있어 삼담인월이라는 이름이 붙었다. 서호에서 제일로 꼽는 명소이다.

⑨ 남병만종南屛晩鍾

땅거미질 무렵 어스름한 때에 서호의 남쪽에 있는 정자사淨慈寺에서 종이 울리면, 적막했던 산간에 소리가 울려 퍼지는 모양을 말한다.

⑩ 뇌봉석조雷峰夕照

서호의 남쪽 연안에 우뚝 솟아 있는 영봉산靈峰山의 뇌봉 탑이 석양에 물들어 아름답게 비치는 것을 말한다. 뇌봉탑의 벽돌을 집에 가져다 놓으면 "사악함을 막아주고[辟邪]", "아들을 낳고[宜男]", "누에치기에 이롭다[利蠶]"는 미신 때문에 민간인이 뇌봉탑의 벽돌을 너무 많이 빼어가서 1924년 탑이 무너졌다. 2002년 무너진 탑 자리에 탑을 새로 세웠다.

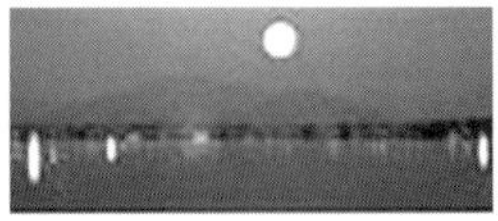

4) 영은사靈隱寺

영은사靈隱寺는 중국 선종禪宗의 10대 사찰의 하나로, 서호 서북쪽 비래봉飛來峰과 북고봉北高峰 사이 영은산靈隱山 기슭에 위치해 있다. 비래봉과 북고봉 사이는 수목이 울창하고 구름이 신비롭게 피어나는 곳이다. 326년 동진東晉 때에 인도 승려 혜리慧理가 이곳 항주에 왔다가 이 산의 기세가 너무 아름다워 신선의 영靈이 깃들어 있다 하여, 사찰을 짓고 이름을 '영은사靈隱寺' 라 하였다.

영은사를 운림사雲林寺라고도 하는데, 대전 위에 '운림선사雲林禪寺' 라는 현판이 걸려있기도 하다. '운림선사雲林禪寺' 라 쓰여 있는 현판은 청淸 강희제康熙帝의 친필로도 유명하다.

●운림선사雲林禪寺 현판에 관한 이야기

청 강희제는 강남을 수차례 방문하였다. 방문할 때 마다 항주를 들렀는데, 한번은 영은사를 찾았다. 영은사 주지 스님은 그 기회를 이용

하여 강희제에게 영은사靈隱寺의 현판을 써줄 것을 간곡히 부탁하였다. 강희제는 부탁을 받고 붓을 잡아 '영靈' 자를 쓰는데, 전날 밤 먹은 술이 너무 과했던지 '영靈' 자의 '우雨' 부분

을 너무 크게 써버려서 남은 공간에 남은 획수를 다 쓰기에는 문제가 있었다. 황제 체면에 다시 쓰겠노라 할 수도 없고 난감해하던 차에, 옆에 있던 신하가 영은사는 구름이 숲 속에 아늑히 낀 선사이기도 하니, 영은사와 같은 의미라고 넌지시 말하였다. 강희제는 그 때야 옳거니 하고 '영靈' 자 대신에 '우雨' 밑에 남은 작은 공간에다 '운云' 을 써넣고 '운림선사雲林禪寺' 로 마무리하였다. 따라서 지금의 영은사에는 영은사靈隱寺라는 현판은 없고 강희제가 쓴 운림선사雲林禪寺라는 현판이 붙어있다.

●비래봉飛來峰

326년 인도 승려 혜리慧理가 항주에 와서 이 산의 절경을 감상하다가 "이것은 천축(天竺 : 인도)의 영취산靈鷲山에 딸린 한 봉우리인데, 언제 이곳으로 날아왔지?" 라고 감탄했다고 한다. 이때부터 "비래봉飛來峰" 이라 불렀다.

비래봉 기슭에는 오대五代 · 송宋 · 원元의 마애석각 조상이 470여 존尊이 있는데, 중국 석굴예술의 보물로 높이 평가받고 있다.

5) 악묘岳廟

악묘岳廟는 악왕묘岳王廟 또는 악비묘岳飛廟라고도 한다. 금나라와 맞서 싸운 남송南宋의 애국 명장名將 악비(岳飛 : 1103~1142)를 제사지내는 사당이다. 악비岳飛는 금나라의 일전을 앞두고 주화파主和派의 모략으로 1142년에 투옥되어 독살되었다. 그로부터 21년이 지난 후, 남송 고조高祖에 의해 사면되어 이곳에 사당이 세워졌다.

대전大殿 안에는 높이 4.5m의 악비 좌상이 있고, 좌상 위에는 '환

아하산(還我河山 : 우리의 강산을 돌려 달라)' 이라고 쓰인 악비의 친필 편액이 있다. 대전 밖의 정원에는 악비 부자의 묘가 있다. 무덤 앞에는 손이 뒤로 묶인 채 무릎을 꿇고 있는 4개의 철상이 있는데, 이것은 악비를 모함하여 투옥하고 독살한 주화파의 간신 진회秦檜와 그의 부인 왕씨王氏 그리고 그들의 심복이었던 만사설萬俟卨과 장준張俊이다. 지금도 이들 철상에 침을 뱉거나 때리는 사람들이 있어, 철상 앞에 '침을 뱉지 말 것' 이라는 푯말이 붙어 있다.

현재 전국 중점重点 문물보호단위文物保護單位로 지정되어 있다.

항주에는 이외도 볼만한 곳이 많다. 대표적으로 육화탑六和塔과 호포천虎跑泉을 간단히 소개한다.

●육화탑六和塔

북송 개보開寶 3년(970년) 오월왕 전숙錢俶이 전당강錢唐江으로 역류하는 사나운 조수를 막기 위하여 세운 전탑塼塔이다. 육화六和란 '육합六合' 즉, '천지사방天地四方' 을 의미한다.

당시 건축계의 거장인 유호喩皓가《목경삼수木經三首》를 바탕으로 설계하였는데, 외관으로는 13층이지만 내부는 7층이다. 탑 안의 나선형 계단을 이용하여 올라갈 수가 있다. 전체 높이는 59.89m이며, 중국 목조건축의 걸작으로 평가받는다.

●**호포천虎跑泉**

호포천虎跑泉의 물맛이 차고도 순하여, 북경의 옥천玉泉·진강鎭江의 냉천冷泉과 더불어 천하삼천天下三泉이라 불린다. 이 물로 이곳에서 나는 용정차龍井茶를 달여 마시면, 그 맛이 일품이라 하여 '서호쌍절西湖雙絶'이라 한다.

6) 동파육東坡肉과 용정차龍井茶

항주에 가면 동파육東坡肉을 먹어보고 용정차를 마셔보자.

중국음식은 음식이름의 의미를 알고 먹으면 더욱 맛있게 먹을 수 있다. 우리나라 음식은 주로 음식재료에 따라 요리이름을 붙이지만, 중국음식은 재료의 이름을 따오더라도 뱀 요리인 경우는 뱀 대신 용龍, 닭이면 닭 대신 봉황을 요리이름에 붙여 이름을 짓는다. 또 유명한 사람의 '호號' 등을 붙이기도 하는데, 동파육東坡肉이 바로 그러한 예이다.

송대宋代의 정치가·문인·서예가인 소식(蘇軾 : 호, 東坡)은 중국 음식문화에도 빠질 수 없는 인물이다. 소동파蘇東坡는 음식문화와 민간 요리법에 대해서도 많은 관심을 가지고 연구한 사람이다. 물론 음식을 소재로 한 시도 적지 않게 남겼다. 그로 인해 생긴 대표적인 요리의 하나가 바로 동파육東坡肉이다.

●**동파육東坡肉**

돼지고기(특히 삼겹살 부위) 덩이를 술·파·간장·설탕 등과 함께 넣고 장시간 고아서 연하게 만든 음식이다. 겉껍질 부분은 쫄깃하면서도 살코기 부분은 고기인지 비계인지 분간이 안 될 만큼 입에서 살살 녹는다.

소동파가 항주지주杭州知州로 부임하고 보니, 항주의 자랑거리인 서호西湖에는 잡초가 우거져 그 모습조차 사라져 가고 있었다. 그는 대대적 준설공사를 벌여 제방을 만들고 다리를 건설하여 서호 원래의 아름다운 모습으로 복원하였다. 항주 백성들은 감격하여, 그가 돼지고기를 즐겨먹는다는 것을 알고, 감사의 뜻으로 돼지고기를 올렸다. 소동파는 이 돼지고기들을 인부들에게 먹이고 싶었으나, 사람은 많고 고기는 부족하여, 할 수 없이 작은 덩어리로 잘라 술과 양념을 넣어 자신이 좋아하는 방식으로 요리하였다. 그는 자신이 한 요리를 서호 복원공사에 동원된 사람들에게 먹이니, 먹어본 사람들은 다들 그 맛에 탄복하였다 한다. 사람들은 그 요리를 이때부터 동파육東坡肉이라 부르게 되었다.

●**용정차龍井茶**

기름진 음식을 먹을 때 서호를 닮은 용정차를 한 잔 마시자.

용정차龍井茶는 원나라 때부터 재배해온 항주의 대표적인 녹차이다. 용정龍井이란 원래 샘 이름(지금도 용정이 있음)이다. 이 샘가에 용정사龍井寺란 절이 생기면서 차를 재배하기 시작하였는데, 이것이 용정차의 유래이다.

용정차는 짙은 향 · 부드러운 맛 · 비취 같은 녹색 그리고 참새 혀 모양의 잎사귀라는 네 가지 특징을 가지고 있어 '4절四絶'이라 불린다.

용정차는 물을 끓였다가 섭씨70~80도 정도로 식혀서 마시는데, 생선 요리에 넣으면 비린내가 없어지고 냉장고에 넣어두면 냄새를 제거할 수 있다.

용정차에는 비타민 C를 비롯해 유익한 성분이 다량 함유되어 있어, 항암 차로도 으뜸으로 꼽힌다.

용정차는 모두 16등급으로 나누어진다. 1등급 차는 청명(4월 5일) 이전에 딴 명전明前이고, 2등급 차는 곡우(4월 20일) 이전에 딴 우전雨前이다. 3등급은 5월의 딴 것이고, 그 외의 등급은 여름과 가을에 딴 것이다.

용정차는 개운한 맛이 으뜸인데, 서호의 바람을 맞으며 용정차 한 잔을 마시는 것도 운치 있는 일이다.

찻잔을 오른손으로 감싸 쥐고 왼손으로는 차의 밑 부분을 단정히 받쳐 들고, 먼저 향을 음미하고 나서 조용히 맛을 음미한다. 중국음식을 먹을 때 각 음식마다 맛을 보려면, 입 속의 음식 향과 맛을 제거하기 위해서 반드시 차를 한 모금 마신 후 맛을 보는 것이 좋다. 그러면 그 음식의 진가를 맛 볼 수 있다.

용정의 차 밭

3. 소흥紹興

1) 소흥紹興시 개황

소흥紹興은 절강성浙江省 북부, 전당강錢塘江 하구, 회계산會稽山 북쪽에 위치하고 있는데, 항주에서 동남쪽으로 60㎞ 떨어진 지점에 있다.

소흥시紹興市의 관할 행정구역은 소흥현紹興縣 · 제기시諸暨市 · 상우시上虞市 · 승주시嵊州市 · 신창현新昌縣 · 월성구越城區이며, 인구는 호적인구 439만 명(2010년 기준) 상주인구 491만 명이다.

소흥시는 물의 도시로, 하천이 1,900㎞나 되며, 4000여 개의 작은 다리가 있어 수향교도水鄕橋都라는 별칭이 있다. 물이 풍부하여 주로 벼농사를 짓는데, 찹쌀로 빚은 소흥주紹興酒는 이 지역의 특산주로 유명하다.

또 많은 문필가와 정치가들을 배출하였는데, 중국 근대문학의 대표적인 인물 노신魯迅을 비롯하여 채원배蔡元培 · 주은래周恩來 · 추근秋瑾 같은 인물들이 이 지역 출신이다. 중국 서예의 대가인 왕희지王羲之도 이곳과 관련이 깊다.

그래서 소흥시를 수향水鄕 · 교향橋鄕 · 주향酒鄕 · 서법지향書法之鄕 · 명사지향名士之鄕이라고 부른다.

2) 소흥紹興의 역사

소흥은 4000여 년 전, 하夏나라가 건국된 땅이며, 우禹왕이 두 차례나 치수사업을 하였던 곳이다. 지금도 우왕禹王의 능묘인 대우릉大禹陵이 여기에 있다.

춘추전국시대 월越 구천句踐이 이곳에 도읍하였으고, 진秦나라 때는 산음현山陰縣, 수隋나라 때에는 월주越州, 당唐나라 때에는 월주총관부越州總管府가 이곳에 설치되었다.

남송南宋 때에 소흥대도독부紹興大都督府로 승격되어, 처음으로 소흥紹興이란 이름이 쓰였다. 1912년에 소흥현紹興縣이 되었다가, 1979년 소흥시가 되었다.

●함형주점咸亨酒店

함형주점咸亨酒店은 노신魯迅의 소설 〈공을기孔乙己〉에 나오는 주점의 이름이다. 이 주점은 본래 청淸 광서光緖 갑오년(1894년)에 노신魯迅의 당숙 주중상周仲翔이 문을 연 술집이었다. 함형咸亨이란 이름은 《역경易經 · 곤괘坤卦》의 "함홍광대含弘廣大, 물품함형物品咸亨"이란 구절의 '함형咸亨' 두 자를 따서 간판의 이름으로 삼았다. "장사가 홍성하여 만사가 형통되다"란 의미이다. 그러나 간판의 이름과 달리 장사가 워낙 안 되어 개업한지 6년 만에 망하였다. 당시 함형주점을 찾는 손님도 적었지만, 오는 손님이라고는 단의방(短衣幇 : 무릎까지 오는 짧은 바지를 입은 가난한 사람)들이 대부분이었다. 단의방短衣幇이 아닌 사람으로는 여러 번 과거시험에 낙방한 노신의 이웃사람 '맹부자孟夫子'라는 사람이었다. 시대의 변화에 적응하지 못하고 전통만 고집하던 선비이면서 한갓 외상 술꾼으로 전락해버린 이 '맹부자孟夫子'를 노신은 자신의 소설 〈공을기孔乙己〉 속에 '공을기'라는 이름으로 등장시켜, 망해가는 청나라 말기의 무능한 선비들을 비판하였다.

공을기 동상

1981년 노신탄생 백주년을 기념하여 '함형주점咸亨酒店'이라는 간판을 다시 내걸고 개업하였다. 공을기孔乙己가 다니던 술집 '함형咸亨'은 '함형주점咸亨酒店'이라는 간판을 달고부터 손님이 문전성시를 이룰 정도로 장사가 잘 된다 한다. 또 공을기孔乙己가 즐겨 마시던 술

'함형노주咸亨老酒'와 안주 '회향두茴香豆' 등은 모두 최고의 인기 메뉴일 뿐 아니라 그 상품 가치가 매우 크다.

●오봉선烏蓬船

오봉선烏蓬船은 수로가 발달한 중국 강남江南의 독특한 교통수단이다. 대나무로 역어 만든 배 덮개에 옻칠을 하여 검은색을 띤다 해서 오봉선烏蓬船이란 이름이 붙여졌다. 지금은 검은 천으로 지붕을 하기도 한다. 오봉선烏蓬船은 또 발로 노를 젓는다 해서 각획선脚劃船이라고도 한다. 운하를 오르내리는 오봉선烏蓬船은 소홍의 전통적인 특이한 배이다.

●여아홍女兒紅

소홍紹興 지방에서는 딸을 낳으면 찹쌀과 누룩·감호鑒湖의 물로 술을 빚어 항아리에 담고, 화가를 불러다 항아리에 정성을 들여 산수山水·화조花鳥·누각樓閣·선학仙鶴·장상將相 등을 그려서 지하에 저장하였다가 딸이 결혼할 때 꺼내어 하객에게 접대하였다. 이 술을 여아홍·여아주女兒酒·화조주花雕酒라고 부른다. '여아홍女兒紅'의 뜻은 '딸이 붉다'인데, '붉다'라는 의미는 아름답다는 뜻이다. 여자가 예쁠 때는 역시 시집갈 때일 것이다.

여아홍은 황주黃酒의 대표적인 술인 소홍주의 일종이다. 보통 발효 후 5년 이상된 것은 진년陳年 소홍주, 10년 이상의 것은 가반加飯 소홍주, 20년 이상 된 것을 여아홍이라 부른다.

3) 난정蘭亭

소흥의 서남쪽 회계산會稽山 아래에 있는 유명한 정자이다. 난정蘭亭은 동진東晋 시대에 중국 최고의 명필인 왕희지(王羲之 : 307~365)의 난정집서蘭亭集序가 탄생한 곳이다.

영화永和 9년(353년) 3월 3일에 왕희지王羲之 · 사안謝安 · 지둔支遁 · 손작孫綽 등 41인이 회계산會稽山 양란저陽蘭渚의 정자에 모여서 계제사를 올리고 유상곡수의 연회를 열어 술을 마시며 시를 지었다. 그 때의 기사記事와 영회詠懷를 모아 시집을 만들고, 왕희지王羲之가 직접 붓을 들어 서문序文을 지었는데, 이것이 난정집서蘭亭集序이다.

이 난정집서는 당唐 태종太宗이 자신의 무덤 속에 넣어달라고 부탁할 만큼 서예사의 일대 걸작으로 꼽는다. 일설에는 왕희지가 난정집서를 술에 취해 썼는데, 깨어보니 전아典雅하고 힘찬 글씨에 자신도 놀라, 수십 번을 다시 써 보아도 그만큼 좋은 글씨가 나오지 않았다 한다.

왕희지가 중국 서예의 서성書聖으로 칭송받게 되면서 난정蘭亭 역시 유명해졌다. 오늘날 난정蘭亭은 공원으로 개발되어, 중국 내 · 외 관광객들의 인기 있는 관광명소로 자리 잡고 있다. 난정 안에는 왕희지와 그의 아들 왕헌지王獻之가 합작해서 '아지鵝池' 라고 쓴 비석과 '태太' 라고 쓴 비석이 있는데, 거기에 관한 일화가 재미있다.

● '鵝池' 비와 '太' 자 비에 관한 일화

왕희지王羲之는 거위鵝를 아주 좋아하였는데, 한 번은 '아지鵝池' 란 글씨를 쓰려고, '아鵝' 자를 먼저 쓰고 그 아래에 '지池' 자를 쓰려는데 갑자기 황제의 칙명을 받게 되었다. 왕희지가 자리를 떠서 칙명을 받는 동안, 그의 아들 왕헌지가 '지池' 자를 마저 써서 '아지鵝池' 를 완성하였다 한다. 그래서 아지鵝池는 왕희지의 부자가 각각 한 자씩 써서 완성한 작품인 셈이다.

'태太' 자 비석에는 오로지 '태太' 자 한 자만 쓰여 있는데, 사연이 이러하다.

왕희지의 아들 왕헌지는 총명한데다 어려서부터 아버지에게 서예를 배워 주위 사람들로부터 자주 칭찬을 받았다. 왕헌지는 연습하느라 '대大' 자를 자주 썼는데, 아들의 글씨가 마음에 들지 않았던 아버지 왕희지가 '대大' 자에다 점을 하나 찍어 '태太' 자를 만들어 놓고 가 버렸다 한다. 그런데 이 '대大' 자는 점 하나로 인해 글자의 구도가 잘 맞았다고 한다.

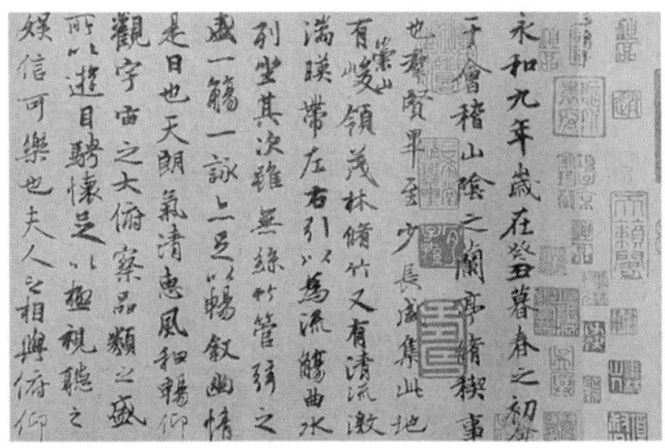

제9장

중국의 철학사상

1. 유가사상儒家思想
2. 도가사상道家思想
3. 법가사상法家思想
4. 묵가사상墨家思想

제9장

중국의 철학사상

중국의 전통 철학 · 사상은 대부분 2천 5백여 년 전, 춘추전국시대에 출현하였다. 춘추전국시대는 노예사회에서 봉건사회로 옮겨가는 시기여서 기존 가치와 질서에 대한 일대 혼란이 야기되었고, 봉건 제후들도 자신들의 정치적 야심으로 새로운 가치와 질서를 추구하였다. 이처럼 기존 가치와 질서에 일대혼란이 야기되고 제후들이 새로운 가치와 질서를 추구하자 사상 또한 다양하게 출현하였다. 이러한 시대적 반영과 함께 출현한 철학 · 사상으로 유가儒家 · 도가道家 · 묵가墨家 · 법가法家 · 음양가陰陽家 · 명가名家 · 종횡가縱橫家 · 잡가雜家 · 농가農家 · 소설가小說家 · 병가兵家 등이 있는데, 후대에까지 비교적 큰 영향을 끼친 것은 유가 · 도가 · 묵가 · 법가의 4대 사상을 들 수 있다.

1. 유가사상儒家思想

유가사상儒家思想은 공자(孔子 : B.C551~479)에 의해 창립되었으며, 맹자(孟子 : B.C372~289)와 순자(荀子 : B.C325~238)에 의해 계승 · 발전되어, 2천여 년 동안 중국인의 정신세계와 행위를 지배해온 대표적인 사상이다.

1) 공자孔子

공자는 이름이 구丘이고, 자는 중니仲尼이며, 춘추시대 노魯나라 사람이다. 그는 노나라에서 정치를 담당하여 실권자인 삼환씨三桓氏를 타파하려다 실패하여, 노나라를 떠나 여러 제후국을 돌아다니며 자신의 사상을 설파하였지만, 끝내 뜻을 얻지 못하였다. 만년에 노나라로 돌아와 제자들을 양성하면서 주대周代의 관학官學으로부터 학문을 해방하고, 처음으로 사학私學을 열었다. 교육과 주周나라 예禮 악樂제도의 회복을 주장하며 문헌정리에 전념하였는데, 육경六經이라 불리는 《서경書經》 · 《시경詩經》 · 《역경易經》 · 《악경樂經》 · 《예기禮記》 · 《춘추春秋》 등이 그것이다. 공자가 죽은 뒤, 제자들이 그의 사상을 집대성 한 것이 《논어論語》이다.

공자사상의 주요내용은 인仁 · 예禮 · 중용中庸 등으로 이루어져 있다.

(1) 인仁

《논어論語 · 안연顔淵》에서 "번지가 인에 대해서 묻자 선생님께서는 사람을 사랑하는 것이다樊遲問仁, 子曰, 愛人也"라 하여, 공자는 인仁의 개념을 '사람을 사랑하는 것愛人'이라 하였다.

인仁의 실천방법으로《논어論語 · 옹야雍也》에서는 "인이란 것은, 자신이 서고 싶으면 남을 세워주고, 자신이 통달하고 싶으면 남을 통달시켜준다夫仁者,己欲立而立人, 己欲達而達人"라고 하였고, 또《논어論語 · 안연顔淵》에서는 "자기가 하고 싶지 않은 일을 남에게 시키지 말라己所不欲, 勿施於人"라고 하여, 남을 자기처럼 이해하고 사랑하는 것이 더불어 사는 사회의 덕목인 '인仁'을 실천하는 방법으로 본 것이다.

(2) 예禮

공자는《논어論語 · 선진先進》에서 "예로써 나라를 다스린다以禮治國"라고 하여, 국가질서 유지의 차원에서 예禮를 강조하였다.

예禮를 행하는 기본원칙으로, 공자는《논어論語 · 안연顔淵》에서 "임금은 임금답고, 신하는 신하다우며, 아버지는 아버지답고, 자식은 자식다워야 한다君君, 臣臣, 父父, 子子"하여, 계층 상호간에 자신이 맡은 직분을 잘 준수할 것을 강조하였다.

여기에서 말하는 예禮의 기준은 주례周禮를 의미하는데, 좁은 의미로는 제례祭禮 · 혼례婚禮 · 상례喪禮 · 외교례外交禮 등을 말하고, 넓은 의미로는 주周나라의 모든 전장제도典章制度와 도덕규범을 말한다.

공자는 예禮를 통하여 종법등급 사회의 합리성을 인정하면서 주나라의 봉건질서를 회복하고자 하였던 것이다. 따라서 공자는 모든 사람들에게 "예가 아니면 보지도, 듣지도, 말하지도, 행동하지도 말라非禮勿視, 非禮勿聽, 非禮勿言, 非禮勿動"고 강조하였다.

종합해보면, 인仁은 내재적 도덕자각을 강조한 것이라면, 예禮는 외재적 행위규범을 강조한 것이다. 공자는 이 두 가지 조화를 통해 이상세계를 추구하고자 하였던 것이라 하겠다. 그래서 공자는《논어論語 · 안연顔淵》에서 "자기를 이기고 예절로 돌아가는 것이 바로 인이다克己復禮爲仁"라고 하였다.

(3) 중용中庸

공자의 이상 원칙인 인仁과 예禮를 정치현실이나 일상생활에서 구현하고자 한 사유방식이 중용中庸이다. 인仁과 예禮는 중용中庸의 도리에 따라 한 군데로 치우치지 않고 조화롭게 해야 한다는 것이다.

중용中庸의 도는 이후 중국인이 문제를 처리하는 데에 중요한 사고의 준칙이 되었다.

2) 맹자孟子

맹자(孟子 : B.C372~289)의 이름은 맹가孟軻이고, 자字는 자여子輿 또는 자거子車라고 하지만 확실하지 않다. 전국시대 추(鄒 : 지금의 산동성 추현(山東省 鄒縣))나라 사람이다. 공자의 유교사상을 공자의 손자인 자사子思에게 배웠으며, '맹모삼천지교孟母三遷之敎' 의 고사로 유명하다.

맹자는 인간의 도덕적 기준으로 '인의仁義' 를 중시하고, 도덕 성립의 근거로 성선설性善說을 주장하는 한편, 정치적으로는 인정설仁政說을 역설하였다.

그의 사상은《맹자孟子》에 잘 기록되어 있다.

(1) 성선설性善說

인간은 천성적으로 '측은지심惻隱之心, 仁' · '수오지심羞惡之心, 義' · '사양지심辭讓之心, 禮' · '시비지심是非之心, 智' 의 네 가지 양심良心, 즉 4단四端이 있다고 보았다. 이런 뜻에서 성性은 선善이라 보고, '인간의 본성은 착하다性善' 고 주장하였다. 따라서 맹자는 인간은 이러한 성선性善을 끊임없이 확충시켜 나가야 하며, 그렇지 않으면 성선

性善을 상실하게 되고, 심지어 금수禽獸보다 못해진다고 여겼다.

(2) 인정설仁政說

맹자의 성선설性善說은 곧 그의 '인정설仁政說' 의 이론적 기초가 되었다. 물론 이 인정설仁政說은 공자의 인仁 사상을 계승 · 발전시켜 정치방면에 응용한 것이라 할 수 있다.

맹자는 《맹자孟子 · 진심盡心下》에서 "백성이 가장 귀하고, 사직은 그 다음이며, 군주는 가볍다民爲貴, 社稷次之, 君爲輕"라고 하여, 군주는 백성들의 지지를 얻어야만 천자가 될 수 있다고 여겼다. 따라서 나라의 임금은 반드시 백성에 대해서 인정仁政을 실행해야 하며, 만약 임금이 인정仁政을 실행하지 않고 덕德을 잃었을 때는 임금을 바꿀 수 있다는 민권주의民權主義 사상을 주장하였다.

이러한 맹자의 인정설仁政說은 당시의 정치현실과 달리, 백성의 지위를 가장 중시한 진보적 관점이라 할 수 있다.

3) 순자荀子

순자(荀子 : B.C 325~238)는 이름이 순황荀況이고, 자字는 경卿으로 순경孫卿이라고도 불렸으며, 전국말기 조趙나라 사람이다.

순자는 성악설性惡說을 주장하였기 때문에, '예禮'를 보다 강조하였다. 순자 또한 《순자荀子》라는 저서를 남겼다.

(1) 性惡說

순자荀子는 맹자孟子의 성선설性善論과 반대로, 성악설性惡論을 주장하였다. 순자는 《순자荀子 · 성악性惡》에서 "인간의 본성은 악한 것이며, 선하다고 하는 것은 거짓이다人之性惡, 其善者僞也"라고 하였다. 그는 인간의 선천적 성품은 악惡이고, 선善은 후천적으로 배양되고 교화된 것으로 보았다.

순자는 사람으로 태어나면 이로운 것을 좋아하고, 색을 좋아하고, 안일함을 좋아하고, 노동을 싫어하는 등 생리상의 각종 욕망을 지닐 뿐이지, 맹자가 말하는 착한 단서[善端]는 없다고 여겼다. 만약 개인의 욕망이 발전하면, 사람들 사이에 반드시 다툼이 일어나 사회혼란을 조성한다는 것이다. 이 때문에 '예禮'로서 악한 본성을 바로잡아야 한다고 여겼기 때문에 '예禮'를 강조하였다.

(2) 예법禮法 사상

순자도 '예禮'를 중시하였지만, 공자의 '예禮'와 비교해 볼 때, 그 내용이 다르다. 공자가 말한 '예禮'는 주례周禮이고, 순자가 말하는 '예禮'는 전국시대의 '예禮'이다. 게다가 순자의 '예禮'에는 '법法'이 결합되어 있어, 도덕적인 내용 외에 법적인 내용도 포함되어 있다. 순자는 당시 제후들이 서로 경쟁하는 상황에서 맹자의 인정설仁政說 만으로는 부족하고, 반드시 경전耕戰 정책을 실행하여 국가의 실력을 강화시켜야 한다고 여겼다. 순자의 이러한 관점은 유가의 예치禮治 사상에서 법가法家의 법치法治 사상으로 넘어가는 과도기적 사상이라 볼 수 있다. 순자의 제자였던 한비韓非 · 이사李斯 같은 사람은 법가의 사상가였고, 또 한비韓非는 나중에 법가 사상을 완성한 사람이다.

●한대漢代의 유학

유가사상儒家思想은 춘추전국시기에 매우 활발하였으나 천하를 차지하고자 하는 봉건통치자들에게 그렇게 중시 받지 못하였고, 법가사상으로 통일을 이룬 진秦나라에서는 분서갱유焚書坑儒를 통해 철저히 유가사상을 통제하였다.

서한西漢의 무제武帝가 중앙집권을 강화하기 위해 동중서董仲舒의 제안에 따라 '백가를 내쫓고, 오직 유술만 높인다罷黜百家, 獨尊儒術' 라고 결정하고 유가사상으로 통일하니, 유가는 기타학파를 누르고 관학官學이 되어 중국 정치 · 사회의 정통사상이 되었다.

동중서(董仲舒 : BC179~104)는 한대 유가학설의 대표적 이론가로, 선진유교의 천명관天命觀을 계승 발전시키고 신비주의적 음양오행설陰陽五行說을 받아들여 임금의 권한은 신이 내려 준다는 군권신수君權神授적인 천인감응설天人感應說을 주장하였다. 즉, '천天' 은 자연계와 인류사회의 최고 주재자이고, 황제는 천天의 아들天子로서 절대적이며 신성불가침 한 것이라는 것이다.

동중서董仲舒는 또 공자의 '군군君君, 신신臣臣, 부부父父, 자자子子' 의 도덕법칙과 '양존음비陽尊陰卑' 의 신학이론을 바탕으로, '삼강오상三綱五常' 의 이론을 제시하였다.

그는 '군위신강君爲臣綱, 부위자강父爲子綱, 부위부강夫爲婦綱의 '삼강三綱' 의 상호관계는 마치 천지음양과 같다고 여겼다. 즉, 신하 · 자녀 · 처자는 음陰에 속하고, 군주 · 부모 · 남편은 양陽에 속하며, '음' 은 반드시 '양' 에 복종한다. 따라서 신하 · 자녀 · 처자는 반드시 군주 · 부모 · 남편에 복종해야 한다고 보았고, 인仁 · 의義 · 예禮 · 지智 · 신信' 의 오상五常' 은 '삼강三綱' 의 기초 위에서 개인이 준수해야 할 도덕규범으로 보았다.

동중서의 위와 같은 유가경전의 해석으로 유가사상은 종교적인 의미로 변하게 되었고, 그가 주장한 정치와 도덕의 신조인 '삼강오상' 은 후세 중국인의 정신적 옥쇄가 되었다.

● 송명이학宋明理學

유가학설은 송宋 · 명明 시대에, 한대漢代 경학을 기초로 하고 불학 · 도가사상을 흡수하여 다시 크게 발전하였는데, 성리학性理學 혹은 주자학朱子學 혹은 신유학新儒學이라 하였다. 이때의 유가의 사상체계는 '이理' 를 본체로 하였기 때문에 '이학理學' 혹은 '송명이학宋明理學' 이라 불렀다.

'송명이학宋明理學' 의 대표적인 인물은 북송北宋의 정이程頤 · 정호程灝 두 형제와 남송南宋의 주희朱熹 그리고 명대明代의 왕양명王陽明이다.

'이理' 를 사상철학의 주요 개념으로 강조한 사람은 북송北宋의 정이程頤 · 정호程灝 형제이다.

정이(程頤 : 1035~1085) · 정호(程灝 : 1033~1107) 형제는 '이理' 는 인간과 세상의 만물 중에 영원히 존재하는 불멸의 것으로서, 자연의 최고 법칙이자 사회의 최고 원칙으로 보았고, '이理' 가 사회윤리 방면으로 구현된 것이 바로 '삼강오상三綱五常' 이다.

'이理' 의 개념을 계승하여 '이기이원론理氣二元論' 을 주장하고, 중국사회 후기에 가장 많은 영향을 끼친 사상가가 주희(朱熹 : 1130~1200)이다.

주희朱熹는 공자 · 맹자 · 동중서의 관점과 불교의 관점까지 흡수하여, 우주존재의 근원은 태극으로서의 '이理' 이나 그러한 존재가 모습을 드러내기 위해서는 '기氣' 의 참여가 필요하다고 하여 '이기이원론理氣二元論' 을 주장하였다.

그는 인간에게 있어서 '이理' 는 본연의 성으로서 '선善' 그 자체이지만, '기' 는 물질성에 의해 정욕을 불러일으키는 것이다. 따라서 인간은 욕망이 늘어나면 악惡하게 될 수 있기 때문에 '거경궁리(居敬窮理 : 경건한 마음을 가지고 이치를 추궁해야한다)의 수양을 통해 인욕을 누르고 천리天理를 발휘해야 한다고 하였다.

송대의 정程 · 주朱 이학을 비판계승하고 발전시킨 인물이 명대明代의 왕양명(王陽明 : 1472~1529)이다. 왕양명王陽明의 본명은 왕수인王守仁이고, 호가 양명陽明이었기 때문에 그의 학설을 '왕학王學' 또는 '양명학陽明學' 이라고 한다.

그는 '심心' 이 바로 '이理' 로서 '심' 이외에는 '이' 가 존재하지 않는다고 보고 '심' 을 인지함으로써 '이' 가 생겨난다고 인식하였으며, 이것은 체험을 통해서만 확실해진다 하여 '지행합일知行合一' 을 주장하였다.

왕양명王陽明과 주희朱熹는 오로지 실천하는 방법이 다를 뿐, '천리를 밝히고 인욕을 버릴 것' 을 주장하는 기본 관념은 일치한다.

2. 도가사상道家思想

도가사상道家思想은 유가사상儒家思想에 비교할 수는 없지만, 중국문화와 사상에 지대한 영향을 끼쳤다. 한漢 무제武帝가 '독존유술獨尊儒術' 을 시행하면서 유가가 중국사회를 지배하는 통치이념으로 작용하였다면, 도가는 뜻을 세우지 못한 지식인들 사이에서 반체제적이거나 탈지배적인 사상으로서 크게 유행하였다.

도가사상은 노자老子가 창설하고, 장자(莊子 : B.C369~286) 등이 계승발전시켜 노장사상老莊思想이라고도 한다. 이들의 사상은 노자의《노자老子, 도덕경道德經이라고도 함》와 장자의《장자莊子》에 잘 나와 있다.

1) 노자老子

《史記》에 의하면, 노자老子는 성이 이李이고, 이름은 이耳이며, 자는 담聃으로 초楚나라 사람이다. 공자와 동시대 사람으로 공자보다 몇 십 살이 많았다.

노자사상의 주요내용은 도道와 무위자연無爲自然 등이다.

(1) 도道

도道는 우주만물을 탄생시키는 근원[萬物之宗]이고 만물을 주재하며, 천지만물이 창조되기 이전부터 존재한 것이라고 여겼다. 도道는 형상도 없고, 보이지도 않으며, 종잡을 수도 없고, 소리도 맛도 없는 것이며, 또 혼돈混沌되고 희미하며 시간과 공간을 초월하여 존재하는 영원불변의 것으로, 우주 만물은 다 '도'에서 생겨나옴과 동시에 다 '도'를 따른다고 하였다. 따라서 도道는 노자사상의 핵심이며 기초이다.

노자는 또 이 도道에서 출발하여, 우주만물은 유무有無·장단長短·고저高低·미추美醜·강유剛柔·강약强弱·화복禍福·대소大小·생사生死·지우智愚 등과 같이 서로 모순대립하고 변화하는 것이라 하여 변증사상을 가졌다. 예를 들면, 노자는 "재앙 속에 복이 깃들어 있고, 복 속에 재앙이 숨어 있다禍兮福之所倚, 福兮禍之所伏"라고 하였다.

(2) 무위자연無爲自然

노자는 '도道'의 작용으로 무위자연無爲自然을 주장하였다. '도'의 작용은 '무위無爲'이기 때문에 자연의 원칙대로 사물을 대하는 것, 즉 인위적인 것이 없는 자연 그대로 하는 것이 바로 무위無爲라고 여겼다. 따라서 "무위가 곧 다스리는 것이며, 자연에 순응해야 한다無爲而治, 順其自然"라고 하였다. 어떤 일을 인위적으로 하고자 하면 오히려

성공할 수 없지만, 무위로 다스리면 천하를 잘 다스릴 수 있다고 본 것이다.

노자의 이러한 무위자연 사상은 세상을 다스리는 것도 무위를 통해 자연 그대로 두어야 혼란스럽지 않고 올바른 사회를 만들 수 있다고 보았다. 이러한 무위자연의 처세학은 세속적인 모든 것은 무가치하며 생사여부도 자연계의 하나의 현상에 불과하기 때문에 인간은 자연과 동화해야 한다는 철저한 자연주의로 발전하였다. 따라서 노자는 유가의 예치禮治를 반대하고, 법가의 법치法治를 반대했다.

2) 장자莊子

장자莊子의 이름은 장주(莊周 : B.C 약 369~286)이고, 전국시대 송宋나라 사람으로, 맹자와 같은 시기에 생존하였다. 노자 이후 도가를 대표하는 인물이다.

장자莊子의 기본사상과 처세철학은 노자의 사상과 기본적으로 맥을 같이한다. 즉, 자연에 순응하고 운명에 만족하며 현실을 도피하고 조용히 무위無爲하는 것이다.

그러나 장자의 사상과 노자의 사상이 일맥상통하지만 약간의 차이가 있다.

노자는 세상에 대소大小 · 고저高低의 차별과 미추美醜 · 선악善惡의 대립이 있다고 본 반면 장자는 이러한 차별과 대립 및 시비를 완전히 부정하였다. 예를 들면, 원숭이는 나뭇가지 위에 앉아있으면 아주 편안하게 느끼지만, 인간은 오히려 위험하다고 생각한다. 반대로 인간은 방안에 있으면 아주 편안하게 느끼지만 방안에 갇힌 원숭이는 오히려 참을 수 없어한다. 따라서 각종 사물마다 다 자기가 좋아하는 것과 싫어하는 것이 있는데, 이는 어떤 시비의 표준이 있는 것은 아니라고 하였다.

3) 도가사상의 특징

적극적으로 세상에 참여하라[入世]고 주장하는 유가사상과 달리, 자연에 순응하여 살라고 하는 도가사상은 소극적이고 탈속적脫俗的이다. 따라서 도가사상은 역경이나 실의에 처한 사람들이 정신적인 위안처로 삼을 수 있어 쉽게 받아졌다. 그래서 사회가 혼란하거나 정치가 혼란한 그런 시대에 노장사상이 크게 유행하였다.

4) 도가사상의 시대적 흥망추이

도가사상은 춘추시대 노자에 의해 창설되었으나, 전국시대 장자에 의해 계승 발전되었다. 그러나 진시황秦始皇이 법가사상으로 사상통일을 하면서 도가상은 유가사상과 함께 배척되었다.

한漢나라 유방劉邦은 진秦나라가 망하게 된 주요 원인이 법가사상의 가혹한 법 때문으로 인식하고, '무위無爲'가 나라를 잘 다스릴 수 있는 최고 원칙이라고 생각하여 도가사상을 중시하였다. 그러나 한漢 무제武帝가 독존유술獨尊儒術을 시행하면서 유가사상에 의한 통치 강화로 다시 쇠퇴하였다.

도가사상은 동한東漢에서부터 위魏·진晉 남북조시대를 거쳐 수隋·당唐에 이르면서 인도에서 전래된 불학佛學과 교류하며 발전하기 시작하였고, 또 동한東漢시대에 사회가 점차 혼란해지면서 '태평교太平敎'라고 불리던 종교적 색채를 띤 도교조직이 생겨나게 되었다.

특히 위魏·진晉 남북조시대에 이르러 시대가 혼란하자, 당시 유행하였던 '현학玄學'과 어우러지고, 신비적인 요소가 가미된 미신적 도교가 성행하면서, 장생불노長生不老를 추구하는 등 수련의 도리로 완전히 바뀌었다. 따라서 도가는 원래의 노장사상과 거리가 멀어져 도교道教라는 일종의 종교가 되었으며, 많은 종파가 출현하여 국외까지 전파되었다.

3. 법가사상法家思想

춘추春秋 말기부터 신흥세력이 등장하면서 본래 봉건통치를 유지하던 '예치禮治'가 점점 붕괴되어 실제적인 효력을 잃었다. 이에 유가의 '예치禮治' 사상과 서로 대립되는 '變法' 사상이 각 제후국들 사이에서 일어나 '법으로 나라를 다스리는以法治國' 조류가 형성되었다. 따라서 법가사상法家思想은 전국시대에서 형성되어, 유가의 덕치주의德治主義에 반대하여 형법에 의한 정치를 주장하며, 중국 전통사상 가운데 중요한 일파가 되었다.

전국시대 중기에 상앙商鞅은 진秦나라의 법제를 개혁하였고, 한韓나라의 신불해申不害, 조趙나라의 신도愼到 등이 계속하여 자기 나라의 법제를 개혁하였다. 당시 이들은 각자의 나라에서 실권을 장악한 정치가로서, 주대 봉건 귀족정치의 잔재를 일소하여 군주정치제도를 건립하였다. 그들은 법령을 명확히 제정하고 공포하여 전국의 사상을 통일시키고자 하였기 때문에, 그들의 사상은 '법치法治'가 핵심을 이룬다.

상앙商鞅·신불해申不害·신도愼到 등은 초기의 법가를 정립한 사람들이라면, 한비韓非는 법가의 이론을 집대성한 사람이다.

1) 한비韓非

한비(韓非 : B.C 280~233)는 전국시대 말기 한韓나라의 공자公子였고,

순자荀子의 제자였다. 순자荀子와 법가의 영향을 받은 한비韓非는 한韓나라 왕에게 여러 차례 법제개혁을 건의하였지만 채택되지 않자 울분에 차 자신의 경륜을 저술로 나타내었으니, 이 책이 그 유명한 《한비자韓非子》이다. 진시황秦始皇이 그의 저서를 보고 감탄하여 그를 진秦나라로 데려왔지만, 이사李斯의 시기를 받아 자살을 강요받고 음독함으로써 생애를 끝마쳤다. 그러나 진시황은 바로 한비의 법치사상을 적용하여 중국통일의 대업을 완성하였다.

한비韓非는 천하를 통일하는 데는 천명天命의 개념이 아닌 법의 개념이 필요하다고 여겼다. 따라서 법의 준수가 매우 중요하므로 위반할 시에는 엄격한 징벌을 내려야 한다고 주장하였다.

한비韓非는 법도 필요하지만 '술術' 도 필요하다고 역설하였는데, '술術' 은 법의 운용술로써 군주가 관료를 통제하는 수단임으로, 공개적인 법에 비해 비공개적인 은밀성을 특징으로 한다.

한비韓非는 또 정권을 장악하는 데에 '세勢' 의 필요성을 강조하여, '세勢' 와 '법法' 을 결합시켜 정권을 공고히 해야 한다고 주장하였다.

따라서 한비韓非는 '법法' · '술術' · '세勢' 를 서로 조화시킨 법치이론을 정립하였다. 신불해申不害는 오직 '술' 만 강조하고 '법' 을 중시하지 않았고, 상앙商鞅은 오직 '법' 만 말하고 '술' 을 말하지 않았기 때문에, 한비韓非는 둘 다 군주가 통치하는데 유리하지 못하다 여겨서, '법法' · '술術' · '세勢' 삼자를 결합시키는 것이 가장 좋은 방법이라고 주장하였다.

2) 법가法家의 기여와 폐해

법가사상法家思想은 도덕과 같은 관념적인 방식이 아닌 실존의 법사상을 발전시킴으로써 법의 공정한 집행과 중앙집권화 된 관료제도를 확립하는데 크게 공헌하였다.

법가사상은 진시황秦始皇에 의해 구현되어 천하를 통일 하는데 기여하였지만, 진시황과 그 2세 호해胡亥의 지나친 엄형준법嚴刑峻法으로 군주의 전제적 통치를 부추겼고 백성들은 그로 인해 큰 고통을 받았다. 이것이 도리어 진秦 왕조의 멸망을 재촉하는 계기가 되었다. 한漢 왕조가 건립된 후, 무제武帝는 진秦 왕조와 서로 상반되는 정책 즉, 유학만을 존중하고[獨尊儒術] 기타 학파를 축출하는 정책을 실시하여 유가사상을 관학의 정통위치로 올려놓음으로써 법가는 소실되었고, 그리고 그 후에 새롭고 저명한 법가는 나타나지 않았다.

법가사상은 백성을 위한 것이 아니어서 일반 대중 속으로 전파되지 못하고, 위정자, 즉 왕이나 권부에서 체제유지 차원에서 유가사상에 편입되어 그 명맥을 유지하였다.

4. 묵가사상墨家思想

선진先秦시기의 묵가墨家는 유가儒家와 대등한 위치에 있었던 학파이지만, 두 학파는 사상관점이 달라 서로 논박하면서 백가쟁명百家爭鳴의 서막을 열기도 하였다.

묵가는 농촌의 지연공동체에 기반을 둔 거자鉅子라는 지도자를 중심으로 잘 짜인 조직을 갖추고 있었고, 엄격한 기율을 가지고 검소한 생활을 몸소 실천하였다.

묵가는 하층계급의 이익을 대변하며 평등적 이념을 구현하려는 혁명적 사상을 가지고 있어서 중국의 통치계급의 사상과 어울리지 못하다가 진秦 시황제始皇帝의 탄압을 받은 후, 점차 쇠퇴의 길을 걷다가 한漢 무제武帝의 독존유술獨尊儒術 정책으로 완전히 소멸하였다.

1) 묵자墨子

묵자(墨子 : B.C 약 480~420)의 성은 묵墨, 이름은 적翟으로, 전국시대 송나라 천인 출신이다. 처음에 유학을 공부하였으나, 이후 묵가학파를 창설하여 유가와 대립하면서 유학을 극렬히 비판하였다. 그의 주요 사상은《묵자墨子》라는 책 속에 잘 나와 있다.

묵자墨子는 그의 저서에서 겸애兼愛 · 비공非攻 · 상현尙賢 · 상동尙同 · 천지天志 · 명귀明鬼 · 비명非命 · 절용節用 · 절장節葬 · 비악非樂 등을 주장하였다.

2) '겸애兼愛'

묵가사상의 핵심은 '겸애兼愛' 이다 . 묵자에 의하면, 사회가 어지럽고 서로 다투게 되는 주요원인으로 사람들이 서로 사랑하지 않기 때문으로 보았다. 만약 사람들이 서로 사랑하고 이익을 함께 나눈다면, 사회는 평등하고 안정을 유지할 수 있다고 생각한 것이다.

묵자가 말한 '겸애兼愛' 란 타인과 자기를 구분하지 않고 동등하게 대하는 것을 말한다. 즉, 사람은 '자신自身' '자가自家' '자국自國' 을 사랑하듯이 '타인他人' '타가他家' '타국他國' 도 사랑하라는 것이다. 유가儒家가 주장하는 '사랑愛' 은 존비친소尊卑親疎의 구별이 있음을 전제로 하는 데 반하여, '겸애兼愛' 는 '겸애교리兼愛交利' 즉, '사랑은 남을 이롭게 하는 것이지만, 그것은 결국 자신을 이롭게 한다' 는 무

차별의 사랑인 점이다.

따라서 묵자의 겸애사상은 유가의 사상과 같은 듯하지만, 사실은 서로 다르다. 유가儒家가 주장하는 '사랑愛'은 등급이 있는 것으로 친소간의 차별을 인정하지만, 묵가의 '사랑愛'은 차별이 없는 평등한 것으로, 특히 상호간의 이익을 중시하였다.

3) 비공非攻

묵자의 비공非攻은 '겸애兼愛'에서 비롯되었다. '비공非攻'이란 남의 나라를 공격하지 말라는 주장이다.

묵자는 춘추전국시대에 겸병兼併을 목적으로 한 전쟁은 다 의롭지 못한 것이고, 겸애兼愛의 원칙에도 위배된다고 생각하였다. 그러나 묵자는 '비공非攻'에서 침략전쟁은 반대하였지만, 방어적인 전쟁은 반대하지 않았다. 오히려 방어적인 전쟁은 적극적으로 지지하였는데, 그것은 초나라의 침략에 저항하던 송나라를 도운 예에서 잘 알 수 있다.

4) 상현尙賢 · 상동尙同

겸애사상을 기초로 하여 정치적인 측면에서 상현尙賢 · 상동尙同을 주장하였다.

상현(尙賢 : 현명한 사람을 숭상)은 "관리라고 해서 늘 귀한 것이 아니며, 백성이라 해서 끝까지 천한 것은 아니다. 능력이 있으면 천거하고, 능력이 없으면 내려온다官無尙貴,民無終賤,有能則擧之,無能則下之"라고 하여 친소귀천親疎貴賤을 구별하지 않고 재능에 따라 관리를 동등하게 등용시키는 것을 의미하였다.

그는 한걸음 더 나아가 상동(尙同 : 의견일치를 숭상함, 평등관념)을 주장하여 "만일 재능이 있으면 일반사람도 관직에 오를 수 있지만, 만일 재능이 없다면 지위가 높은 사람이라도 보통사람으로 될 수 있다." 따라서 '천자天子' 조차도 마땅히 현명한 자가 맡아야 한다고 하였다.

묵자는 또 사회가 혼란해지는 원인은 물자의 부족에서 비롯된다고 보았다. 그래서 그는 사회혼란을 극복하는 방법으로 절용節用·절장節葬·비악非樂을 주장하며, 불필요한 소비와 낭비를 억제하여야 한다고 생각하였다. 절용節用에서는 사치를 삼가고 생산에 힘쓰며 소비를 줄이라고 설파하였고, 절장節葬에서는 절용節用의 하나로 장례를 간소하게 치르라고 하였으며, 비악非樂에서는 음악音樂을 허식이라 하여 물리쳐야 한다고 주장하였다.

그의 종교사상과 관련된 것으로는 천지天志·명귀明鬼·비명非命이 있다. 천지天志는 천의天意의 존재와 거기에 따르거나 거역했을 때의 상벌을 강조하였고, 명귀明鬼는 하늘의 대행자로서 상벌을 내리는 귀신의 존재를 주장하였으며, 비명非命은 운명에 현혹되어 일상의 일을 게을리하지 말아야 한다고 하여 운명을 부정하였다.

이상에서 보면, 묵자는 송나라 천인 출신으로, 그의 사상은 전국시대의 사회혼란 속에서 지위가 낮은 사람의 입장을 개선해 줄 것을 바란 것이다. 따라서 당시 제후들의 바람과는 부합될 수 없었으므로 진秦·한漢 이후 묵가는 사라지게 되었다.

〈사가四家의 비교〉

	유가(儒家)	도가(道家)	법가(法家)	묵가(墨家)
기본입장	가족주의	개인주의	국가주의	세계주의
인생태도	중용주의	소극주의	적극주의(징벌)	적극주의
실행방법	감화주의	방임주의	간섭주의	상동(尙同)주의
통치사상	인치(仁治), 덕치(德治) 예치(禮治)	무치(無治)	법치(法治) 물치(物治)	천치(天治)
세계관	질서적 세계평화	자율적 세계평화	지배적 세계평화	교도적 세계평화
방식	군자(君子) 양성	우민화(愚民化)	치자(治者) 우선	노동자 우선

제10장

곡부曲阜 태산泰山 치박淄博

제10장

곡부曲阜 · 태산泰山 · 치박淄博

1. 곡부曲阜

곡부曲阜는 중국 산동성山東省 남서부에 있는 현급시縣及市로 총면적 895.93㎢이며, 유교의 성지이면서 문화관광의 도시이다.

곡부曲阜는 상商왕조 때에는 엄奄나라의 수도였고, 춘추시대(기원전 770~476년)에는 노魯나라의 수도였다가 기원전 249년 초楚나라가 노魯나라를 멸하고 처음으로 노현魯縣을 설치하였다. 서기 584년 문양현汶陽縣이라고 하였다가 서기 596년에 처음으로 곡부현曲阜縣이라 하였다. '곡부曲阜' 라는 명칭은 《禮記》의 "노나라 성 가운데 언덕阜이 있는데, 굽어진曲 그 길이가 7 · 8리였다魯城中有阜, 委曲長七八里" 라는 말에서 따왔다.

곡부曲阜는 공자孔子의 고향으로, 공자는 여기에서 제자 삼천 명과 현인 72명을 교육시키고 배출했던 당시의 교육중심지였다.

현재 곡부曲阜시는 규모는 작지만 옛 건축물이 많아 고풍스런 도시이며, 기원전 500여년 경에 살았던 공자의 후손들이 대를 이어 살아가고 있다. 곡부의 인구는 64만 명 정도인데, 이 가운데 약 5분의 1인 15만여 명이 공孔씨 성이다. 따라서 곡부 주민 대부분은 공자의 후광으로 관광수입에 의존하여 살고 있다 해도 과언이 아니다.

곡부는 진시황의 분서갱유焚書坑儒로 인해 큰 피해를 입었고, 문화대혁명 때에는 비림비공운동(批林批孔運動 : 임표(林彪)와 공자의 사상을 공격하였던 운동)으로 인하여 또 한 번 큰 상처를 입었다.

곡부曲阜에 있는 공묘孔廟 · 공부孔府 · 공림孔林은 1994년 UNESCO 세계문화유산으로 등재되었다.

1) 공묘孔廟

공묘孔廟는 공자를 모신 사당으로, 공자의 위패가 모셔져 있어 공자의 제사를 지내는 곳이다. 지성묘至聖廟라고도 한다. 공자가 세상을 뜬 이듬해인 기원전 478년에 3칸의 작은 규모로 지어졌으나, 한漢 무제武帝 이후 공자사상이 정통으로 인정받아 역대 통치자들이 유교를 받아들이면서 황제가 직접 제사를 지냈다.(관원을 파견하여 제사를 지내기도 하였음) 따라서 공자의 시호도 당대唐代에는 문선왕文宣王, 송대宋代에는 지성문선왕至聖文宣王, 원대元代에는 대성지성문선왕大成至聖文宣王, 명대明代에는 지성선사至聖先師로 추증되었고, 거기에 따라 공묘孔廟의 규모도 점차 확대되었다. 지금은 남북으로 1km, 총면적 2ha, 전체 9개의 문과 8개 정원, 466개의 방으로 이루어져 있어, 그 규모에서 공자의 위상을 쉽게 알 수 있다.

대성전大成殿 앞의 행단杏壇은 공자가 학문을 강연했던 곳으로, 지금의 건축물은 명나라 때(1569년)에 새로 지은 것이다.

공묘孔廟의 중심 건축물인 대성전大成殿은 화려하고 웅장하여, 북경 고궁故宮의 태화전太和殿, 태안泰安 대묘岱廟의 천황전天貺殿과 함께 중국 3대 건축물의 하나로 꼽힌다.

대성전大成殿은 송宋나라 인종仁宗 때에 지어졌는데, 공자를 한 가운데에 모시고 안자顔子 증자曾子 자사子思 맹자孟子 등 4성聖을 좌우로 합사合祀하였다.

대성전大成殿 편액의 황금색 글자는 청淸나라 옹정제雍正帝의 친필로 전해지며, 대성전을 떠받치고 있는 돌기둥에는 용이 새겨져 있다. 돌기둥 가운데 전면에 세워진 10개의 기둥은 기둥마다 두 마리의 용이 새겨져 있고, '이룡희주二龍戱珠'라 하여 두 마리 용이 구름 속에 진주 하나를 가지고 놀면서 승천하는 모습을 하고 있다. 용의 문양은 황제만이 사용할 수 있는 것인데도 대성전의 기둥에 용을 부조하였다는 것은 공자를 황제의 예로 대우하였음을 알 수 있다.

대성전을 중심으로, 전국시대부터 내려온 53개의 비석이 비교적 양호한 상태로 보존되어 있는 십삼어비정十三御碑亭과 역대 황제가 내린 장서를 수장한 규문각奎文閣 등이 있다.

공묘孔廟 안에는 노벽魯壁이라는 담을 하나 세워두었는데, 바로 분서갱유 당시 공자 관련서적을 감춰뒀던 벽이다. 분서갱유 이후 공자의 옛 집의 담을 수리하던 중 담 속에서 노나라 문자로 쓰인 경전들이 발견되었는데, 이를 고문古文이라고 한다. 중국 경학사經學史에서 금문今文과 고문古文 논쟁이 생기기도 하였지만, 사라진 책들을 다시 볼 수 있었으니, 중국 경학사經學史에 있어 중대한 사건 중의 하나임에 틀림없다. 지금 그것을 기념하기 위해 노벽魯壁을 세워 둔 것이니, 조금도 이상할 것이 없다 하겠다.

대성전大成殿 뒤편의 침전寢殿은 공자 부인 왕궁씨亓官氏의 신주를 모신 곳으로, 대성전 · 규문각과 함께 공묘孔廟의 3대 건축의 하나이다.

●금문今文과 고문古文 논쟁

기원전 213년, 진秦 시황제 34년에 책을 불 지르고 유학자儒學者들을 묻어 죽인 분서갱유焚書坑儒 사건이 일어나 유학경전들이 사라지게 되었다. 진나라가 망하고 한漢나라가 들어서 다시 유학을 높이게 되었지만, 전해지는 유학경전들이 없었기 때문에 유학경전을 기억하고 있는 학자들을 불러 모아 암송을 시키고 받아 적게 해서 유학 경전을 복원시켰는데, 이것을 금문今文이라고 한다. 그런데 무제武帝 때에 공자의 옛 집의 담을 수리하던 중 담 속에서 노나라 문자로 쓰인 경전들이 발견되었는데, 이를 고문古文이라 한다. 하지만 이 금문과 고문 경전 간에 차이가 있어, 19세기까지 유학자들 간에 수차례에 걸쳐 금고문今古文 논쟁이 벌어졌다.

2) 공부孔府

공부孔府는 공묘孔廟의 동쪽에 위치하고 있으며, 공부대당孔府大堂 · 전당루前堂樓 · 후당루원后堂樓院 · 후화원后花園 등으로 구성되어, 역대 공자의 종손들이 살던 저택 겸 관공서로 사용하던 건물이다. 정무를 보는 관청인 공부대당孔府大堂, 손님을 맞거나 가족의 사무를 처리하는 이당二堂과 삼당三堂이 있다. 주거로는 전상방前上房 · 전당루前堂樓 · 후당루後堂樓 등이 있다.

송宋 인종仁宗 보원寶元 2년(1039년)에 공부孔府를 세우고, 공자의 46대손을 '연성공衍聖公'으로 봉하면서부터 이 저택을 '연성공부衍聖公府'라고도 부른다. 이후 여러 번의 개축을 거친 뒤 명明 · 청淸 시기에 대규모로 확장되어 황궁 다음으로 큰 규모의 저택이 되었다. 대지 점유면적 16만㎡에 남북 간 길이가 2㎞이며 방의 수가 463칸에 이른다.

공부孔府는 동 · 서 · 중 세 개의 로路로 나뉘는데, 동로東路에는 공씨 가문의 가묘家廟, 서로西路에는 학원學院, 중로中路의 앞부분은 관아, 뒷부분은 주택으로 되어 있는 전형적인 봉건귀족의 장원 형태이다. 공부孔府의 동 · 서 · 중 세 개의 로路 가운데 가장 중요한 곳은 중로中路이다. 공부孔府의 중로中路에는 436개의 방을 가진 광대하고 화려한 건물이 있어, 당시 공씨 가문의 권력이 어느 정도였는지를 짐작케 한다. 현재 전체가 다 개방되지는 않아서 창을 통해서만 내부를 들여다볼 수 있다.

3) 공림孔林

곡부의 북쪽 1.5㎞ 되는 곳에 20ha에 달하는 광대한 터에 공자와 그 자손의 묘가 모여 있는 곳이다. 중국의 씨족묘군氏族墓群으로는 규모가 가장 크고 가장 오래된 분묘이자 인공 원림園林이다. 공림孔林은 공부孔府 · 공묘孔廟와 더불어 삼공三孔이라 하여 공자에 관한 유적지의 일부를 이룬다.

공자는 사망한 뒤 노魯나라 성 북쪽의 사상泗上에 매장되었는데, 처음에는 봉분을 하지 않았고, 부지 면적도 1만여㎡에 지나지 않았다 한다. 나중에 공자의 위상이 갈수록 높아지면서, 제왕들이 묘지를 증축할 땅을 하사하여 규모가 점점 커져 현재의 모습이 되었다.

공림의 전문前門에 이르면 지성림방至聖林坊 · 지성림문至聖林門이 있고, 길게 이어진 떡갈나무 숲을 빠져나가면 이림문二林門이 나오고, 이곳에서 왼쪽으로 가면 세수방洗水坊 · 수수교洙水橋가 있다. 수수교洙水橋의 북쪽에는 향전享殿이 있는데, 공자 제사 때에 향단을 설치하는 곳이다. 그 후방에 공자의 분묘가 있고, 공자의 묘 앞에 '大成至聖

文宣王墓’ 라고 금색의 전서篆書로 쓰인 묘비가 있다. 공자의 묘 바로 옆에 아들 공리孔鯉와 손자 자사子思의 묘가 있다. 공자의 묘 근처에 공자가 죽은 후 6년간 묘를 지키던 제자 자공子貢이 거처하던 집인 자공려묘처子貢廬墓處도 있고, 묘의 동쪽에 있는 3개의 작은 정자는 송 진종(眞宗 : 988~1007년재위) · 청 강희제(康熙帝 : 1662~1722년 재위) · 건륭제(乾隆帝 : 1736~1795년 재위)가 공자의 묘를 참배할 때 쉬던 곳이다. 청대의 유명한 고전극의 작가인 공상임(孔尙任 : 1648~1718년)의 묘도 여기에 있다.

공림孔林은 고풍스럽고 웅대한 인공 원림을 이루고 있는데, 공자가 사망한 뒤 제자들이 여러 곳에서 기이한 나무들을 가져와 심었고, 또 역대 왕조에서도 원림을 조성하여 지금의 모습이 되었다. 따라서 공림孔林에는 진귀한 나무들이 많고, 무성한 숲을 이루어 사철 푸르다.

공림孔林은 1994년 공자유적지에 포함되어 유네스코의 세계문화유산으로 등재되었다.

공자의 묘(大成至聖文宣王墓)

자사(子思)의 묘(沂國述聖公墓)

4) 맹자孟子의 고향 추성시鄒城市

추성시鄒城市는 산동성山東省 서남부에 있는 제령시濟寧市에 위치한 현급시縣級市이다. 곡부에서 25㎞ 정도 떨어져 있다.

추성시鄒城市는 유교에서 ‘아성(亞聖 : 공자 다음으로 중요한 성인)’ 이라 불리는 맹자의 출생지이며, 년 평균 기온은 14도, 년 평균 강수량은 771㎜이다. 인구 112만 명(시내 인구는 35만여 명)의 도시이다.

추성시鄒城市는 주대西周 때에는 주국邾國이라 하였다가 뒤에 추국騶國으로 이름이 바꾸었다. 진秦나라 때에는 이곳에 추현騶縣을 설치하였고, 당대唐代에는 추현鄒縣으로 이름을 바꾸었다. 1992년 추현鄒縣에서 추성시鄒城市로 되었다. 1994년에 국가역사문화명성國家歷史文化名城으로 지정되었다.

맹자의 고향 추성鄒城과 북쪽에 있는 공자의 고향 곡부시曲阜市를 '공맹상재지방孔孟桑梓之邦' 혹은 '추로지향鄒魯之鄕'이라 하여 학문의 고장으로서 높이 받드는 곳이며, 광형匡衡 · 왕찬王粲 · 중장통仲長統 등과 같은 많은 문인들이 배출된 곳이기도 하다.

추성시鄒城市의 명소로는 맹자와 관련된 곳이 많다. 현재 추현성鄒縣城 안에 공묘孔廟에 비해 규모는 작지만 맹자를 제사하는 맹묘孟廟가 있는데, 이 맹묘孟廟는 송宋나라 때에 조성되었고, 수십 차례 중수되었다. 공묘孔廟에 대성전大成殿이 있듯이 맹묘孟廟에는 주 건축물인 아성전亞聖殿을 비롯해 아성전 주변으로 회랑이 둘러져 있고, 구름과 용이 새겨져 있는 석주石柱가 서 있다. 또 아성전은 전체가 푸른색의 기와로 되어 있는데, 건물의 높이는 약 17m에 이른다. 공묘의 대성전과 비교해 볼 때, 아담하면서도 형상이 세밀한 것이 특징이다. 맹묘孟廟 경내에는 각 시대의 석상이나 고종古鍾 등이 있다.

맹묘孟廟 이외에도 맹자의 후손들이 살고 있는 맹부孟府가 있으며, 맹자와 그 어머니 및 맹자 후손인 맹손孟孫 · 계손季孫 · 숙손叔孫 등이 묻힌 맹림孟林이 남아 있다.

시가지 서북쪽에는 철산鐵山 및 강산崗山의 마애석각이 있고, 공자孔子・맹자孟子・진시황秦始皇・한무제漢武帝가 방문한 적이 있는 역산嶧山 등의 사적이 있다. 역산에는 진시황 칠각석七刻石의 하나가 있었다고 한다. '맹묘孟廟・맹부孟府' 및 '철산鐵山 및 강산崗山의 마애석각' 은 전국중점문물보호단위로 지정되었다.

2. 태산泰山

태산泰山은 중국 산동성山東省 중부의 제남역성濟南歷城・장청長淸・태안泰安에 걸쳐 있는 산으로, 해발고도 1524m, 총면적 426㎢로, 주봉은 천주봉天柱峰 옥황정玉皇頂이다. 태산泰山의 옛 명칭은 대산岱山 또는 대종岱宗이며, 춘추시대 때에 처음으로 태산泰山이라 불렀다. 태산泰山은 중국의 5악五岳 중 동악東嶽으로, '오악지장五岳之長'・'오악독존五岳獨尊' 이라 불린다.

태산泰山의 암벽에는 여러 시대에 걸쳐 제자題字・경문經文・시문詩文 등이 여러 서체로 새겨져 있어, 서법書法의 보고이기도 하다.

태산은 공자의 고향 곡부와는 81㎞, 한 시간 정도의 거리에 있어 공자가 가장 좋아했던 산으로, 공자는 태산에 올라 "태산에 오르니 천하가 작게 보인다登泰山而小天下"라고 하였다. 태산에는 지금도 '공자등림처孔子登臨處' '공자소천하처孔子小天下處' 등의 공자를 기념하는 유적이 남아 있다.

1987년 UNESCO에서 세계문화유산과 세계자연유산으로 지정되었다.

1) 태산泰山 대묘岱廟

대묘岱廟는 태산의 입구에 위치하고 있는 총면적 9.6ha에 달하는 대규모의 묘당廟堂이다. 대岱는 태산의 별칭이어서 대묘岱廟를 태산전泰山殿이라고도 하며, 태산의 산신인 '동악대제東岳大帝'를 받들기 때문에 동악묘東岳廟라고도 한다.

대묘岱廟는 진시황 이래 중국의 역대 72명의 황제들이 태평성대를 기원하기 위해 하늘과 땅에 봉선封禪 의식을 행하고 태산의 산신에 제사를 지내던 곳이다. 태산이 중국인들에게 정신적인 고향임을 말해주고 있다.

태산을 대종岱宗 · 태악太岳이라고도 하며, 산기슭에서 정상까지 9km정도의 거리로, 7,412개의 돌계단이 정상까지 놓여 있다. 산꼭대기에는 태산 최고의 여신 벽하원군碧霞元君을 모신 사당이 있는데, 1008~1017년 창건한 5칸 8각 모양의 산악사원이다.

이외에도 역대 예술가들이 새긴 비석과 봉선의식을 기록한 비석들이 있어, 석조예술의 보고이기도 하다. 특히 진秦나라 재상 이사李斯가 전서篆書로 쓴 〈태산각석비泰山刻石碑〉도 잘 보존되어 있다.

대묘岱廟 북쪽에 북경 고궁의 태화전太和殿 · 곡부의 대성전과 비견되는 중국 3대 건축물의 하나인 천황전天貺殿이 있다. 이 천황전天貺殿

은 정면7간 겹처마의 황유리 기와지붕으로 된 장대한 건물인데, 북송北宋 대중상부大中祥符 2년(1009년)에 창건되었다가 이후 여러 차례 화재로 훼손되었고, 지금의 건물은 1668년 청나라 강희제康熙帝 때에 재건한 것이다. 전내殿內의 중앙에는 태산신泰山神의 소상塑像이 있고, 동쪽 · 북쪽 · 서쪽의 세 벽면에는 가로 62m, 세로

3.3m나 되는 〈태산신계필회란도泰山神啓蹕回鑾圖〉라는 제목의 벽화가 그려져 있다.

천황전天貺殿 경내에는 오랜 고목들이 서 있는데, 그 가운데 한漢 무제武帝가 심었다는 다섯 그루의 한백漢柏, 즉 측백나무 고목이 2천여 년의 세월을 이겨내고 지금도 남아있다.

천황전 뒤의 동정銅亭에서 바라보는 태산도 일품이다.

●**봉선封禪**

천자天子가 흙으로 단壇을 만들어 하늘에 제사지내는 제사를 봉封이라 하고, 땅을 깨끗이 하여 산천에 지내는 제사를 선禪이라 한다.

황제가 즉위하였을 때 하늘의 명을 받아서 중국을 통치한다는 정당성을 드러내기 위해 하늘과 땅에 제사를 지내는 의식으로, 태산에서 행한 국가적 제전이었다.

최초로 봉선한 것은 BC 219년 진시황秦始皇이었으며, 한漢나라 무제武帝 때부터 대규모 정치적인 제사가 되었다. 역대로 태산에서 봉선을 행한 제왕은 72명이나 된다.

3. 치박淄博

중국 산동성山東省 중부, 제남濟南에서 동쪽 110㎞ 지점에 위치하며, 치박시의 총 면적은 5,966㎢이다. 온대계절풍 기후에 속하고, 4계절이 뚜렷하며 연평균 기온은 13.9℃이고, 연강우량은 575.4~686.7㎜이다. 총인구 421만 명(2009년), 도시인구는 273만 명이다.

신흥 공업도시로, 지하 광산자원이 풍부하여 석탄 · 도자기 · 비단이 주요 산업이다. 7개 광구로 이루어져 있는 치박淄博 탄광은 산동성 최대의 탄광으로, 코크스와 연료용 석탄을 캐고 있다. 수隋나라 때부터 생산되기 시작한 도자기와 유리는 이 지방의 특산물로, 현재도 유리세공으로 유명할 뿐만 아니라 중국 5대 도자기 생산지역의 하나이기도 하여, 치박중국도자박물관淄博中國陶瓷博物館이 있을 정도이다. 이밖에도 강철 · 기계 · 알루미늄 등의 공업이 발달하였다.

치박淄博의 역사도 유구하다. 서주西周에서 춘추전국春秋戰國시대까지 800여 년 동안의 제齊나라 수도였던 치박은 제나라 문화의 발상지이다. 당시 동방 최대의 도읍지 중 하나로, 정치 · 경제 · 문화의 중심지였다. 치하淄河 가에 있었으므로 당시는 임치臨淄라 불렀다.

치박淄博이란 이름은 1927년 처음 사용되었고, 1945년 중일전쟁 이후에는 치산淄山 · 박천博川 두 탄전을 합병하여 치박淄博 특구를 설치하였고, 1952년에 시로 승격되었다.

치박淄博은 역사가 유구하고 걸출한 인물들이 많이 태어난 고장이기도 하다. 중국뿐만 아니라 외국에도 많이 알려진 《요재지이聊齋志異》라는 유명한 단편소설집을 남긴 청淸의 문학가 포송령蒲松齡의 고거故居도 치박淄博에 있다.

치박淄博은 중국의 역사 문화 도시여서, 문화유적이 많다. 중국 제齊나라의 시조로서 태공망太公望이라고 불리는 강태공사당姜太公祠과 말과 마차의 화석이 발견된 고차박물관古車博物館 · 임치묘군臨淄墓群 · 순마갱殉馬坑 등이 있다.

1) 임치묘군臨淄墓群

치박시淄博市 임치구臨淄區에는 156 기의 방대한 고분군古墳群이 있는데, 무덤의 주인은 대부분 제齊나라 임금과 한漢나라의 귀족들이다. 이 가운데에는 역사적으로 유명한 인물들의 무덤도 있는데, 대표적으로 춘추春秋 오패五覇의 한 사람인 제齊 환공桓公과 경공景公의 묘가 있고, 제齊나라 재상으로서 이름을 날린 안영晏嬰과 관중管仲의 묘도 있다. 특히 제齊 환공桓公 묘의 흙 색깔이 다른데, 장례 때에 각 제후들이 자기 나라 흙을 가져와 뿌려서 그렇다 한다.

또 '이도살삼사二桃殺三士'의 주인공 공손접公孫接·전개강田開疆·고야자古冶子 세 사람을 합장한 무덤도 있다.

●이도살삼사〔二桃殺三士 : 복숭아 두 개로 무사武士 셋을 죽임〕

《안자춘추晏子春秋》에 나오는 이야기를 옮기면 다음과 같다. 중국 제齊나라 경공景公은 전개강田開疆·고야자古冶子·공손접公孫接 등 용맹스런 세 선비를 두었지만 이들은 나라에 공이 있어 높은 지위에 오르자 교만하기 짝이 없었다. 안자(晏子 : 안영)가 꾀를 써서 그들을 제거하려고, "만수금도萬壽金桃라는 복숭아 세 개를 보내 온 고로 짐이 하나를 먹으니 맛이 아주 좋아 경들에게 주려 하오. 그런데 두 개뿐이니 공이 큰 사람이 드시오." 전개강은 사냥 때에 호랑이와 이리로부터 대왕을 구해 준 것을 큰 공으로 믿고 복숭아 하나를 먹었다. 고야자는 동해에서 교룡蛟龍으로부터 대왕의 목숨을 구해 준 것을 큰 공으로 믿고 나머지 복숭아를 먹었다. 공손접은 초군 백만 명을 물리치고 대왕을 구한 것을 큰 공으로 믿었으나 복숭아를 얻지 못함을 부끄러이 여겨 스스로 목을 찔러 죽었다. 복숭아를 먹은 두 사람도 부끄러이 여겨 따라 죽었다. 모두 안영晏嬰의 계교計巧였다. 그런데 이 사건이 더욱 유명하게 된 것은 제갈량諸葛亮이 이들 세 사람의 무덤이 있는 탕음리蕩陰里를 지나다가 읊었다는 [양보음梁甫吟] 때문이라고 볼 수 있다. 걸어서 제나라 동문을 나가 멀리 탕음리를 바라보니 마을 가운데 세 무덤이 있는데 나란히 겹쳐 서로 꼭 같다. 이것이 누구 집 무덤이냐고 물었더니 전개강과 고야자라고 한다. 힘은 능히 남산을 밀어내고 문은 능히 지기를 끊는다. 하루아침에 음모를 만나 두 복숭아로 세 장사를 죽였다. 누가 능히 이 짓을 했는가 상국相國인 제나라 안자였다. 이도살삼사二桃殺三士는 기계奇計로써 사람을 자살自殺케 하는 일을 나타낸다.

2) 순마갱殉馬坑

치박淄博 고차박물관古車博物館은 중국 제일의 차마車馬 유적을 돌아볼 수 있는 박물관으로, 지하에는 춘추시대 전쟁에 사용하던 전차 10량과 말 32필을 발굴하여 전시하고 있고, 위층에는 고대 전쟁에 사용되었던 각종 전차를 복원하여 전시하고 있다.

순마갱殉馬坑은 치박시를 흐르는 치하淄河에 인접해 있는 순장 터로, 동주東周 제나라 임금의 묘 주위를 말굽 형으로 둘러싸고 있다. 1964년부터 1972년까지 약 84m를 발굴했는데, 양쪽으로 228필의 말이 늘어서서 매장되어 있었다. 길이와 깊이 등을 따져 계산해 볼 때, 약 600필의 말들이 순장된 것으로 보인다.

순마갱은 춘추시대의 최씨라는 왕의 묘지터로 추정되는데, 순마갱의 규모를 통해 당시 세력의 규모와 국력을 짐작할 수 있다.

중국에서 첫 번째로 꼽히는 차마車馬의 유적이어서 '중국 10대 고고학의 대발견'이라고 말한다.

제11장

중국의 명절과 음식문화

1. 전통명절
2. 국경일
3. 중국인의 음식문화

제11장

중국의 명절과 음식문화

풍속風俗이란 오랜 세월동안 답습해 오면서 이루어진 것이다. 일반적으로 풍風은 자연조건이 다름으로 해서 형성된 것이고, 속俗은 사회환경이 다름으로 해서 생긴 것이라 할 수 있다. 이렇게 생긴 풍속습관의 대표적인 것이 명절과 음식문화이다. 명절과 음식 문화는 나라마다 다르고 종류 또한 다양하다. 특히 중국의 명절과 음식문화는 오랜 세월에 걸쳐 형성되어 왔으므로 참으로 광범위하지만, 더러는 우리나라와 유사한 부분도 적지 않다.

1. 전통명절

1) 춘절春節

춘절春節은 중국 최대의 전통 명절로, 음력 정월 초하룻날을 일컫는다. 본래 한 해의 첫날 아침을 뜻하는 원단元旦 · 신년新年 등으로 쓰였다가, 1911년 신해혁명辛亥革命 때 양력을 채택하면서 당시 중화민국中華民國 정부에서 이 날을 춘절로 부르기 시작하였고, 1949년 9월 중국이 공식적으로 양력을 채택하면서부터 양력 1월 1일은 원단元旦, 음력 정월 초하루는 춘절春節로 굳어졌다. 중국정부의 규정으로는 음력 정월 초사흘까지 3일간을 휴가로 정하고 있지만, 지역에 따라 보름씩 계속되기도 한다. 중국에서는 납월(臘月 : 음력 12월)이 되면 벌써 새해를 맞이하려는 분위기가 충만하다. 이 춘절과 관련된 풍속은 다음과 같은 것이 있다.

●년화年畵 춘련春聯 복福자

춘절 하루 전인 음력 12월 30일에는 집을 깨끗이 치우고 년화年畵·춘련春聯·복福자 등을 붙인다.

년화年畵는 문신화門神畵에서 변형되어 나온 목판화로, 대문이나 거실 등에 붙였다. '아이가 잉어를 안고 있는 모습[娃娃戱魚]', '봄날의 황소[春牛]', '용선 시합[賽龍舟]' 등 종류도 다양하다. 요즘은 영화배우나 풍경을 그린 것도 있다. 문신화門神畵는 마귀를 쫓는 다는 의미가 내포되어 있다.

춘련春聯은 문에 붙이는 것으로 대련對聯·문대門對라고도 한다. 붉은 종이에 붓으로 쓴 것으로, 대對를 맞춰 한 연聯을 이룬 형식이어서 대련對聯이라 하였고, 이러한 글을 문에 붙인다 하여 문대門對라고 하였다. 붉은 종이는 즐거운 분위기를 고취시키고 아름다운 자구字句는 행복한 생활에 대한 희망을 나타낸다. 예를 들면,

"向陽門第春常在(햇볕 가득한 집안에는 늘 봄날이요)"

"積善人家慶有餘(선행 쌓은 가정에는 경사 넘쳐나네)"

복福자는 일반적으로 거꾸로 붙이는데, '거꾸로 되다'라는 의미의 중국어 '倒(dào)'는 '오다'라는 의미의 중국어 '到(dào)'와 발음과 성조가 모두 같다. 따라서 거꾸로 붙인 '福'자는 '복이 온다到福'는 뜻이다.

●제석除夕 · 수세守歲

음력 선달 그믐날 밤을 제석除夕이라 한다. '제석除夕' 이란 '선달 그믐날 밤을 제거한다', 즉 한해를 마감한다는 의미를 가지고 있다. 이때는 조상과 신령(神靈 : 대문신 · 부엌신 · 마당신 · 토지신 등)에게 향을 태우고 꽃과 음식을 차려, 새해의 평안과 가족의 무병 · 무사를 기원한다. 온 가족이 즐겁게 모여 풍성한 제야밥[除夜飯]을 먹고, 식후에는 식구들끼리 둘러앉아 환담을 하거나 유희를 하면서 밤을 새우는데, 이를 '까치설을 쇤다[守歲]' 고 한다.

●압세전壓歲錢 · 홍포紅包

제야밥을 먹은 후에 집안 어른이 자손들에게 붉은 종이에 싼 '홍포紅包' 라는 돈을 나눠주는데, 이를 압세전(壓歲錢 : 또는 압수전壓祟錢)이라고 한다.

과거에는 특히 어린이의 경우, 아이 나이만큼의 동전을 붉은 실로 꿰어 가슴 앞에다 걸어 주었는데, 이로써 사악한 기운을 누르고 귀신을 쫓을 수 있다고 생각했다. '압세전壓歲錢' 을 '압수전壓祟錢' 이라고 한 것은 '歲(suì)' 의 중국어 발음이 귀신의 화禍를 뜻하는 '祟(sùi)' 와 같

아, 압세전은 곧 '귀신의 화禍를 눌러 막는 돈壓祟錢' 이라는 뜻으로 받아들였기 때문이다. 오늘날에는 귀신이 싫어하는 붉은 색 봉투에 지전紙錢을 넣어 아이 옷 주머니에 넣어 준다. 우리의 세뱃돈과 비슷하다.

이 밖에 일반적으로 결혼 축의금과 같이 경사스러운 일에 쓰이는 돈도 붉은 봉투에 넣어 주는데, 이를 '홍포紅包' 라 하며, 최근에는 상여금 · 뇌물 등을 지칭하는 말로도 쓰인다.

●폭죽爆竹

제석除夕 자시(子時 : 12시)가 되면 집집마다 일제히 폭죽을 터뜨리는데, "묵은 해를 보내고 새 해를 맞이한다[送舊迎新]" 는 뜻으로, 이때 춘절의 분위기가 최고조에 달한다.

옛날 중국 사람들은 매년 봄이 오면 '年(nián)' 이라는 산귀신山鬼神이 전염병을 옮기는데, '年' 은 폭죽소리를 가장 두려워하여 폭죽소리를 들으면 산으로 도망간다고 생각하였다. 구년舊年을 보내고 신년新年을 맞는 춘절을 '過年(guònián)' 이라고도 하는데, 이 '過年' 의 '年' 과 산귀신山鬼神인 '年' 의 발음이 같아서, 산귀신山鬼神 '年' 을 쫓아낸다는 의미로 옛날 중국 사람들은 폭죽을 터트렸다고 한다.

대나무는 가열되면 폭발하여 소리를 내기 때문에 '폭죽爆竹' 이라 불렀다. 폭죽(爆竹 : bàozhú)은 발음이 '報祝(bàozhù)' 와 해음諧音이어서 '축복을 알리다報祝' 라는 의미를 상징한다고 보았다.

화약이 발명된 후에는 대나무에 화약을 넣어 소리를 좀 더 크게 하였다가, 훗날 종이 상자에 화약을 넣어 소리도 크고 불꽃도 아름다운 폭죽을 만들었는데, 이것을 '鞭炮(biānpào)' 라고 불렀다. 결혼과 같은 경사가 있을 때 기쁨을 나타내기 위해 폭죽을 터뜨리는데, 최근 북경 등 대도시에서는 화재와 환경오염 등의 우려로 사용을 제한하고 있다.

●교자餃子 · 년고年糕 · 탕원湯圓

제석 자시(子時 : 12시), 즉 신년新年 0시가 되면 사람들은 교자를 먹는데, "구년舊年과 신년新年이 자시子時에 교체된다[更歲交子]"는 뜻을 취한 것이다. 餃子(jiǎozi)라는 명칭도 更(gēng) 歲(suì) 交(jiāo) 子(zǐ)에서 비롯된 것으로, '交子(jiāozǐ)'와 餃子(jiǎozi)가 해음諧音이어서 '更歲交子'는 곧 '更歲餃子(나이 먹는 만두)'의 의미가 된다. 우리나라의 떡국과 같다고 하겠다.

춘절 새벽, 북방사람들이 교자를 먹는 것처럼 남방 사람들은 년고年糕와 탕원湯圓을 먹는다. 년고年糕를 먹는 것은 춘추시대 소주蘇州 일대에서 시작된 풍습이라 한다. 년고는 쌀가루 · 찹쌀가루 등을 쪄서 네모난 덩어리 형태로 만든 떡으로, 밀가루나 콩가루를 섞어 만들기도 한다. 북식과 남식 두 종류가 있으며, 남식은 광동廣東 · 소주蘇州의 것을 최고로 친다. '년고年糕'는 '年高(niángāo)'와 해음諧音이어서 '해마다 좋아진다[年年升高]'라는 의미를 지닌다.

탕원(湯圓, tāngyuán)은 찹쌀 가루나 쌀가루를 반죽하여, 설탕 · 엿 · 깻가루 등의 소를 넣고 둥글게 만든 것이다. '湯圓(tāngyuán)'은 '團圓(tuányuán)'과 해음諧音이어서 "온가족이 단란하게 한데 모인다[全家團圓]"는 의미를 나타낸다.

●빠이니엔拜年 · 꿍시파차이恭喜發財

신년 아침식사를 마친 후, 친척이나 친구들 집에 '세배[拜年]'를 다니면서 서로 새해에 만사가 여의 하기를 기원한다. 세배는 며칠씩 계속되며, 서로 만났을 때 "恭喜恭喜(gōngxǐ gōngxǐ)!"라고 하여, 지난해의 평안과 수확을 경축하고, 미래의 행복을 축원한다. "恭喜發財(gōngxǐ fācái)"는 "삼가 돈 많이 벌기를 축원한다"라는 뜻이어서, 돈에 관한 중국인의 높은 관심을 알 수 있다. '돈 많이 벌다發財'를 떠올리게 하는 '發(fā)'와 발음이 숫자 '八(bā)'와 비슷하다는 이유로 숫자 八(bā)을 좋아하는데, 전화번호나 자동차 번호 중 8888번은 고액의 웃돈이 붙어 팔리기까지 한다.

춘절春節 기간 각지에서는 모두 그 지역의 전통적인 문화 · 오락 활동을 하는데, 사자獅子 춤 · 용등龍燈 춤 · 나무다리 춤이 가장 보편적이다.

춘절에는 불길한 말을 하거나 물건을 깨뜨리는 것을 금기로 여긴다. 실수로 물건을 깼을 때, 중국인들은 '부수다'는 뜻의 '碎(suì)'자와 해음諧音인 '歲(suì)'자를 인용하여 "해마다 평안 하소서(歲歲平安 suìsuì píngān)"라고 전화위복轉禍爲福을 비는 기지를 발휘하기도 한다.

2) 원소절元宵節

정월 보름날이다. 이날을 상원절上元節 또는 등절燈節이라고도 한다. 이날은 원소元宵를 먹고, 채색 등을 구경한다. 전하는 바에 의하면 한漢나라 때, 권력을 찬탈하였던 여후呂后가 죽고 난 뒤 주발周勃 · 진평陳平 등의 사람들이 여씨呂氏의 일족을 몰아내고 유항劉恒을 세워 천자로 삼았는데, 이 사람이 문제文帝이다. 문제는 여씨 일족을 몰아낸 이날이 정월 보름이었기 때문에 이날 밤 변복하고 궁문을 나서 백성들과 함께 즐기면서 이날을 기념하였다 한다. 당대唐代 이후부터는 조정에서 매년 이날 등불을 켜고 국태민안國泰民安을 기원했는데, 이것이 민간으로도 전해져 지금까지 이날 밤에는 등불놀이를 하고 있다. 원소절과 관련된 것으로는 아래와 같은 것이 있다.

●원소元宵

찹쌀가루로 반죽하여 설탕 · 엿 등의 소를 넣고 동그랗게 싼 것으로, '단원團圓' 을 상징하는 것이다. 곧 정월 대보름에 먹는 탕원湯圓이라 하겠다.

●등절燈節

등불놀이는 서기 1세기 한漢나라 때 시작되어 오늘날에 이르기까지 여전히 각지에서 성행하고 있다. 각 도시의 등불회에 전시된 각종의 채색등彩色燈은 그 형태가 다양하고 신기하다. 동북쪽의 추운 지방에서는 얼음으로 만든 성城을 비롯하여 갖가지 얼음 조형물을 만들어 그 속에 등을 켜기도 한다. 어떤 때는 채색등彩色燈에 수수께끼를 매달고 맞추는 사람에게 경품을 주어, 명절 분위기를 한층 더 북돋운다. 이를 '猜燈(cāidēng)' 이라고 한다. 예를 들면 '세계에서 미인美人을 가장 우대하는 나라는?' 과 같은 것인데, 답은 이스라엘이다. 왜냐하면 중국어로 이스라엘을 '以色列(yǐ sè liè)' 이라고 음역하였는데, '以色列' 이라는 자구는 '미색美色 순으로 줄을 세우다' , 곧 미인을 우선한다는 의미가 되기 때문이다. 농촌에서는 주로 불꽃놀이 · 사자 춤 · 용등 춤 · 그네뛰기 등의 오락 활동을 한다.

●사자獅子 춤

사자춤은 중국 각지에 유행하는 민간 무도舞蹈로 형식과 무법舞法이 다양하다. 일반적으로 2인이 사자로 분장하고, 1인이 무사로 분장하여 채색공을 가지고 사자를 유도하며 논다. 사자는 문文·무武 두 종류가 있어 각기 사자의 유순함과 용맹함을 표현한다.

●용등龍燈 춤

이 역시 중국의 오래된 민간 무도이다. 용무龍舞라고도 하는데, 사람들의 즐거운 심정을 표현하였다. 용은 말의 머리·사슴의 뿔·뱀의 몸·닭의 발톱을 지닌 전설 속의 신비한 동물로, 길상吉祥의 상징이다. 용등은 일반적으로 대나무·나무·종이 등으로 만들어 뱃속에 등불을 밝힐 수 있게 한 것도 있고, 등불을 밝힐 수 없으나 춤추기에 편리하게 천으로 만든 것도 있다.

3) 한식절寒食節과 청명절淸明節

동지冬至 후 105일이 되는 날이 한식절, 이틀 뒤가 청명절이다. 이 두 명절은 춘추시대 진晋 문공文公인 중이重耳가 개자추介子推를 애도한데서 비롯된다.

B.C 655년, 중이가 왕위에 오르기 전 계모의 음모를 피하기 위하여 개자추 등의 대신들과 외국에서 떠돌이 생활을 하면서 많은 고충을 겪었다. 어느 날 중이가 굶주려 땅에 쓰러지자 개자추는 자신의 허벅다리 살을 베어내 중이에게 삶아 주었다. 19년 뒤, 중이는 자기 나라로 돌아와 왕위에 올라 공신들에게 상을 주었지만, 개자추만은 잊어버리고 아무런 상을 내리지 못했다. 개자추는 자신의 공을 다투기가 싫어 어머니와 함께 면산綿山으로 은거해버렸다. 진 문공은 이 사실을 알고 난 후, 친히 면산으로 가서 그를 찾아보았지만 찾을 수가 없

었다. 진 문공은 개자추가 효자라는 것을 알고서 산에다 불을 지르면 개자추가 자기 어머니를 위해서라도 산에서 내려올 것이라고 생각하고 산에 불을 질렀지만 결국 개자추 모자는 큰 버드나무를 꼭 끌어안고 불에 타 죽어 있었다. 버드나무의 구멍 속엔 정치를 청명淸明하게 해 달라는 간곡한 부탁을 옷깃에 혈서로 쓴 것이 있었다. 문공은 개자추를 추모하기 위해 산에다 불을 지른 그 날을 한식절로 정하고, 이날만은 불을 지피지 말고 찬밥을 먹도록 하고, 이틀 뒤를 청명절로 정하였다.

그러나 대략 당 · 송대 이후부터 사람들은 한식절에서 청명절까지의 3일 안에 성묘를 하고 조상에 대한 애도를 표시하였고, 또 지금은 혁명 열사의 묘나 기념비에 성묘하거나 헌화하기도 한다.

청명淸明 때가 되면 날씨가 따뜻해지고 초목이 소생하므로, 성묘하러 교외로 나온 김에 들놀이를 가거나 연을 날리며 봄빛을 즐긴다. 이를 '답청踏靑'이라고 한다.

4) 단오절端午節

음력 5월 5일이 단오절이다. 단오절은 원래 고대 중국 민족의 전설상의 조상으로 여겨왔던 용을 제사하는 용자절龍子節이었는데, 후대 사람들은 이날을 굴원屈原이 조국인 초楚나라를 위해 충성을 다했지만 끝내 비방과 참소를 받아 멱라강汨羅江에 몸을 던져 죽은 것에 연관시켜 굴원을 기념하는 날이 되었다. 굴원이 멱라강에서 자살했을

때, 그 지역 사람들은 그 소식을 듣자마자 물고기들이 굴원의 시체를 뜯어먹을까 걱정하여 찹쌀을 댓잎에 세모나게 싸서 찐 종자粽子라는 것을 던지며 북과 꽹과리를 치면서 배를 타고 시체를 찾았다 한다. 후세에 와서도 이러한 모습을 이어받아 단오절이 되면 종자粽子를 제물祭物로 강에 던지며 용선龍船 경기를 하고 있다.

단오절에 얽힌 또 다른 설도 있다. 즉, 음력 5월이면 날씨가 더워져 뱀과 해충 등이 번성하므로, 옛 사람들은 전염병에 잘 감염되었다. 따라서 5월을 '나쁜 달[惡月]' 이라 여겼고, 5월 5일은 더욱 불길하여, 이 날 태어난 아들은 아버지를 해치고 딸은 어머니를 해친다고 여겨 아이를 버리는 습속까지 있었다. 사람들은 재앙과 병을 없애고, 복을 맞기 위해, 이 날 대문에 창포를 꽂고 부적을 붙이며, 몸에 향낭을 차고 웅황주雄黃酒를 마신다.

단오절과 관련된 것으로는 다음과 같은 것이 있다.

●웅황주雄黃酒

창포菖蒲 뿌리를 잘게 썰어 볕에 말려서 약간의 웅황雄黃에 버무려 백주白酒에 담가 만든 술이다. 단오절端午節 오시午時가 되면 이 술을 조금 마시며, 먹고 남은 술은 아이들의 이마 · 코 · 볼 · 귀 등에 발라준다. 특히 이마에는 호랑이 무늬를 본따 '왕王' 자를 써 주는데 이를 '화액畵額' 이라고 한다. 술로써 소독消毒하는 한편 백수百獸의 왕 호랑이의 위엄을 빌어 나쁜 기운을 막으려 하였던 것이다. 또한 침상寢床 주변에 술을 뿌려 구충驅蟲과 소독을 하였다.

●굴원屈原

전국시대 초楚나라 사람인 굴원은 정치가이며 위대한 애국 시인이다. 그는 초왕에게 부패한 정치에 대한 개혁을 수차 건의하였으나 받아들여지지 않았고, 오히려 간신들의 모함을 받아 유배당했다. 기원전 278년 진나라 군대가 초나라 도읍을 공략하자, 굴원은 비분 강개하여 5월5일 멱라강汨羅江에 투신자살하였다고 전해진다. 당시 강가에 살던 백성들이 비통한 심정으로 다투어 배를 저어 그의 시체를 건지려 하였으나 허사였다고 한다.

그 후 매년 이날이 되면, 사람들은 강에서 배를 띄워 굴원에 대해 애도의 뜻을 표하는 동시에, 참대통에 쌀을 담아 강에 던져 그에게 제사 지냈다.

●용주경도龍舟競渡

5월 5일 배를 띄우던 풍습이 하나의 민간 체육 활동으로 발전한 것이 '용주경도' 이다. 각 고을을 대표하는 청년들이 형형색색의 용주를 타고 경주競走를 하는 것이다. 용주의 선수船首 부분에는 용머리 위에서 도착점에 꽂힌 기旗를 뽑는 기수旗手, 북을 쳐 힘을 돋우는 고수鼓手가 타고, 배 중간에는 노를 젓는 여러 명의 선원이, 선미船尾에는 키를 잡는 조타수操舵手가 탄다. 이 용주 경주에는 고을의 수장首長과 백성뿐만 아니라 평소 바깥출입을 않던 부귀권문富貴權門의 부녀자까지 참석하여 성황을 이루었다. 용주 경주는 단오절의 전통 행사가 되었다.

●종자粽子

굴원이 죽은 후 동한東漢 광무제光武帝 때 장사長沙의 우회區回란 사람이 강가에서 굴원을 우연히 만났는데, 굴원은 그에게 "당신들이 나에게 준 음식은 모두 용왕이 빼앗아 갔소, 앞으로는 참대잎으로 싸서 오색실로 묶어 주오. 용왕이 이 두 가지 물건을 가장 무서워하니까" 라고 하였다 한다. 그후로 사람들은 찹쌀을 대나무 잎이나 갈대 잎으로 싸서 종자粽子를 만들어, 강에 던져 넣고 굴원을 기렸다고 한다. 현재 종자는 단오절의 전통음식이 되었다. 종자는 대체로 단맛과 짠맛이 나는 두 종류의 것이 있는데, 속에 넣는 소에 따라 맛이 달라진다. 종자의 소로는 오리고기 · 닭고기 · 달걀 · 생선살 · 훈제고기 · 새우 · 조갯살 · 은행 · 잣 · 깨 · 버섯 · 밤 · 땅콩 등 여러 가지가 있다.

5) 칠석절七夕節

음력 7월 7일이다. 7월 7일 저녁은 견우성과 직녀성이 서로 만나는 밤이라 하여 여자들은 오색실을 매어서 칠공七孔바늘에 끼워 술과 과일을 뜰에 차려놓고 직녀에게 재주를 빈다고 한다. 또 이 시기는 우기雨期여서 비가 많이 오는데 사람들은 바로 견우와 직녀가 만나 눈물을 흘리는 것이라고 생각하기도 한다.

6) 중추절仲秋節

음력 8월 15일, 즉 8월 보름이다. 우리나라의 추석이다. 가을의 중간에 있어 중추中秋라 하였다. 중추절을 또 단원절團圓節이라고도 한다. 고대 황제들은 봄에는 태양에, 가을에는 달에 제사를 지냈다고 한다. 한漢 · 위魏 이래로 달에 제사하던 풍속에서 점차 달을 감상하는賞月 풍속이 생겨나 당대唐代에는 달을 감상하는 풍습이 크게 유행하였다. 북송北宋 때에 8월 15일을 중추절로 정하였다. 민간에서는 이날 달이 뜨면, 주부가 집안 여자들을 이끌고, 정성 들여 만든 월병月餠으

로 달에 제사를 지낸다. 월신月神이 여신이기 때문에 남자들은 참석할 수가 없다.

●월병月餠

제사 후 주부는 가장 큰 월병을 가족 수에 맞추어 잘라, 온 가족이 나누어 먹는다. 그 자리에 참석치 못한 가족의 몫은 남겨두었다가 그가 집에 돌아오면 먹게 한다. 월병은 밀가루 · 기름 · 설탕 등으로 만든 떡에 달걀 노른자 · 과일 등의 다양한 소를 넣어 만드는데, 요즘은 아이들의 입맛에 맞추어 소시지나 햄을 소로 쓰기도 한다. 만드는 방법은 각 지방마다 다르지만 모양은 일반적으로 납작하며 둥글다. 둥근 모양은 '단원(온 가족이 단란하게 한데 모임)'을 상징한다. 따라서 월병은 중추절의 좋은 선물로 쓰인다.

7) 중양절重陽節

음력 9월 9일이다. 옛날엔 '육六'을 음수陰數로 하고 '구九'를 양수陽數로 하였는데, 바로 9월 9일을 두개의 양수인 9가 겹쳐있기 때문에 중양절이라 하였다. 옛사람들은 이날이 되면 높은 산에 올라가서 술을 마시는 습관이 있었는데, 그것은 비장방費長房이라는 사람이 그의 제자였던 여남汝南의 환경桓景에게 "9월 9일 자네의 집에 큰 재난이 닥칠 것이니 빨리 집으로 돌아가 집안사람들에게 붉은 주머니에 수유茱萸를 넣어 어깨에 메고 높은 산에 올라 국화주를 마시면 이 재난을 면할 것이다"라고 하자 환경이 그 말대로 하였다가 집으로 돌아와 보니 과연 집안의 개 · 돼지 · 닭 · 양들이 모두 죽어있었다는 것이다. 여기에서 사람들은 이날에 높은 산에 올라 국화주를 마시는 습관이 생기게 되었다.

국화는 서리를 이기고 피어나 향기로운 맛을 지니니 장수에 좋은

식물이고, 수유는 그 맛이 향기롭고 강렬하여 구충驅蟲·제습除濕 등에 쓰이는 약용 식물로, 옛사람들은 사악한 기운을 쫓는 신물로 여겼다.

중국인은 숫자 9를 매우 좋아한다. '九(jiŭ)'의 발음이 '久(jiŭ)'와 같기 때문에 '중구重九', 즉 '九九'는 '久久(오래오래)'의 뜻이 되는 것이다. 곧 중양절은 경치 좋은 곳에 올라가 나쁜 기운을 몰아내고 국화주를 마시며 오래오래 살기를 바라는 명절인 것이다.

8) 동지절冬至節

동지는 음력으로 11월 중순이고, 양력으로는 12월 21일에서 23일 사이에 있다. 옛날 중국 북방지방의 사람들은 이 날 양을 잡고 만두를 먹으며 연탄신에게 제사지내는 풍습이 있었다. 바로 연탄신이 인간에게 추위를 몰아내기 위해 석탄을 가져다준다는 것이다. 옛 사람들은 동지를 절기節氣의 기점으로 삼아 동지 이후부터는 날이 하루하루 길어지며 봄이 곧 오게 된다고 생각하였다.

9) 납일臘日

음력 12월 8일인데, 랍臘이란 원래 섣달에 지내는 제사의 이름이어서, 납일이란 섣달에 지내는 제사날이란 뜻이다. 또 8신에게 제사를 지낸다고 하여 납팔절臘八節이라고도 한다. 이날이 되면 납팔죽을 먹는다. 납팔죽은 쌀·좁쌀·찹쌀·수수쌀·팥·대추·호두·땅콩 등 8가지를 넣어 끓인 죽인데, 풍년을 상징한다.

2. 국경일

1) 부녀절婦女節

중국 부녀절婦女節은 양력 3월 8일이다. 1949년 중화인민공화국이 수립된 후 여성도 남자와 동등한 지위를 갖게 되었다. 오늘날 중국에서는 이 날 각종 기념행사를 거행하며, 여성들은 반나절 혹은 하루를 쉰다.

2) 노동절勞動節

중국에서도 국제 노동절인 5월 1일에 맞추어 노동절勞動節로 정하였다. 중국에서는 이날 모범 노동자를 선정하고 각종 경축활동과 연예활동을 거행한다. 중국인은 이 노동절이 끼여 있는 주일을 이용하여 많은 사람들이 국내외국여행을 한다. 바로 이때가 중국여행객이 우리나라를 찾는 성수기이기도 하다.

3) 아동절兒童節

6월 1일이 우리나라의 어린이날에 해당된다. 중국은 1949년부터 이날을 아동절로 정하고 우리나라와 마찬가지로 중국 어린이들도 부모님과 함께 공원 등에서 하루를 즐겁게 보낸다.

4) 공산당 창당일[建黨節]

7월 1일은 중국공산당 창당기념일이다. 1921년 7월 상하이에서 개최한 '중국공산당 제1차 전국대표대회' 를 기념하여 제정하였다. 이 날에는 중국공산당의 역사와 발전에 관한 갖가지 기념행사를 거행한다.

5) 건국 기념일[國慶節]

10월 1일이다. 1949년 10월 1일 중국공산당은 장개석蔣介石의 국민당을 대만으로 몰아내고 중화인민공화국을 정식으로 수립하였다. 매년 이 날 중국정부는 각종의 경축활동을 벌이며, 많은 중국인들은 노동절과 마찬가지로 건국 기념일이 낀 이 주일을 이용하여 국내외여행을 한다. 이때에도 중국여행객이 우리나라를 찾는 성수기이다.

이 외에도 우리나라의 식목일에 해당되는 식수절植樹節이 3월 12일, 어버이날에 해당되는 모친절母親節이 5월 둘째 주 일요일, 국군의 날에 해당되는 건군절建軍節이 8월 1일, 스승의 날에 해당되는 교사절敎師節이 9월 10일에 있다.

3. 중국인의 음식문화

1) 중국의 요리

유구한 역사 · 한반도의 44배나 되는 넓은 면적 · 뚜렷한 기후 차이 · 풍부한 산물 등으로 중국은 음식 문화가 극도로 발달된 나라이다. 세계의 유명요리 가운데 중국요리를 뺄 수 없는 이유가 여기에 있는 것이다.

우리는 흔히 "중국 사람들은 땅 위의 네 발 달린 것 가운데 탁자를 빼고 다 먹고, 물속에서 헤엄치는 것 가운데는 잠수함을 빼고 다 먹으며, 하늘을 나는 것으로는 비행기를 빼고 다 먹는다"고 한다. 그 만큼 중국 음식이 다양할 뿐만 아니라 중국인의 식도락을 고려한 농담일 것이다.

(1) 중국요리의 특징

중국요리의 특징은 색色·향香·미味·형形의 4박자를 고루 갖춘 요리이며, 재료·칼질·조미료·불의 강도를 통해서 최고의 요리를 만든다는 점이다.

중국요리의 특징 중 첫째는 식재료가 광범하다는 것이다. 해산물·산에서 나는 재료·동물·조류鳥類·식물·뱀·전갈 등 요리에 이용되는 재료는 3천 종류가 넘는다. 동물만 해도 고기뿐만 아니라, 내장·아킬레스건·껍질(돼지)·피(돼지, 닭)·귀(돼지)·뿔(사슴) 등 버리는 부분 없이 모두 이용된다. 뿐만 아니라 재료의 조합에도 세심한 주의를 기울인다. 재료의 성질·본래 지닌 맛·색·형태 등을 고려한 배합으로 맛있고·아름답고·풍성한 요리를 만들어 낸다. 예컨대, 찬 성질을 가진 '게' 요리에는 따뜻한 성질의 생강을, 독이 있는 '뱀' 요리에는 해독작용이 있는 '국화꽃'을 사용하는 것처럼 상호 조화를 고려한 식재료를 이용하는 것이다.

둘째는 정교하고 세밀한 칼질이다. 중국요리를 할 때에는 주로 큰 중화칼을 사용하여 정교한 칼질로 나비나 꽃 등과 같은 갖은 모양으로 조각하여 아름답게 장식하고, 또 세밀한 칼질로 조미료가 잘 베어 들게 하고 잘 익게 해서 먹기 좋도록 한다.

그리고 재료의 모양에 따라, '피엔(片 : 얇은 조각으로 썬 것)', '딩(丁 : 주사위 모양으로 자른 것)', '쓰(絲 : 결을 따라 가늘게 썬 것)', '모어(末 : 아주 잘게 간 것)' 하는 등의 다양한 방법으로 칼질을 한다.

셋째는 조미료 등을 이용하여 세심한 맛내기이다. 중국요리는 단맛甛·신맛酸·쓴맛苦·매운맛辣·짠맛鹹의 오미五味를 기본으로 하고, 거기에 온갖 조미료와 향신료를 조합하여 다양한 맛과 향을 창출해 낸다. 중국요리는 조미료와 향신료를 사용하는 순서에 따라 다양한 색과 맛 그리고 향을 만들어 낼 수 있다.

넷째로 불의 강약조절이나 시간조절 등을 통하여 다양하게 조리하는 방법이다. '짜(炸 : 다량의 기름으로 튀기는 것)', '빠오(爆 : 뜨거운 기름으로 살짝 튀기거나 뜨거운 물로 살짝 데치는 것)', '지엔(煎 : 약간의 기름을 두르고 부치거나 지지는 것)', '차오(炒 : 중간 불로 기름에 볶는 것)', '먼(燜 : 뚜껑을 닫고 약한 불에서 오래 끓여서 달여 내는 것)', '뚠(炖 : 주재료에 국물을 붓고 장시간 푹 고는 것)', '쩡(蒸 : 찌는 것)', '쉰(熏 : 연기로 쐬는 일종의 훈제방식)', '카오(烤 : 불에 직접 굽는 것)' 하는 방법 등 요리 방법이 다양하다.

특히 재료가 농익거나 설익지 않게 하면서도 식자재 고유의 맛을 살려서, 바삭바삭한 감촉[脆], 매끄러운 감촉[滑], 부드러우면서도 바삭바삭한 감촉[酥] 등 온갖 감촉의 맛을 만들어 내는 것도 불의 강도에 따른 프라이팬의 조작에 달려있다.

(2) 중국의 4대 요리

중국은 각 지방의 기후 · 풍토 · 산물 등의 특색에 따라 요리의 종류 · 조리방법 등이 다양하게 발전하여왔다. 따라서 중국요리는 재료 종류 · 조리기술 · 풍미특색의 차이에 따라 지역적 특성이 생기면서 몇 개의 요리계통이 형성되었다. 물론 중국요리는 그 계통을 나누기 어려울 만큼 많지만, 그래도 중국요리의 계통을 크게 나누어 보면 4가지로 나눌 수 있다. 우리는 그것을 보편적으로 중국의 4대요리라 한다. 중국의 4대요리란 일반적으로 산동山東 · 회양淮揚 · 사천四川 · 광동廣東 요리이다.

① 산동요리(山東菜 : 魯菜)

산동요리는 춘추전국시대 제齊나라와 노魯나라 요리에서 기원하여, 지금은 황하유역 중하류와 북방지역 및 동북지방까지 영향을 미치는 북방요리의 대표이다. 산동요리는 재료의 선택이 광범위하여 금수禽獸 및 해산물을 많이 사용하며, 조미료에 의한 맛보다는 재료 본래의 맛을 중시한다. 강한 불로 재빨리 볶아서 만드는 요리가 많아 맛이 비교적 짜고 담백하며 느끼하지 않은 것이 특징이다. 탕湯 종류가 많은 것도 한 특징이다. 우리나라에 사는 화교들은 대부분 산동출신이기 때문에, 우리나라의 중국요리는 대부분 산동요리의 영향을 받았다고 보면 될 것이다. 대표적인 산동요리는 '京醬肉絲(징쟝로우쓰)' · '古老肉(구라우로우)' · '醬爆鷄丁(쟝파우지딩)' · '糖醋里脊' (탕추리지)' 등이 있다.

② 회양요리(淮揚菜 : 江蘇菜)

회양요리는 장강 하류지역의 요리를 총칭한다. 상해 · 양주揚州 · 소주蘇州 · 남경南京 등의 요리가 회양요리계통이다. 식재로는 돼지고기와 회하淮河와 장강長江의 풍부한 민물고기를 위주로 하며, 담백한 맛을 추구하지만 설탕을 많이 사용하여 맛이 달콤한 것이 특징이다. 회양요리는 또 요리의 색과 모양을 매우 중시하고, 원즙과 원국물의 재사용을 중시한다. 대표적인 요리로는 '无錫排骨(우시파이구우)', '銀菜鷄絲(인차이지쓰)', '菊花魚(쥐화위)' '양저우차오판(揚州炒飯)' 등 생선요리와 볶음밥 등이 있다.

③ 사천요리(四川菜 : 川菜)

전국시대 때 파촉巴蜀요리로부터 기원하였다. 중국의 서부인 운남雲南 · 사천四川 등은 바다가 멀고 더위와 추위가 심한 산지여서 기름지지 않고 혀를 얼얼하게 하는 독특한 매운맛이 특징이다. 이러한 산지지역의 악천후를 이겨내기 위하여 매운고추 · 산초 · 생각 · 마늘 · 파 등의 향신료를 많이 쓴 매운 요리가 발달하였다. 또 습기가 많고 산지이기 때문에 식품을 쉽게 저장하기 위해 절임 류가 발달하였다. 대표적인 음식으로는 '麻婆豆腐(마파또우푸우)' · '羊肉鍋子(양러우궈쯔)' · '辣子鷄(라쯔지)' · '干燒明蝦(간사오밍샤)' 등이 유명하다

④ 광동요리(廣東菜 : 粵菜)

광동지역은 동남연해에 위치하여 기후가 온화하고 재료가 풍부하다. 광동요리는 광주廣州 · 조주潮州 · 동강東江 요리로 구성되어 있으나 광주요리가 대표적이다. 광동요리는 풍부한 해산물을 이용한 해산물 요리와 함께 상어지느러미 · 제비집 · 녹용 등 특수재료 뿐만 아니라 뱀 · 쥐 · 고양이 · 거북이 · 원숭이 등 매우 다양한 재료를 사용하며, 조리기술도 다양하여 다양성에서 중국요리를 대표하는 요리이다. 그래서 "음식하면 광주에 있다食在廣州."라는 말이 있을 정도이다.

광동에서 가장 유명한 요리는 뱀 요리로 2천여 년의 역사를 가지고 있으며, 특히 '용호투龍虎鬪' 라는 요리는 유명하다. '용호투龍虎鬪' 는 사향고양이와 뱀 · 닭을 주재료로 하여 온갖 양념을 배합하여 만든 요리이다. 사향고양이가 사스(SARS) 바이러스를 퍼뜨린다는 사실을 확인한 후 2003년부터 사향고양이의 거래를 금지시켰다.

이상의 '4대 요리' 외에 북경에도 유명한 요리가 많다.

북경은 북방지방의 주식인 밀가루를 이용한 면麵 종류와 만두 같은 음식이 발전하였고, 또 원대元代에서부터 지금까지 800여 년간 중국의 수도여서 궁중요리를 비롯하여 각 지방의 유명한 고급요리들이 모여들어 가장 사치스러운 요리문화를 이룩한 곳이다. 지리적으로 북경은 추운 북방에 위치하여 높은 칼로리의 육류를 중심으로 강한 화력을 이용하여 짧은 시간에 조리하는 '짜(炸 : 튀김)' · ' 차오(炒 : 볶음)' 하는 요리가 특징이다.

북경의 대표요리는 오리 통구이 요리인 '北京烤鴨(베이징카오야)' 와 양고기 샤브샤브인 '涮羊肉(쑤안양로우)' 등이다.

2) 중국의 술[15]

중국은 세계에서 가장 먼저 양조기술을 발달시킨 나라 중의 하나이다. 지금으로부터 약 5천년 전부터 술을 빚었다. 술의 종류도 많아, 일찍이 1천 년 전에 이미 황주黃酒 · 향화주香花酒 · 약주藥酒 · 포도주葡萄酒 등 여러 종류가 있었고, 지금에 와서는 국제적으로 이름난 명주를 많이 가지고 있다. 1915년 파나마의 만국박람회에서 메달을 딴 마오타이주茅台酒 · 펀주汾酒 등이 바로 그러한 술이다.

종 류	특 징	술의 종류
白酒 bái jiŭ	곡물 및 전분이 많은 농산물을 발효시킨 후 증류하여 만든다. 청주처럼 투명한 색과 깨끗한 맛 · 향기 등이 특징이다. 높은 도수(40도 이상) · 중간도수(20~40도) · 낮은 도수(20도 이하)의 술이 있다.	高粱酒(白干兒) gāoliáng jiŭ (báigār) 大麴酒 dàqū jiŭ 茅台酒 máo tāi jiŭ 汾酒 fén jiŭ
黃酒 huáng jiŭ	壓榨酒(yāzhàjiŭ)라고도 하며 탁주에 해당하는 발효주이다. 찹쌀 · 기장 등의 곡물을 원료로 누룩에서 발생하는 곰팡이균 · 효모균 · 세균 등을 이용하여 만든 낮은 도수의 술로 보통 12~18도이며 황색이나 붉은 빛을 띤 황색의 술이다. 4천년의 역사를 가지고 있으며 색깔 · 산지 · 맛 · 양조법에 따라 술의 이름이 다양하다.	紹興酒 shàoxìng jiŭ
果酒 guŏ jiŭ	당분이 많은 과일을 주원료로 빚은 15도 내외의 술로 2천2백년의 역사를 가지고 있다.	煙台 紅葡萄酒 yántāi hongpútaojiŭ 青島 白葡萄酒 qīngdăo báipútaojiŭ
藥酒 yào jiŭ	美酒(mĕijiŭ) · 露酒(lùjiŭ)라고도 하며 백주 · 황주 · 과일주 중에 인삼 · 오가피 · 호랑이뼈 · 오미자 등 한약재를 넣은 후 양조과정을 거쳐 빚은 술인데, 독특한 맛과 향을 낸다.	竹葉青酒 zhúyèqīng jiŭ 五加皮酒 wŭjiāpí jiŭ
啤酒 pí jiŭ	맥아와 홉을 주원료로 하여 만든 맥주로 이산화탄소를 함유하고 있으며 쌀 · 옥수수를 함께 사용하기도 한다. 도수는 2~7.5도이며 역사는 3천2백여 년이지만, 19세기 독일의 조차지였던 青島(qīngdăo)에서 발달하였다.	青島啤酒 qīngdăo píjiŭ 五星啤酒 wŭxīng píjiŭ
配制酒 pèizhì jiŭ	배합주로, 백주나 식용 에탄올을 재료로 만든다.	약주 이슬주

15) 조성환 · 노장시, 동양관광문화의 이해, 백산출판사, 2003.

중국의 술은 일반적으로 백주白酒 · 황주黃酒 · 포도주葡萄酒 · 과일주果酒 · 맥주啤酒 · 배제주配制酒 등의 6가지로 분류되지만, 각각의 종류별로 수천 가지의 품격을 가지고 있어 상상을 초월할 만큼 그 종류와 가짓수도 다양하다.

●중국의 주법

① 중국 사람들은 술잔을 바꾸어 마시지 않는다.

② 중국 사람들은 첨잔하는 것이 예의로 되어 있다.

③ 중국 사람들은 상대방이 있는데서 혼자 술을 마시고 잔을 내려놓는 법이 없다.

④ 술 마실 때 '乾杯(gēnbēi)' 라고 말하면 다 비우어야 하고, 단숨에 마시지 못할 때 '半杯(bànbēi)' 라고 제안하여 반잔을 마시든가, '隨意(suíyì)' 라고 제안하여 마시고 싶은 만큼만 마신다.

⑤ 술을 마실 때 '碰杯(pèngbēi : 잔을 부딪치다)' 할 때는 상대방에 대한 예의로 자신의 잔의 위치를 상대방 잔 보다 낮게 부딪친다.

⑥ 돌아가는 원탁의 자리에서 술을 마실 경우, 건너편의 사람한테는 거리가 멀어서 잔을 부딪칠 수가 없으므로 술잔으로 원탁을 두드리는 것으로 대신한다.

⑦ 중국 식당에서 생선 요리가 나올 경우, 생선의 머리[魚頭]를 손님 중에서 지위가 가장 높은 사람 쪽으로 향하게 한다. 그러면 손님은 '어두주(魚頭酒 : yútóujiǔ)' 라고 해서 세 잔을 연거푸 마셔

茅台酒

五粱液

酒鬼

紹興酒

竹葉酒

야 하며, 거꾸로 생선 꼬리魚尾가 향한 사람은 네 잔을 마셔야 한다. 이를 '두삼미사頭三尾四' 라고 한다.

3) 중국의 차[16)]

중국인의 일상생활에서 빠뜨릴 수 없는 음료가 바로 차茶이다. 택시를 타도 운전수 옆에 차병이 놓여 있고, 엘리베이터를 타도 아줌마가 차병을 끼고 있으며, 기차를 타도 승무원이 주전자를 들고 승객들의 보온병이나 찻잔에 뜨거운 물을 따라주는 것을 볼 수 있다.

학교에서는 차를 우릴 뜨거운 물을 받기 위해 온수대[開水房] 앞에 학생이나 선생님들이 줄을 서서 기다리며, 공원을 산책하는 사람들조차도 차병을 가지고 다닌다. 게다가 가정에서는 손님을 접대할 때 제일 먼저 차를 내어오며, 어떤 차를 대접하느냐로 그 집의 부유함을 판단하기도 한다.

중국인들이 이처럼 차를 즐기는 이유는 차의 여러 가지 효능 때문이다. 차는 갈증을 해소해줄 뿐만 아니라, 텁텁한 맛을 내는 탄닌 성분이 위장의 소화 작용을 도우며, 카페인 성분이 머리를 맑게 해준다. 또한 각종 비타민이 다량 들어 있어 암 예방에도 좋다고 한다.

특히 니코틴을 희석하는 작용이 있다고 하니, 담배를 많이 피는 골초들에게는 차 마시기를 권한다. 그리고 살을 빼는 효과도 있다고 하니, 다이어트를 하는 여성들에게도 희소식이 될 것이다.

그러나 야간에는 차를 마시지 말아야 하고, 특히 하루 밤 지난 차는 마시지 말아야 한다. "하루 밤 지난 차는 그 독성이 독사와 같다隔夜茶, 毒如蛇"라는 말이 있듯이 몸에 지극히 좋지 않다.

16) 上同

중국에서 차를 마시기 시작한 역사는 유구하다. 진秦나라 때부터 차를 마셨다고 하는데, 당시는 '차茶' 라고 부르지 않고 '고도(苦荼 : 쓴 씀바귀)' 라고 하여 병을 고치는 약재로 인식되었으나, 점차 세월이 지나면서 차가 병을 고칠 수 있을 뿐만 아니라, 갈증을 해소할 수 있고, 또 향기가 좋아서 음료로도 쓰일 수 있다는 것을 알게 되면서 점차 약재의 개념보다는 음료의 개념으로 바뀌었다.

차의 중요성을 결혼과 관련시켜 "한 여자가 두 집의 차를 마시지 않는다一女不吃兩家茶" 라는 말이 있을 정도이다.

(1) 중국의 명차

제조 방법에 따른 차의 종류 :

① 녹차(綠茶 : lǜchá) : 고온에서 살짝 볶아 볕에 말린 것으로 엽록소를 그대로 함유하고 있어 잎새도 녹색을 띤다. 향기가 그윽하며 고소한 맛이 난다.

② 홍차(紅茶 : hóngchá) : 완전히 발효시키고 건조시킨 차이다.

③ 오룡차(烏龍茶 : wūlóngchá) : 찻잎을 꼬아 부분 발효시킨 것으로 복건福建이 주산지이다. 잎은 흑녹색이고 윤기가 나며 향이 중후하다. 홍콩 · 일본 등지에서는 묘조차(苗條茶 : miáotiáochá) · 미용차(美容茶 : měiróngchá) · 감비차(減肥茶 : jiǎnféichá)로 불리며, 특히 여성에게 큰 인기가 있다.

④ 화차(花茶 : huāchá) : 녹차나 홍차에 꽃잎을 넣어 발효시킨 것으로 향편차(香片茶 : xīangpiànchá), 장미화차(玫瑰花茶 : méiguīhuāchá), 국화차(菊花茶 : júhuāchá) 등이 있다.

(2) 중국의 10대 명차

① 용정차(龍井茶 : lóngjǐngchá) : 절강성 항주 서호 부근 용정에서

생산되는 녹차.

② 벽라춘(碧螺春 : bìluóchūn) : 강소성 오현 태호 부근에서 재배되는 녹차.

③ 철관음(鐵觀音 : tiěguānyīn) : 복건성 안계현에서 나는데, 차의 색깔이 짙은 녹색이라서 철과 같다고하여 붙은 이름. 오룡차.

④ 둔록(屯綠 : túnlǜ) : 안휘성 둔계현에서 생산. 녹차

⑤ 백호은침(白毫銀針 : báiháoyínzhēn) : 복건성 송계현 건양현 등지에서 생산. 녹차

⑥ 보이차(普洱茶 : pǔěrchá) : 운남성 보이현에서 생산되며, 체중을 줄이는 특이한 차.

⑦ 무이암(武夷岩 : wǔeyíyán) : 복건성 무이산에서 생산. 오룡차

⑧ 기홍(祁紅 : qíhóng) : 안휘성 기문현에서 생산되는 홍차.

⑨ 진홍(滇紅 : diānhóng) : 운남성에서 생산되는 홍차.

⑩ 말리화차(茉莉花茶 : mòlihuāchá) : 화차의 일종이며 많은 지역에서 생산됨.

龍井茶

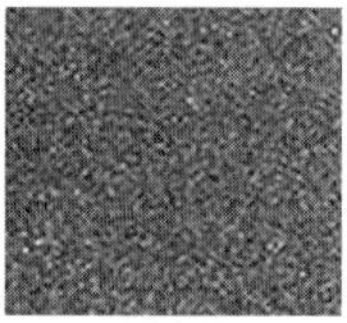
祁門紅茶

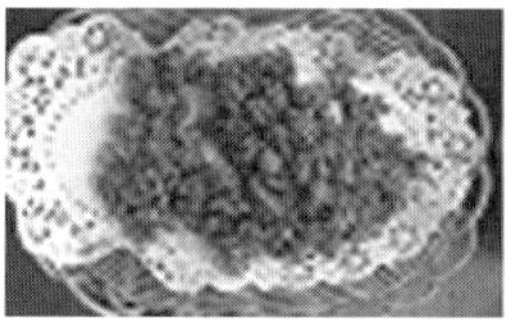
茉莉花茶

菊花茶

鐵觀音茶

普洱茶

제12장

낙양洛陽 소림사少林寺 개봉開封

1. 낙양洛陽
2. 소림사少林寺
3. 개봉開封

제12장

낙양洛陽 · 소림사少林寺 · 개봉開封

낙양洛陽과 개봉開封은 하남성河南省에 있는 대표적인 옛 고도古都이다. 낙양과 개봉을 살펴보기 전에 먼저 하남성河南省에 대해 간단히 살펴보자.

하남성河南省을 별칭으로 예豫라고 한다. 하夏나라 우禹왕이 천하를 9개의 주州로 나누었을 때, 지금의 하남성은 예주豫州에 속하였다. 예주豫州는 9개 주州의 한가운데에 위치하고 있었기 때문에 옛날에는 하남성을 중원中原 혹은 중주中州라고도 하였다.

하남성河南省이라 부른 것은 하남성이 황하 중하류의 황하黃河 이남以南 지역에 위치하고 있기 때문이다.

하남성의 토지면적은 16.7만㎢로서 전국의 1.74%를 차지한다. 이 가운데 산지의 면적이 4.44만㎢이고, 구릉의 면적이 2.96만㎢이며, 평원의 면적이 9.30만㎢이다.

하남성의 기후는 온대대륙성계절풍 기후에 속하여 날씨가 따뜻하고, 연평균 기온은 13~15℃이며, 사계절이 뚜렷하고 강우량이 충분하다.

하남성의 주요도시로는 18개의 시, 88개의 현으로 구성되어 있는데, 주요 도시로는 정주시 · 개봉시 · 낙양시 등이다.

하남성의 인구는 9,402만 명(2010년)으로 인구밀도는 568명/㎢이다. 한족이 전체인구의 98.6%를 차지하고, 나머지가 소수민족이다.

하남성은 황하문명의 중요한 발원지여서, 역사상 20여개의 고대도시가 이곳에 건설되었다. 9개 왕조가 도읍으로 정했던 낙양洛陽을 비롯하여, 중국의 7대 고도 중 하나인 개봉開封 그리고 상구商丘, 남양南陽 같은 도시는 중국 국가급 역사문화도시로 지정되어 있다.

1. 낙양洛陽

1) 낙양洛陽의 개황

낙양洛陽은 면적 15,208㎢, 인구 662만 명(2010년 현재)이며, 시 인구는140 여만 명이다.

중국 하남성 서부 황하강의 지류인 낙하洛河 유역에 위치하며, 중국문명의 중요발상지이다.(중국고대의 복희(伏羲) 여와(女媧) 황제(黃帝) 요(堯) · 순(舜) · 우(禹)와 관련된 신화(神話)도 대부분 이곳에서 전해짐)

낙양은 서안 · 개봉과 함께 중국의 3대 고도의 하나이며, 아홉 왕조의 도읍九朝古都이기도 하다. 후한後漢에서 당나라 때까지의 정치 중심지가 서안이었다면, 낙양은 문화예술의 중심지였고, 삼국시대에는 삼국지의 무대이기도 하였다.

수隋 · 당唐 때에는 동도東都라 하여 부도副都가 되었고, 북송北宋 때에는 서경西京이라 하였다. 북경으로 수도가 옮겨간 원元 · 명明 · 청淸 때에는 역사의 중심무대에서 지방 도시로 격하되었다. 중화민국시기에는 한때 성도省都가 되기도 하였고, 1933년에는 남경南京 정부가 이전해 왔던 적도 있다. 1948년에 시市로 승격하였다.

오늘날 낙양은 정주와 더불어 하남성의 2대 공업도시로 성장하여, 중국 최대의 트랙터공장을 비롯한 많은 공장이 들어서 있고, 미사일 · 항공기지 등이 있어 군사적으로도 아주 중시되고 있다.

특히 "낙양의 모란은 천하의 으뜸이다洛陽牡丹甲天下" 할 정도로 낙양은 모란꽃으로 유명하다. 중국인들은 부귀를 상징하는 모란을 '꽃 중의 꽃' 으로 꼽는다. 수나라 때부터 모란이 재배되기 시작하여 당나라 때 급속히 확산되면서 유명해졌다.

문화유적으로는 중국 미술사에서 중요한 문화재로 꼽히는 용문석굴龍門石窟, 중국 최초의 불교사원인 백마사白馬寺, 관림關林 등 명승지가 많다.

●아홉 왕조의 도읍九朝古都

낙양을 이야기할 때, 흔히 아홉 개의 왕조가 도읍하였다 하여 '구조고도九朝古都라 한다. 그 아홉 왕조란, BC 11세기에 주周나라 성왕成王이 성을 쌓아 낙읍洛邑이라고 하다가 그 뒤 BC 770년에 주왕조가 호경鎬京에서 낙읍으로 천도한 뒤 동주東周의 수도가 되었다. 그 이후 동한東漢, 삼국三國시대의 위魏, 서진西晋, 북위北魏의 수도였고, 수隋 · 당唐 때에는 부도副都로 삼아 동도東都라고 하였다. 또 후량後梁, 후당後唐 때에도 낙양을 수도로 삼아서 전후 9개 왕조의 도읍이 되었다.

●문화예술의 중심지 낙양

1세기 이후 불교의 중심지였기 때문에, 낙양에는 한漢 · 위魏 · 당唐 등 여러 왕조의 유적과 중국 3대 석굴의 하나인 용문석굴龍門石窟, 백마사白馬寺 등 불교 유적이 많이 남아있다. 낙양이 가장 번창했던 때는 당나라 때이다. 당대唐代에는 서안이 정치의 도시였다면, 낙양은 예술의 도시로 두보杜甫 · 이백李白 · 백낙천白樂天 등과 같은 많은 문인과 예술인이 이곳을 중심으로 활동하며 꽃을 피웠다.

2) 용문석굴龍門石窟 : 2000년 세계문화유산으로 지정

낙양의 용문석굴龍門石窟은 돈황敦煌의 막고굴莫高窟, 대동大同의 운강석굴雲崗石窟과 함께 중국 3대 석굴의 하나이다. 낙양시에서 남쪽으로 12㎞ 떨어진 이하伊河의 서쪽 언덕 용문산龍門山과 향산香山의 암벽 1㎞까지 석굴이 조성되어 있다.

용문석굴龍門石窟은 북위北魏가 494년 대동大同으로부터 낙양으로 천도한 다음부터 석굴을 만들기 시작하여, 동위東魏 · 서위西魏 · 북제北齊 · 북주北周 · 수隋 · 당唐 이르기까지 4세기에 걸쳐 완성되었다.

용문석굴에는 동굴이 1352개, 불상이 9만 7300여 개, 비문이 3,600개가 조각되어 있다. 석굴 안의 불상들은 석질이 단단한 암벽에 직접 조각하였으며, 불상들의 표정이 다양하여 예술성이 높다.

돈황敦煌의 막고굴莫高窟과 대동大同의 운강석굴雲崗石窟은 벽화가 뛰어난 반면에 용문석굴은 조각이 훌륭하다.

특히 용문석굴을 소개할 때 빠지지 않고 소개하는 불상이 봉선사奉先寺에 있는 비로자나불毘盧舍那佛이다. 이 비로자나불은 당나라 시대의 작품으로, 높이가 17m 정도이고 얼굴은 측천무후則天武后를 모델로 삼았다고 한다. 용문의 최대의 석굴인 동시에 최고의 걸작이기도 한 봉선사 석굴은 당唐 고종高宗 675년에 완성된 것으로, 옛날에는 그 앞에 목조 지붕이 드리워져 있었지만, 현재는 조각상이 그대로 드러나 있다.

이밖에 15,000여 개의 작은 불상들이 있는 만불동萬佛洞과 질병의 처방전이 쓰여 있는 약방동藥方洞도 유명하다.

용문석굴 전경

봉선사(奉先寺) 비로자나불(毘盧舍那佛)

약방동

3) 백마사白馬寺

낙양시에서 동쪽으로 12㎞ 떨어진 곳에 있는 백마사는 중국 최초의 불교사원으로 유명하다. 후한後漢 2대 황제 명제明帝가 채음蔡愔을 인도로 보내 불법을 구해오게 하였는데, 인도의 승려 가섭마등迦葉摩騰·축법란竺法蘭 등이 채음蔡愔의 간청으로 불상·경전을 흰 말에 싣고 낙양으로 와서 불경을 번역하였다. 명제는 그곳에 절을 짓고 백마사라 하였다. 현재의 건물은 명나라 때 복구한 것이다.

대웅전에는 원대元代에 조각된 십팔나한상이 안치되어 있는데, 이 나한상은 각각 마법의 병기를 들고 있으며, 이곳에서 가장 오래된 조각이다.

●대불전

무게 1.25t의 대철종大鐵鍾이 있고, 대웅전에는 원대에 조각된 십팔나한상이 안치되어 있다. 또 절의 동쪽에는 13층 정도 되는 약 24m의 제운탑濟雲塔이 있는데, 이 탑은 금金나라 1175년에 세워진 석탑으로 탑의 앞에서 손뼉을 치면 개구리 울음소리를 닮은 메아리가 되돌아온다고 한다.

●가섭마등迦葉摩騰

축섭마등竺葉摩騰·섭마등攝摩騰·마등摩騰이라고도 한다. 그는 서기 67년 불상과 경전을 백마에 싣고 낙양洛陽에 이르러 백마사白馬寺를 짓고, 중국 최초로《사십이장경四十二章經》등의 불경을 번역하였다. 중국에 불법을 최초로 전한 사람이다.

4) 관림關林

관림關林을 관림묘關林廟 혹은 관제묘關帝廟라고도 하는데, 낙양시에서 남쪽 7㎞떨어진 곳에 있다. 삼국시기 촉蜀 나라 장수 관우(關羽 : ?~219)의 수급首級이 묻힌 곳이다. 옛날에는 이곳에 무덤 하나만 있었으나, 명대 만력萬曆 연간에 여기에 사당을 짓고 잣나무를 심었다. 청대 건륭乾隆 연간에 다시 증축하여 현재의 규모로 조성되었다.

●관림關林의 유래 및 소재

중국에서는 황제의 무덤을 '능陵', 왕후의 무덤을 '총塚', 일반 백성의 무덤을 '분墳' 이라 하였고, 오직 성인 공자의 무덤만 '림林' 자를 붙여 '공림孔林' 이라 하였다. 그런데 삼국시대 촉의 명장 관우의 무덤을 '관림關林' 이라 하였으니, 중국인들이 관우를 생각하는 마음을 읽을 수 있다. 문성文聖으로서는 공자를, 무성武聖으로서는 관우를 섬겼던 것이리라.

그런데 관림關林은 중국에 세 군데가 있다. 관우의 목이 안장된 낙양의 관림關林, 관우의 시신이 안장된 호북성 당양當陽의 관림關林, 그리고 관우의 고향 산서성 해현解縣에 세워진 운성관림運城關林이 그것이다. 그래서 민간에서는 관우를 일러 "머리는 낙양을 베게삼고, 몸은 당양當陽에 누웠으며, 혼은 고향으로 돌아갔다" 고 말한다.

관우가 호북성 당양當陽에서 오나라 군사에 패하여 피살되자, 손권은 유비의 후환이 두려워 목갑에 관우의 목을 넣어 낙양의 조조에게 보냈다. 조조는 손권의 계책을 알아차리고, 관우의 수급을 향나무로 깎아 만든 몸에 붙인 뒤 예를 다하여 낙양성 남쪽에 장례를 치러주었다. 관림은 관우를 모시는 중국 최초의 사당으로도 널리 알려져 있다. 사당 안으로 들어가면 밀랍으로 만든 관우상이 있다.

5) 낙양 고묘古墓 박물관

고묘古墓 박물관은 낙양시 북쪽 교외의 망산총邙山塚에 위치하고 있는 한대漢代에서 북송北宋 시기까지의 고분 25좌를 복원해놓았다. 고묘古墓 박물관의 전체면적은 3만㎡이고, 건축면적은 7600㎡이다. 박물관 안에는 원시사회 및 옛 도성의 유적과 고대분묘에서 출토한 부장품 · 토용 · 당삼채 등을 전시하고 있다.

●북망산北邙山

북망산北邙山은 낙양에 있는 공동묘지이다. 백제가 망하자 당나라 장수 소정방蘇定方과 신라의 태종이 사비성泗沘城 누각의 복판에 앉고, 의자왕義慈王에게 항복의 예로 술을 따르게 했다. 그리고 소정방은 의자왕과 왕족 · 대신 · 장군 88명, 백성 1만 2000여 명의 전리품을 이끌고 당나라 수도 낙양으로 돌아갔다. 당 고종高宗은 궁루에 올라가 의자왕으로부터 복종의 예를 받고 의자왕의 일행을 꾸짖은 뒤, 그 자리에서 용서하였다. 이듬해 의자왕이 낙양에서 병사하자, 장중하게 장례를 치르고 낙양 망산芒山의 손호孫皓 · 진숙보陳叔寶 등이 묻힌 당나라 중신 묘역에 묻혔다. 왕자 부여융扶餘隆도 68세에 낙양의 사제에서 죽어 북망산에 묻혔다. 의자왕이 묻힌 망산과 같은 산일 확률이 높다. 일제시대 때 그 북망산에서 부여융의 669자의 묘지석墓誌石이 발견되기도 하였다. 그곳에 정착해 동화되었을 1만여 백제인 후손들의 행적도 추적하면 드러날 것이고, 또 백제 왕실에서 약탈해간 국보 자금대紫金帶와 홍속옥紅粟玉도 찾을 수 있을지 모른다. 송대 전기소설傳奇小說 《양태진외전楊太眞外傳》을 보면, 당 현종이 자금대를 아우인 기왕岐王에게, 홍속옥은 애비 양귀비에게 주었다고 되어있다.

●당삼채唐三彩

중국 당나라 때에 만들어진 도기이다. 유약을 바르지 않은 바탕이나 살짝 구운 바탕에 갈색 · 녹색 · 백색 · 황색 · 감색 · 벽색 등의 유약을 칠하여 낮은 화력으로 구워낸 것인데, 주로 백색 · 녹색 · 갈색의 3색으로 배합하여 만들어졌기 때문에 삼채라는 이름이 붙었다.

당삼채의 형체는 다양하여, 접시 · 잔 · 물병 외에도 말 · 사자 · 개 · 여관女官 · 단지 · 향로 · 합자盒子 · 베개 그리고 문 · 무관文武官,

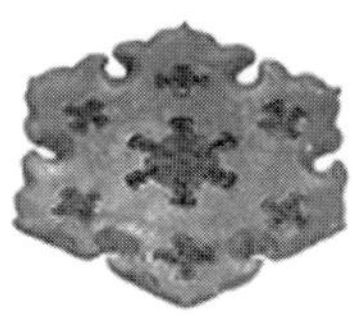

서역西域 풍속의 인물 및 귀신 · 낙타 · 날짐승 등이 있다. 당삼채 대부분이 낙양洛陽과 서안西安 지방의 무덤에서 나온 부장품인데 실용성은 없다. 호병胡瓶 · 호인胡人 등은 서역적인 향기가 짙으며, 형태는 세련되고 색조가 명쾌하여 대체로 호화로운 느낌을 준다. 이 자기는 송宋 · 원元 · 명明나라 때에도 계속 만들어졌으며, 일본 · 발해 · 요遼에도 영향을 주었다.

●낙양 모란축제

"낙양모란은 천하제일洛陽牡丹甲天下"이라고 한다. 낙양의 모란꽃은 온화하고 점잖으며 귀한 티가 나고 화려하다 못해 현란하다. 해마다 4월 10일부터 25일까지가 "낙양모란축제" 기간이다. 이맘때는 무수히 많은 모란꽃들이 피어 국내외의 여행객들을 기쁘게 맞이한다.

2. 소림사少林寺

선불교禪佛教의 발생지이자 중국무술의 본가本家인 소림사少林寺는 하남성河南省 등봉시登封市의 서북쪽 숭산嵩山에 있다. 496년에 북위北魏의 효문제孝文帝가 발타선사跋陀禪師를 위해서 건립하였다. 달마達磨가 527년부터 9년간 여기서 선禪을 수행하여 선종禪宗의 발상지가 되었다. 특히 달마達磨가 선을 수행했다는 달마동達磨洞과 역대 고승들의 무덤인 탑림塔林이 유명하다.

소림사少林寺는 1928년 군벌항쟁기에 군벌 석우삼石友三에 의해 파

괴되어 불타버려 옛 모습은 거의 남아 있지 않지만, 명대에 지어진 천불전千佛殿과 백의전白衣殿인 관음당만 남아 있다.

소림사는 소림사 권법과 무술로 유명한데, 그 시작은 천불전에서 이루어졌다. 최근에는 중국 무술의 본산으로 알려지면서 더욱 유명해졌는데, 소림사 입구에 늘어선 70여 곳의 무술학교에서 그 유명세를 짐작할 수 있다. 이곳에서 수련하고 있는 학생들의 무술 쇼를 구경할 수도 있다.

소림사는 경내에 비석이 많기로 유명한데, 앞에서 언급한 역대 소림사 승려들의 묘지인 탑림塔林이다. 이 탑림에는 주지스님의 탑도 있고, 몇 명의 승려가 함께 묻힌 공동묘지의 탑도 있다.

●**달마**(達磨, Bodhidharma, ?~528 ?)

중국 남북조시대에 중국 선종禪宗을 창시한 인물이다. 당시의 불교와는 정반대인 좌선을 통하여 사상을 실천하는 새로운 불교를 창시했다.

달마는 범어梵語로는 보디다르마이며, 보리달마菩提達磨로 음역音譯하는데, 달마는 그 약칭이다. 남인도(일설에는 페르시아) 향지국香至國의 셋째 왕자로, 후에 대승불교의 승려가 되어 선禪에 통달하였다. 520년경 중국에 들어와 북위北魏의 낙양에 이르러 동쪽의 숭산[嵩山] 소림사少林寺에서 9년간 면벽좌선面壁坐禪하고 나서, 사람의 마음은 본래 청정하다는 이理를 깨달아야 한다고 주장하고, 이 선법禪法을 제자 혜가慧可에게 전수하였다.

그의 전기는 분명하지 않으나, 최근 돈황[敦煌]에서 출토된 자료에 따르면, 그의 근본사상인 '이입사행二入四行'을 설교한 사실이 밝혀졌는데, 오늘날의 학계의 정설로는, 달마는 《사권능가경四卷楞伽經》을 중시하고 이입二入과 사행四行의 가르침을 설파하여 당시의 가람불교나 강설불교講說佛教와는 정반대인 좌선을 통하여 그 사상을 실천하는 새로운 불교를 강조한 사람이다.

3. 개봉開封

개봉開封은 총 면적 6,444㎢로, 그 가운데 개봉시開封市의 면적은 395㎢이다. 총인구 500만 명이고, 시 인구는 80만 명이다.

개봉開封은 하남성河南省 동부 황하黃河 이남의 예동평원豫東平原에 위치하고 있으며, 3천여 년의 역사를 가지고 있다. 전국시대의 위魏, 오대五代의 후량後梁 · 후진後晋 · 후한後漢 · 후주後周 및 북송北宋과 금金의 7개 왕조가 이곳에 도읍하여, 북경北京 · 남경南京 · 서안西安 · 낙양洛陽 · 항주杭州와 더불어 중국 "6대문화고도六大文化古都"라고 불린다.

명승지로는 1,400년 이상의 역사를 가진 상국사相國寺, 송宋대의 건축과 거리를 재현해놓은 송도어가宋都御街, 송대 황궁과 어원御園의 일부였던 용정공원龍亭公園, 북송시대의 13층 철탑鐵塔, 개봉 현존의 최고最古의 건축물인 번탑繁塔 등이 있다.[17]

17) 조성환 · 노장시, 동양관광문화의 이해, 백산출판사, 2003

●개봉開封의 역사

춘추시대에 정鄭나라의 변경지역으로 정鄭 장공莊公이 이곳에 양식을 저장할 '창성倉城'을 축조하면서 "변강을 개척한다開拓邊疆"는 뜻을 취하여 개봉이라 하였고, 전국시대의 위魏나라는 이곳에 도읍을 정하고 대량大梁이라 개명하였다. 개봉은 또 변수汴水와 맞닿아 있기 때문에 수隋·당唐 때에는 변주汴州라고도 불렀다. 당대 말년에 주온(朱溫 : 즉 朱全忠, 852~912)은 당조 황제를 폐위하고 후량後梁을 건립하여 변주汴州에 도읍을 정하고 개봉부開封府로 개명하였다. 오대의 후진·후한·후주는 모두 이곳에 도읍을 정하고 동경東京이라 불렀다. 960년에 조광윤(趙匡胤 : 927~976)이 진교陳橋 반란을 일으켜 후주 황제를 폐위시키고 북송을 건립하였는데, 여전히 개봉을 수도로 삼았다. 정강靖康 2년(1127)에 북송은 금에게 멸망당했는데, 금나라는 개봉을 변경汴京으로 불렀다. 금 의종宣宗 정우貞佑 2년(1214)에 금나라는 몽고군의 침공을 피하기 위하여 수도를 개봉으로 옮겼다.

1) 철탑鐵塔

개봉의 동북쪽에 우뚝 솟아 있는 8각 13층의 유리琉璃 벽돌로 지어진 탑인데, 원래는 개보사탑開寶寺塔이라고 하였다. 탑에 온통 갈색 청기와를 끼워넣어 지어서 멀리서 보면 철색처럼 보여 철탑이라고 불렀다.

이 철탑은 북송北宋 황우皇佑 원년(1049)에 건립되었다. 탑의 높이는 55.08m이고, 104개의 풍경風磬이 달려있어 바람에 따라 움직이며 소리를 낸다.

탑신 외부는 28종의 다른 모양의 갈색 유리벽돌로 쌓아올려 만들었는데, 유리벽돌마다 비천飛天·좌불坐佛·현승玄僧·용과 봉황·기린 등 50여 종의 꽃무늬나 도안이 새겨져 있어, 송대 벽돌조각예술의 걸작이라 할 만하다.

탑 안에는 탑 기둥이 있고, 외벽의 벽돌 부재部材는 디딤돌을 통하여 탑의 중심과 긴밀하게 맞물리게 해서 내진耐震구조를 이루고 있어, 9백여 년 동안 수차례의 지진 · 수재 · 전쟁을 겪었음에도 지금껏 우뚝 서있다.

탑의 기층에는 4개의 문이 있는데, 북문 안에는 돌계단이 있어 탑을 오를 수 있다. 돌계단을 따라 5층에 오르면 개봉시의 전경을 굽어볼 수 있고, 10층 이상을 오르면 멀리 황하를 볼 수 있다.

●개보사탑을 기울게 지은 이유

개보사탑은 경성에 있는 여러 탑 가운데 가장 높고, 만든 규모와 설계 또한 매우 정밀한데, 도료장인 예호預浩가 주관하여 만든 것이다. 탑이 처음 만들어졌을 때, 탑을 쳐다보니 똑 바르지가 않고 서북으로 약간 기울어져 있었다. 사람들이 괴이하여 물어보니, 예호는 "경성의 지세가 평탄하고 산도 없는데 서북풍이 많이 부니, 이렇게 바람이 불면 백년이 안 되어서 똑 바르게 될 것이오."라고 하였다. 그의 마음 씀이 이렇게 세심하였다. 송 왕조가 들어선 이후 수준 높은 목공은 이 한 사람뿐이다.(歐陽修의《귀전록(歸田錄)》)

2) 상국사相國寺

개봉시 중심지에 자리하고 있는데, 중국의 유명한 불교사원 중의 하나이지만, 원래는 전국시대 위魏나라의 공자公子 신릉군信陵君의 저택이었다.

북제北齊 천보天保 6년(555)에 사찰로 창건하여 건국사建國寺라 하였다. 후에 전쟁으로 파괴되어 당唐 예종睿宗 때 중수하고, 연화延和 원년(712)에 "대상국사大相國寺"라는 현판을 내렸다. 일반적으로는 상국사라고 불렀지만, 북송시대에는 황제들이 행차하여 기도하기도 하여 황가사皇家寺라 부르기도 하였다.

현재 상국사의 건축 가운데 일부는 명대에 세워진 것이고, 일부는 청 건륭乾隆 시기에 세워진 것이다.

상국사에는 고색창연한 대문, 대웅보전, 팔각유리전八角琉璃殿, 장경루藏經樓 등이 있는데, 이 가운데 팔각유리전 안에 있는 천수천안관음보살상千手千眼觀音菩薩像이 유명하다. 이 천수관음상은 한그루의 큰 은행나무로 조각했으며, 높이는 6미터이고 전신에 금으로 도금하였다. 그 조각기술이 정교하여 걸작으로 꼽힌다.

●천수관음千手觀音

《불교》 육관음의 하나. 천의 손과 천의 눈을 갖고 있기 때문에 정확히는 천수천안관음보살千手千眼觀音菩薩이라 한다. 대자대비로 지옥의 고통을 벗어나게 하여 모든 원을 이루게 한다는 성인. 몸은 황금빛, 얼굴은 스물일곱, 손이 마흔 개인데 한 손에 이십오유(二十五有 : 스물 다섯으로 나눈 생사계)의 경계를 제도한다 하여 천수관음千手觀音이라 일컫는다.

3) 용정龍亭

개봉 서북쪽에 있으며, 원래는 송 · 금 양대의 고궁과 명대 주왕부周王府의 옛터이다. 이곳의 용정대전龍亭大殿을 '만수궁萬壽宮' 이라 부르는데, 17세기 청대에 세운 것이다. 용정대전은 64개의 돌계단 위에 세워져 있고, 사면에 돌난간이 둘러져 있으며, 대전 지붕은 황녹색 기와로 덮었다. 정전에 놓인 조룡대석돈(雕龍大石墩 : 큰 돌에 용을 새긴 받

침돌)은 송 태조 조광윤趙匡胤의 어좌御座라 한다. 대문 앞의 한 쌍의 돌사자는 높이가 3미터이고 전신에 꽃무늬를 조각해놓았는데, 송대 황궁의 문을 지키는 사자라고 한다.

용정 남쪽 평탄한 큰길 양쪽에 두 개의 호수가 있다. 중국인들은 동쪽은 반가호潘家湖로 호수물이 혼탁하고, 서쪽은 양가호楊家湖로 호수물이 맑다고 한다(사실 그렇게 잘 구분할 수 없음). 전하는 말에 의하면, 동쪽은 간신 반미(潘美 : 925~991)의 집이 있었고, 서쪽은 충신 양업(楊業 : ?~986)의 집이 있었는데, 충신과 간신이 거주한 집으로 인해 호수마저 이처럼 청탁이 분명하다 하니, 역사적 사실의 부합여부를 떠나 이렇게 선명한 애증의 감정을 호수의 물을 통해 표시하였다고 하겠다.

4) 포공사包公祠

포공사包公祠의 원래 이름은 '포공효소사包公孝肅祠'이며, 중국 역사상 청렴결백한 대표적인 인물인 북송시대의 포청천(包青天 :이름은 포증包拯)의 사당이다.

포공사包公祠는 주로 포공包公을 기념하는 사당이며, 흑석黑石으로 조각된 포증包拯의 좌상坐像과 3미터에 달하는 포증包拯의 동상 또한 그의 철면무사鐵面無私의 엄숙한 기질이 엿보인다.

포공사包公祠 안에는 역대 개봉부윤(開封府尹 : 오늘날의 서울시장)을 지낸 사람들의 이름을 새긴 비석이 있는데, 유

독 포증包拯의 이름 밑에만 사람들이 그를 기리며 만진 자국으로 인해 움푹 패여 있다. 그의 명성을 짐작할 만하다.

5) 청명상하원

개봉시 서북쪽에 있으며, 북송의 화가 장택단張擇端이 그린《청명상하도清明上河圖》를 기초하여 만든 풍속공원이다. 그 당시의 번영했던 개봉의 모습을 선명하게 볼 수 있다.

●청명상하도清明上河圖

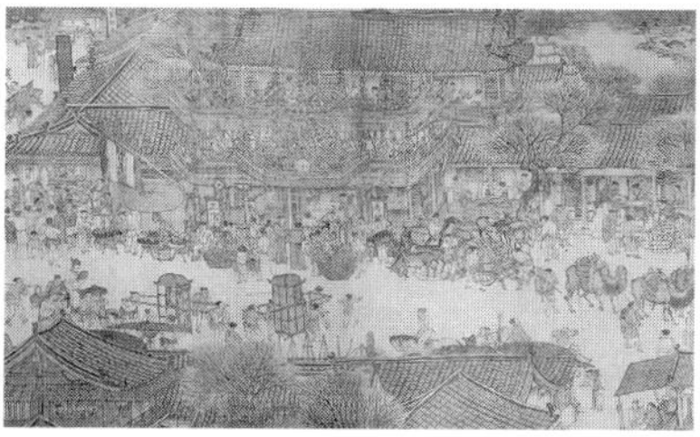

북송北宋의 장택단(張擇端 : 1085~1145)이 그린 화권畵卷. 청명절清明節에 북송의 수도 개봉開封을 흐르는 변하汴河를 따라서 번성한 도성의 풍물을 그린 것이다. 교외 · 강 · 배 · 다리 · 성문 · 거리가 차례로 전개되고, 군중 · 술집 · 가게 · 길 · 상인 · 우마차 등을 사실적으로 그렸다. 이러한 풍속화 · 시가도는 사회경제사 자료로서의 가치가 크다.

●북송 때의 개봉의 모습

북송 번성기의 개봉 인구는 백여 만 명으로, 당시 세계에서 최대 도시 중의 하나였다. 그때 개봉성의 건축 규모는 거대하여 내성과 외성이 3겹으로 되어 이었다. 중간이 경성京城인데 내성內城으로도 불렀으며, 둘레가 10.5㎞로 대략 현재의 개봉 시내에 상당한다. 내성 중간의 북쪽에 작은 성이 있었는데, 이곳이 바로 '황성皇城' 으로 둘레가 2.5㎞이었다. 내성바깥은 둘레가 25㎞에 달하는 외성이다. 황성 이외에도 성안의 거리가 종횡으로 나있고, 집들이 즐비하였으며 다방 · 주점들이 곳곳에 있었다. 성안에는 또 100여 개의 도관道觀 · 불사佛寺 · 사묘祠廟 등이 있었고, 오락 활동 또한 풍부하고 다채로워 '와사瓦舍' 라고 불리는 수많은 오락장소가 있어 이곳에서 희곡 · 설창說唱 · 잡기 등을 공연하였다. 당시 개봉의 수공업도 상당히 발달하여 정부에서 운영하는 능면원(綾綿院 : 즉 방직공장)에서는 400대의 기계와 천여 명의 노동자를 보유하였다. 당시 개봉의 국제왕래도 빈번하여 일본 · 조선 · 인도 · 월남 · 아랍의 상인들이 개봉에 와서 무역을 하였고, 여러 나라에서 유학생 · 승려를 개봉에 파견하여 문화교류를 하기도 하였다. 북송의 화가 장택단張擇端의 〈청명상하도淸明上河圖〉(북경 고궁박물원 회화관 수장)에는 당시 개봉의 번화한 경관이 생동적으로 그려져 있다.

제13장

티베트

1. 티베트 개황
2. 티베트 역사
3. 티베트의 민족 및 생활
4. 티베트의 언어와 문자
5. 티베트의 산업
6. 문화탐방

제13장

티베트

– 라마교의 성지 라싸를 중심으로 –

1. 티베트 개황

티베트는 중국 남서부에 있는 티베트족의 자치구인데, 중국에서는 시짱자치구[西藏自治區]라고 부른다. 약칭하여 '짱[藏]' 이라고도 부르며, 자치구의 수도는 라싸[拉薩]이다.

티베트는 지구상 최대 · 최고의 고원인 청장고원靑藏高原 위에 자리하고 있으며, 대부분의 지역이 표고 4000m가 넘어 '세계의 지붕' 이라 불린다. 남쪽으로는 인도 · 네팔 · 부탄 · 미얀마 등과 접하고 있고, 남동쪽으로는 운남성, 동쪽으로는 사천성, 북쪽으로는 청해성과 신강위구르 자치구와 인접하고 있다.

티베트의 면적은 122만2천㎢로, 중국면적의 약 12%를 차지한다.

티베트의 기후는 북위 27~37° 사이에 위치하여 한랭 건조한 기후로, 연평균기온은 8 이다. 겨울엔 춥고 여름엔 서늘한데, 밤에는 기온이 급강하기 때문에, 일교차가 커서 한낮에는 20℃이상 이었다가 밤이 되면 영하까지 떨어지는 경우도 있다. 연중 강수량은 450㎜ 정도로 건조한 날씨이다.

티베트의 행정구분은 현재 중국식 행정구분에 의해 라싸시[拉薩市]와 창뚜[昌都]지구 · 닝트리[林芝]지구 · 산남山南지구 · 시가체[日喀則]지구 · 낙추那曲지구 · 아리[阿里]지구 6개의 지구 그리고 73개의 현縣으로 구성되어 있다.(티베트자치구는 원래 티베트의 일부분에 지나지 않는다. 달라이라마 14세가 인도에 망명하기 전 1950년대까지의 티베트는 현재의 티베트자치구, 청해성, 감숙성의 감남티베트족 자치주, 사천성의 칸제티베트족, 아바티베트족, 쿄우 티베트족 자치주, 운남성 데첸티베트족 자치주라고 불리는 거대한 영토를 가지고 있었다. 티베트문화권이라 하면 더욱 넓어져 히말라야 산맥 남부에 위치한 부탄, 네팔 북부, 그리고 인도령의 시킴, 라닥등도 포함된다.)

티베트의 인구는 약 300여만 명(2010년도 현재)이고, 인구밀도는 2.16명/㎢인데, 대부분이 남부와 동부에 거주한다.

●청장고원青藏高原

고원의 남쪽 가장자리에 있는 히말라야산맥은 전장 2,400km, 평균고도 6,000m가 넘고 에베레스트봉을 비롯한 7,000m가 넘는 봉우리도 40여개나 된다. 북쪽 가장자리는 쿤룬산맥, 약간 남쪽에는 쿤룬의 지맥인 탕그라산맥, 탕그라산맥의 동반부는 청해성과의 경계를 형성하고 있다.

●티베트의 계절

- 봄 : 5~6월까지로 녹색의 초목들이 돋아나면서 티베트고원에 생명이 돋아나는 시기.
- 여름 : 7~8월로 고원에는 유채꽃이 만발하고 초목들이 짙어가는 계절이지만 쏟아지는 비로 인해 곳곳에서 산사태가 빈번하게 일

어나가도 한다. 자주 짙은 구름이 끼어 파란 하늘을 볼 수 없는 유일한 계절이기도 하다. 기온은 최저9도에서 최고 23도.

- 가을 : 9월에서 11월 초순까지로 눈부실 정도로 맑은 날이 계속되어 여행하기 가장 좋은 계절(북반구에서 볼 수 있는 모든 별들의 향연을 감상할 수 있다. 별이 쏟아지는 밤하늘은 별자리를 구별하기 어려울 정도).
- 겨울 : 11월 중순부터 이듬해 4월경으로 황량한 고원의 삭막함이 처절하게 느껴지는 계절(최저 영하9도에서 최고 영상9도, 영하 25도까지 떨어지는 곳도 있다).

2. 티베트 역사

7세기 초에 중앙티베트를 중심으로 토번吐蕃이 일어나 송첸감포[松贊干布]왕이 모든 티베트족을 통합, 통일국가를 형성하였다.

당唐 태종은 문성공주를 송첸감포 왕에게 시집보냈는데, 그때 데리고 간 주조 · 제지기술자들에 의해 중국문화가 전해졌을 뿐만 아니라 티베트에 불교가 전파되고 티베트문자가 제정되었다.

반불주의자反佛主義者였던 다르마왕(재위 836~841)이 한 승려에 의해 암살된 뒤, 내분과 봉건제후의 할거 등으로 4백 년 동안 혼란이 계속되었다.

1253년 원元의 4대 황제인 헌종憲宗 몽케[蒙哥]는 군대를 파견하여 티베트전역을 장악하고 선정원宣政院에 소속시켰으며, 몽케[蒙哥]의 동생 세조世祖 쿠빌라이는 티베트 라마교의 고승 파스타를 중용하여 황제의 스승으로 임명하였다. 이 이후 티베트에서는 정교합일政敎合一의 지배체제가 확립되었고, 명 · 청시대에는 중국의 종주권 밑에 라마교의 지배자가 정치적 지배권도 함께 가지게 된 계기가 되었다.

청 태조 누루하치는 그 지배자에게 '달라이라마' 라는 칭호를 부여하였다.

18세기 후반부터는 영국 · 러시아가 티베트를 그들의 세력권으로 만들려고 활발한 공작을 벌였으며, 1903년 영국이 무장 사절단을 파견한 뒤, 제국 열강들이 티베트 상류층의 일부와 결합, 티베트를 중국으로부터 분리시키려 노력하였다.

신해혁명 후 국민당 정부는 1930년부터 관리를 파견하고 중국의 종주권을 유지하였고, 제2차 세계대전 때 중립을 지킨 티베트는 종전 이후에 독립정부를 구성하였다.

1949년 중국전역을 장악한 중공군이 이듬해 10월 티베트를 침공하자, 달라이라마는 UN군의 개입과 영국의 지원을 기대하였으나 모두 실패하고, 1951년 5월 중국의 종주권과 티베트의 자치권을 인정하는 17개항의 평화협정을 체결하였다.

1959년에 라싸에서 대규모 반란이 일어났는데, 제14대 달라이라마가 중심이 된 이 반란은 여러 날 동안 계속되어 수많은 희생자를 낸 채 실패로 끝나고, 달라이라마를 비롯한 많은 추종자들은 히말라야를 넘어 인도로 망명하였다. 이 사건으로 티베트에서는 중국체제를 본뜬 군사독재가 실시되어 사유재산이 몰수되고, 사원과 귀족의 영향아래 있던 티베트의 사회구조는 농민조합을 중심으로 하는 집단체제로 바뀌었다.

중국은 자치를 유지한다는 명목으로, 중국의 꼭두각시인 판첸라마를 임시정부의 새 의장으로 앉히고 수많은 불교사찰 가운데 전시효과를 노린 일부만 남기고 모두 철폐하였으며, 승려들 대부분은 피신하거나 투옥되었다. 그 후 티베트인들에 대한 여행억제 · 강제노동 등의 엄격한 제재와 1961 · 62년도에 발생한 기근이 계기가 되어 민중봉기가 일어났으며, 많은 피난민들이 인도로 피신하여 게릴라전을 계속함으로써 판첸라마도 그 자리에서 쫓겨났다.

1965년 중국정부는 티베트를 자치구로 만들어 민족자치를 인정하고, 당시의 행정구역의 하나였던 창뚜[昌都]지구를 시짱자치구[西藏自治區]에 편입하였다.

3. 티베트의 민족 및 생활

티베트에는 티베트족(짱족 : 藏族)을 비롯하여 한족漢族 · 먼빠족[門巴族] · 락빠족[珞巴族] · 회족回族 등 39개 민족이 거주하고 있다. 짱족이 자치구 총인구의 약 90% 이상을 차지하며, 전국 짱족 인구의 약 45%를 차지한다.

티베트족은 흙과 돌을 겹겹이 쌓아올려 지은 2 · 3층의 가옥에 사는데, 1층은 가축우리나 헛간으로 사용하고 사람은 2 · 3층에 거주한다.

티베트족은 짱파오[藏袍]와 니마오[呢帽]라는 전통복장을 착용하고, 남녀 모두 머리를 길게 늘어뜨려 두 가닥으로 땋아 머리를 감아 붙이거나 감아 붙인 머리채 위에 모자를 쓴다.

라이보리를 볶아 가루로 빻아 버터차로 반죽한 '짠바糌粑' 라는 음식을 주식으로 하며, 쑤유차酥油茶를 마신다.(쑤유차는 지름15㎝, 길이1m 쯤 되는 나무통에 끓인 찻물을 붓고 소금과 버터를 넣은 다음 휘저어서 만듦)

4. 티베트의 언어와 문자

티베트족은 자체언어인 티베트어를 사용하고 있으며, 티베트어는 티베트 · 버마어족에 속한다. 지방에 따라 사투리가 심하기 때문에 현재 티베트 표준어는 라싸의 말을 기준으로 하고 있다.(단어가 단음으로 되어 있고, 조사가 있으며, 존경어 표현이 있다는 것이 특징이다. 티베트문자는 산스크리트어계의 문자를 기준으로 만들어졌으며, 적어도 7세기 전반에 문자가 사용되었다. 표음문자로, 유두자 · 무두자 · 속자 세 종류의 서체가 있지만 일반적으로 유두자가 사용되고 있다.)

중국이 티베트를 점령한 뒤로 현재 티베트의 교육기관에서는 국어 시간에 티베트어 대신 중국어漢語를 가르치고 있으며, 이름 또한 중국식으로 바꿔 쓰기를 강요하고 있다.

5. 티베트의 산업

티베트의 경제는 농업과 목축이 주종이다. 순수 유목민은 극소수이고, 거의가 정착생활과 함께 반농반목 생활을 한다.

경작지역은 주로 라싸 · 시가체 · 장체 부근 등의 얄룽창포강 상류와 중류의 곡저평야에 집중해 있고, 창뚜부근의 횡단산지의 하곡에서도 좁은 평지를 중심으로 농사를 짓는다.

기후가 한랭건조하기 때문에 내한 · 조생종인 라이보리가 주요 곡물이고, 봄밀 · 완두콩 등이 그 다음을 차지한다.

채소로는 원근이라고 불리는 둥근 무우가 많다. 또 유채씨 · 누에콩 · 메밀 등이 재배되고 복숭아 · 배 · 사과 등의 과일도 생산된다.

얄룽창포강 하류 남동부는 인도양에서 불어오는 계절풍의 영향을 받아 비교적 고온다습하기 때문에 쌀 · 바나나 · 배가 산출되고 약간의 겨울작물도 재배된다.

목축의 중심지는 창뻬이고원이다. 기후가 한랭하나 단초초원이 전개되어 양과 야크 사육이 성행하며, 야크는 운반용으로 이용될 뿐만 아니라 가죽 · 털 · 내장 · 젖 등이 모두 이용된다.

6. 문화탐방[18)]

1) 라싸拉薩

씨짱자치구[西藏自治區]의 수도이며, 위치는 브라마푸트라강(중국어로는 야루짱뿌강(雅魯藏布江)이라 함)의 지류인 라싸강拉薩河 중간 지점에 위치하고 있으며, 해발 3,558m, 사방이 설산雪山으로 둘러싸여 있다. 일조시간日照時間이 길어, 찬란한 햇빛으로 인해 일광성日光城이라 칭하기도 한다.

라싸는 1,300년이 넘는 오래된 역사를 가진 도시이다. 티베트 최초의 왕인 송첸감포[松贊干布]가 이 라싸에 수도를 건설하였다. 라싸라는 말은 티베트어[藏語]로 성지聖地를 뜻한다. 따라서 라싸는 예전부터 줄곧 티베트인들의 순례 성역聖域이었다.

이 성스러운 도시에는 수많은 사찰과 궁전, 예를 들어 세계적으로 유명한 포탈라궁[布達拉宮] 외에 대조사(大昭寺, 조캉사원) · 소조사(小昭寺, 라모체) · 철방사(哲蚌寺, 드레풍사원) · 색랍사(色拉寺, 세라사원) 등이 있다.

18) 조성환 · 노장시, 동양관광문화의 이해, 백산출판사, 2003의 〈중국관광자원의 이해〉 부분을 일부 수정 보완 하였다.

라싸는 포탈라궁을 중심으로 바둑판처럼 구획정리 된 신시가지와 조캉사원을 중심으로 한 구시가지로 양분되어 있다. 구시가지는 조캉사원 · 바르코르시장 · 티베트인들의 거주지역으로 구성되어 있는데, 이 가운데 특히 조캉사원은 오체투지례五體投地禮를 올리며 순례의 최종 목적지로 신성시 되는 곳이다.

●오체투지례五體投地禮

절을 할 때는 두 손을 모아 합장한 손이 머리 위로 올라갔다가 머리에서 내려오는 손이 입술을 한 번 건드리고 가슴에서 멈춘다. 무릎을 꿇은 뒤 두 손으로 바닥을 밀면서 머리끝에서 발끝까지 땅에 밀착한다. 두 팔을 머리 위로 곱게 편다. 세 발짝 걸어가 절 한 번 하고 일어날 때마다 4m씩 전진하는 의식이 반복된다. 이처럼 진지하고 경건한 의식은 아마도 사람이 죽으면 49일 안에 환생한다는 라마교의 교리가 이들이 힘겨운 오체투지 순례에 나서는 힘의 원천일 것이다.

●천장天葬

티베트족은 죽은 다음 육체의 흔적을 조금도 남기지 않는다. 영혼이 빠져나간 육체는 아무 의미가 없다고 믿기 때문이다. 그래서 사람이 죽으면 라마교리에 따라 높은 산에 위치한 천장대天葬臺로 시신을 옮겨, 천장사天葬師가 그 시신을 토막 낸 다음 메밀과 섞어 독수리에게 쪼아 먹게 한다.

2) 포탈라궁布達拉宮 : 1994년 세계문화유산으로 지정

포탈라궁布達拉宮은 7세기 때에 티베트 송첸캄포松贊干布 왕이 당나라에서 시집온 문성공주를 위해 홍산紅山의 산세에 의지해서 지은 궁전이다. 길이 360m 높이 117m 13층의 장엄한 건물로써 세계 칠대 불가사의한 건축물 가운데 하나이다. '포탈라' 라는 이름은 산스크리트어의 포탈라카(potalaka補陀洛迦 : 관음보살이 사는 산)에서 유래되었다

이후 포탈라궁은 달라이라마가 거처하던 곳으로, 정치 · 종교의 중심지로서 성스러운 곳이 되었으며, 현재의 포탈라궁은 1645년부터 1693년 사이에 5대 달라이라마가 개축한 것이다.

이 포탈라궁 안에는 1,000 개가 넘는 방들이 있는데, 그 방에는 20여만 개의 불상과 벽화로 가득 차 있다. 또 그 방들은 달라이라마들이 살았던 막사를 비롯하여 그들이 묻힌 화려한 무덤들과 정부관청, 불교경전을 인쇄하던 인쇄소, 정부관리를 교육하던 학교, 화려하게 장식이 된 수백 개의 회당과 성전이 있다.

왕궁의 아름답고 화려한 건물 밑에는 승려들과 시종들이 거주하고, 달라이라마의 보물과 국가보물 등을 보관하는 작은 방들이 있다.

궁 바깥에는 원형의 하얀탑들이 서 있는데, 원래는 방어시설이었던 곳이다. 지하에는 식량과 순례자들의 선물, 여러 해 동안 사용할 수 있는 기름 등을 보관하는 창고가 있고, 옛날에는 지하 감옥도 있었다. 현재 이곳은 승려들이 관리하는 국립박물관으로 사용하고 있다.

●**문성공주**(文成公主, 625 ?~680)

문성공주는 원래 당 태종의 양녀였다. 그녀는 어려서 당 태종과 장손황후의 양녀로 들어가 문성공주로 봉해져 깊은 사랑을 받았다. 당 태종은 641년(貞觀 15년) 문성공주(당시 약 24세)를 토번(吐蕃 : 지금의 티베트)과의 우호관계를 위하여 토번의 국왕 송첸캄포[松贊干布]에게 시집을 보내었다. 당 태종은 친척도 없는 이역 땅으로 시집가는 문성공주를 위하여 많은 혼수품을 마련해 주었다. 그 중에는 각종 가구 · 그릇 · 패물 · 비단 · 문학 · 각종 기술서적 및 의약품 · 곡물 · 누에알 등이 있었다. 독실한 불교 신자였던 그녀는 동불상도 함께 가져갔다. 당시 토번족은 서남지역의 강성한 국가였기 때문에, 당 태종은 그들과의 화친을 위해 문성공주를 시집보낼 때에 대규모 문화사절단을 함께 파견하였다. 문성공주는 당과 토번과의 화평을 유지하기 위한 중대한 정치적 임무를 띠고 있었다고 하겠다. 이리하여 그녀는 중국 역사상 흉노와의 화친을 위하여 시집갔던 왕소군에 이어 두 번째로 화친의 임무를 띠고 이역 땅으로 시집간 여인으로 기록되었다.

문성공주는 라싸에 도착한 이후 당왕조의 선진 기술과 문화를 티베트인들에게 전수하는데 중요한 역할을 하였다. 문성공주와 함께 티베트에 들어간 한족 기술자들은 야금 · 농기구제조 · 방직 · 건축 · 도자기제조 · 술제조 · 제지 등의 다양한 기술을 전수해주었다.

문성공주는 또 시녀와 함께 티베트 여인들에게 방직과 자수 기술을 전수하였다. 지금도 티베트 여인들이 짜는 푸루(야크 털로 짠 검은색 또는 다갈색의 모포)와 융단, 모전 등은 문성공주로부터 전해진 것이다. 그녀는 또 티베트인들에게 천문과 역법을 가르쳐 주었고, 그녀를 따라갔던 악대가 가지고 간 악기는 지금도 50여개나 보존되어 있다.

문성공주는 독실한 불교신자였다. 그녀가 그 멀고 험난한 길에 불상을 가지고 갔으니, 그녀가 얼마나 불교를 깊이 신봉하였는지를 알 수 있다. 송찬간포도 불교사상을 빌어 왕권을 공고히 하고자 불법을 제창하고 400여개에 이르는 사원을 지으니, 불교가 크게 번성하였다. 티베트에 세워진 대규모의 라싸 대소사는 바로 문성공주를 위하여 건축된 것으로, 지금도 공주가 가지고 간 석가모니 불상이 모셔져 있고, 공주가 직접 심은 것으로 전해지고 있는 버드나무가 있는데, 그것을 '당류唐柳' 또는 '공주류公主柳'라 한다.

3) 대소사(大昭寺 : 조캉사원) : 2000년 세계문화유산으로 등록

티베트의 송첸캄포왕이 그의 아내 문성공주가 가져온 석가모니상을 안치하기 위해 지은 절이데, 지금도 대소사 가장 안쪽에 안치되어 있다. 티베트에서 가장 오래된 건물 중의 하나이다.

이 조캉사원 즉 대소사大昭寺는 오랫동안 티베트 순례자들의 영적 중심지이자 가장 성스러운 곳으로, 티베트 불교의 중심사원이다. 티베트를 여행하다 보면 이곳을 목적지로 순례하는 많은 티베트 사람들을 볼 수 있다.

대소사 안에는 3개의 기념비가 있다. 왼쪽에 있는 것은 823년에 티베트왕과 중국 황제간의 동맹을 기념하기 위해 것이고, 오른쪽에 있는 두 개의 갓돌은 1794년 중국이 천연두가 만연하였을 때 그 전염과정을 알리기 위한 것이다.

대소사 앞 팔각가八角街는 티베트에서 가

장 많은 사람들이 붐비는 곳인데, 옷 · 융단 · 식료품 · 공예품 등을 파는 노점들이 늘어서 있다.

●티베트 불교의 마니차法輪

마니차는 불교 경전을 넣어 놓은 경통으로 티베트 민중의 신앙도구인데, 우리의 염주와 비슷한 용도로 쓰인다. 막대기에 원통(깡통)같은 것을 끼워놓고 그 원통을 돌리는데, 그것이 마니차이다. 마니차를 한 번 돌릴 때마다 경문을 한 번 읽는 것과 같다 하여 오체투지와 함께 티베트의 대표적인 수행방법의 하나이다. 마니차의 크기는 아주 다양한데, 큰 것은 사찰 같은 곳에 고정시켜놓고, 작은 것은 휴대하고 다니면서 시간이 날 때마다 계속 돌린다. 이것은 아마도 문맹률이 높은 티베트에서 문맹자들의 수행방법으로 사용되었을 것이다.

대소사大昭寺의 대전大殿 바깥을 둘러싸고 있는 회랑에는 작은 법륜 307개가 있고, 대문大門 입구에는 수 미터 높이의 큰 마니차 2개가 마주보고 있는데, 대조사大昭寺만의 특색이라 할 수 있다.

●라싸 시내의 모습

라마불교 즉 티베트 불교의 최대 성지인 라싸는 포탈라궁을 기준으로 건축 양식이나 인구 규모, 생활양식 등이 다른 2개 지역, 즉 구舊라싸와 신新라싸로 나뉜다. 구라싸는 포탈라궁의 동쪽 지역으로, 대소사大昭寺를 중심으로 한 주변이다. 이곳에는 좁은 골목 사이로 회반죽을 바른 암석건물들이 늘어서 있으며, 주로 티베트인이 거주한다. 신라싸는 한漢족이 거주하는 포탈라궁 서쪽 지역으로, 곧고 넓게 뻗은 길과 백화점과 관청이 모여 있다. 라싸의 번화가는 베이징동로와 서로, 그리고 대소사를 중심으로 한 주변 일대이다

●바코르 –코라길[八角街]

조캉사원을 둘러싼 길로, 멀리서 라싸를 찾아온 순례객들이 도는 길이다. 재래시장, 불교용품 상점 등 라싸의 생활모습을 볼 수 있다. 위치는 라싸의 구 도시에 있으며, 티베트인들藏民의 집단거주지로, 천년이 넘는 역사를 가지고 있고, 티베트에서 유일하게 옛 모습을 그대로 간직하고 있는 도로이다. 팔각거리(바코르, Barkhor)란 도로가 대조사大昭寺를 팔각형 모양으로 에워싸고 있다 해서 붙여진 이름이다.

여기는 라마교도의 순례로巡禮路 이면서 또한 라싸의 가장 큰 시장이기도 하다. 도로 양 옆의 건물은 티베트인 전통 양식이 물씬 풍기는데, 여행하면서 팔각거리를 보지 않았다면. 라싸를 보았다고 할 수 없을 것이다.

티베트에서 순례는 반드시 시계방향으로 돌면서 행한다. 따라서 순례자든 관광객이든 모두 시계방향으로 돌며 걷는다.

4) 소소사(小昭寺 : 라모체)

네팔의 브리쿠티尺尊 공주가 송첸감포왕에게 시집오면서 가져온 아슈크 금불상을 안치한 사찰로, 대소사에 비해 규모가 작다. 사찰 전체가 붉은 색으로 꾸며져 있어 파란 하늘과 대비되어 매우 인상적이다.

5) 노블링카羅布林卡 : 2001년 세계문화유산으로 등록.

포탈라궁에서 남서쪽으로 3㎞ 떨어진 곳의 인민공원 안에 있는데, 티베트어로 '노블[羅布]'은 '보배'를 뜻하고, '링카[林卡]'는 '공원'을 뜻하여 '보석의 공원'이라는 뜻이다.

달라이라마 7세가 병약하여 목욕치료를 위해 1740년에 지은 궁전이다. 이후에는 매년 4월부터 9월(티베트력)까지 달라이라마의 여름 별궁으로 이용되어 왔다.

36㎢의 부지 내에 역대 달라이라마들이 세운 별궁이 있는데, 그 중 가장 볼만한 곳은 달라이라마 14세가 생활했던 별궁이다. 1956년에 준공된 이 별궁은 전통 티베트양식과는 달리 내부에는 수세식 화장실과 샤워룸 등의 근대적인 시설이 있고, 러시아로부터 받은 선물인 라디오와 인도의 네루수상에게서 받은 오디오 등이 장식품으로 장식되어 있다.

공원은 3부분으로 나누어지는데, 동쪽은 노브링카[羅布林卡], 서쪽은 금색링카[金色林卡], 중간은 신궁대원新宮大院이다.

노브링카는 공원 내에서 가장 오래된 건축물이며, 전당殿堂 · 인공호수人工湖 · 호심궁湖心宮이 있다. 금색링카[金色林卡] 궁전은 금 · 보석으로 치장하여 휘황찬란한데, 달라이라마 13세 때 지은 것이다.

신궁대원新宮大院은 중국전통양식으로 설계되었다. 14세 달라이라마가 여름에 이곳에 머물면서 정무政務를 처리하였다. 예전과 달리 현재는 대부분의 건물이 일반에 개방되었으며, 이름 또한 인민 공원人民公園으로 바뀌었다.

공원 내에는 장엄한 궁전이 있고, 또 조그마한 동물원과 갖가지 아름다운 꽃 그리고 울창한 나무숲이 있다. 매년 명절 및 휴일 때는 많은 티베트인들이 이곳에 와서 천막을 치고, 준비해온 음식을 먹으며 춤추고 노래한다.

6) 용왕담공원(龍王潭公園 : 룽왕탄궁위엔)

포탈라궁 바로 뒤에 위치해 있는 공원으로, 포탈라궁을 창건할 때에 만든 연못인 용왕담龍王潭이 있고, 그 안에 용신전龍神殿이 있다. 용왕담을 지금은 해방공원이라 부르기도 한다. 용신전은 달라이라마 6세 때에 용왕담 안의 섬에 지은 3층의 정방형 건물인데, 안에는 독특한 벽화가 그려져 있다.

용왕담에 비친 포탈라궁

7) 약왕산(藥王山 : 야오왕산)

라싸 시내에서 포탈라궁과 마주하고 있는 조그만 산이 야오왕산藥王山이다. 정상에 오르면 라싸의 전경全景을 조망할 수 있다. 이곳에서 바라보는 라싸의 전경은 그야말로 일품이어서, 포탈라궁의 사진을 찍는데 가장 좋은 장소로 꼽힌다.

약왕산藥王山이란 이름은 청대淸代에 산 정상에 약왕묘藥王廟가 있어 붙여졌다 한다. 지금은 산 정상에 의료기관이 들어서 있다.

포탈라궁에서 본 약왕산

약왕산 아래의 관제묘

약왕산藥王山은 신산神山이라고도 하는데, 매일 아침 많은 티베트 인들이 이곳에 와 기도를 한다.

8) 색랍사(色拉寺 : 세라스)

라싸시 북쪽 3㎞ 떨어진 색랍오자산色拉烏孜山 기슭에 위치하고 있다. 1419년에 창건되었는데, 티베트에 있는 불교 사원으로는 2번째로 큰 규모이다.

사찰 내에는 대전大殿과 3개의 큰 불경학원佛經學院이 있는데, 전성기 때는 5500여명의 라마 승려를 수용했던 대불사大佛寺였다. 현재는 약 300여 명의 승려가 있다.

사찰 내에는 각종 동불상銅佛像과 고적경전古籍經典 등의 유물이 있다. 가장 눈 여겨 볼만한 것은 특히 유리상자안의 불경전집인데, 총카파宗喀巴의 제자가 북경에서 명 황제를 알현했을 때 하사받은 것이라 한다. 경문經文은 티베트 문자와 한자로 쓰인 귀중한 역사문물이다.

경내에는 대집회당大集會堂 · 이나당異那堂 · 하방당下方堂 · 진언당眞言堂 등이 있고, 붉은 옷을 걸친 티베트 승려들이 문답을 주고받거나 수도하는 모습을 볼 수도 있다.

사원 입구

세라사원 전경

토론의 정원

9) 철방사(哲蚌寺 : 저방스)

면적이 20만㎢에 달하는 티베트에서 가장 큰 규모의 사찰이다. '철방哲蚌'을 티베트어로 '드레풍'이라 하는데 '쌀더미'란 뜻이다.

멀리서 사찰을 보면 산중턱에 쌀더미가 쌓여있는 것처럼 보인다 해서 붙여진 이름이다.

색랍사色拉寺 · 감단사甘丹寺와 함께 라싸의 3대 사찰이다. 1416년 티베트의 고승인 쫑카파[宗喀巴]의 지시로 창건되었고, 그 후 5대 달라이라마가 증축하였다. 포탈라궁을 짓는 동안에는 달라이라마가 여기에서 거주하였으며, 한때는 10,000여 명의 승려가 수도를 했다.

철방사哲蚌寺의 주요 건축물은 대전大殿과 4개의 학원學院으로 구성되어 있다. 사찰 내에는 많은 역사유물과 경전 등이 있다.

영탑(靈塔)

1959년에는 6,000여 명의 승려가 있었지만, 달라이라마가 인도로 망명하면서 지금은 400여 명 정도만 남아 있다.

대전

불상

솥

10) 감단사(甘丹寺 : 간단스)

라싸에서 45㎞ 정도 떨어진 곳에 있는 이 사찰은 티베트 불교의 여러 종파 중 황모파(黃帽派 : 노란 모자를 쓰고 다니는 승려)의 사찰로, 비교적 규모가 크다. 쫑카파[宗喀巴]가 철방사와 색랍사를 세우기 이전인 1409년에 창건되었다.

사찰 내의 주요 건물로는 랍기대전拉其大殿 · 적다강赤多康 · 영탑전靈塔殿이 있다. 랍기대전拉其大殿은 불경을 강의하는 곳으로, 많게는 3000여명의 라마들을 수용할 수 있다. 적다강赤多康은 쫑카파[宗喀巴]

가 살아 있을 당시 거실이었는데, 실내에는 그가 원적圓寂할 때 누워 있던 침상이 그대로 있다. 그리고 그의 유체遺體는 영탑전靈塔殿에 안치되었다.

사찰 내에는 많은 벽화가 있는데, 풍격風格이 순박한 명(明)나라 초기의 특색을 지녔다. 안타깝게도 문화대혁명 때 거의 대부분 훼손되어, 산 정상 부근에서만 그 흔적을 찾아 볼 수 있다.

감단사로 오르는 길의 하나인 순례자의 지름길은 많은 트레킹 여행자들이 이용하는 곳으로, 이 길을 오르면서 바라보는 경관은 푸른 하늘과 대지가 어우러져 환상적이다.

참고문헌

《경제 특파원의 신중국 견문록》 한우덕, 삼우반

《관광학》 김용상 외, 백산출판사

《그림으로 읽는 중국문학 오천년》 빙심 외, 예담

《노자와 21세기》 김용옥, 통나무

《논어역주》 이장우, 중문출판사

《대륙의 찬란한 기억》 북폴리오

《맹자역주》 우재호, 중문출판사

《묵자》 김학주, 명문당

《문화 인류학 개론》 한상복, 서울대출판부

《문화란 무엇인가》 1, 2 이브 미소, 시공사

《北人與南人》 中國人事出版社

《사기열전》 정범진 외, 까치글방

《상하이》 광뚱여행출판사, 예담

《상하이人, 홍콩人, 베이징人》 공건, 사과나무

《上海》 姚明寶 中國旅遊出版社

《上海700年》 상해연구중심, 상해인민출판사

《蘇軾詞硏究》 류종목, 서울대출판부

《순자》 김학주, 대양서적

《시와 사진으로 보는 중국기행》 진순신, 예담

《旅游與中國文化》 范能船 主編, 百家出版社, 2000년

《역사란 무엇인가?》 E.H.Carr, 육문사

《영화로 보는 중국문화이야기》 김미정, 신아사

《于丹 "論語" 心得》 于丹, 中華書局

《임기응변의 중국인》 팽철호, 사회평론

《장자》 김학주, 을유문화사

《중국개황(中國概況)》 王順洪 北京大出版社
《中國名勝詞典》 上海辭書出版社
《중국문학사》 김학주, 신아사
《중국문학의 현실주의와 반현실주의》 茅盾 저, 박운석 번역, 영남대 출판부
《中國文化槪論》 王寧 主編, 湖南師範大學出版社
《중국문화 입문》 윤순희, 동양문고
《中國文化全知道》 張振華, 中國工人出版社
《중국문화 풍경》 조현규, 새문사
《中國民俗遊》 程德美, 中國藏學出版社
《중국상식.문화》 다락원
《中國世界自然與文化遺産旅游》 湖南地圖
《中國旅遊大全》 王立綱 主編, 中國青年出版社
《中國역사기행》 오가타 이사무, 시아출판사
《중국을 누빈다 베이징》 예담
《중국을 누빈다 상하이》 예담
《중국을 누빈다 티베트》 예담
《중국인들의 생활과 문화》 이장우, 중문
《중국-과거 현재 미래》 전영란 외 6인, 중문출판사, 2009
《동양관광문화의 이해》 조성환, 노장시, 백산출판사, 2003
《中國的旅行》 中國人民美術出版社
《판화 아Q정전》 루쉰 저, 박운석 역, 지식산업사
《포스트사회주의 시대의 중국문화》 이욱연, 서강대출핀부
《한권으로 이해하는 중국》 강준영, 지영사
《한류의비밀》 유상철 외, 생각과 나무
《한비자》 김학주, 대양서적
《허영환의 중국문화유산기행》 1. 서문당
《현대중국의 이해》 박운석 외, 영남대출판부
《China》 lonely planet
http//whc.unesco.org/pg.cfm?cid=31
http://www.baidu.com/

中國的世界遺產一覽表(2011年 12月 現在)

	地域名称	批准時期	遺産种類
1	長城[1]	1987.12	文化遺産
2	明清皇宮[2]	1987.12	文化遺産
3	陝西秦始皇陵及兵馬俑	1987.12	文化遺産
4	甘肅敦煌莫高窟	1987.12	文化遺産
5	北京周口店北京猿人遺址	1987.12	文化遺産
6	山東泰山	1987.12	文化与自然遺産
7	安徽黃山	1990.12	文化与自然遺産
8	湖南武陵源國家級名胜區	1992.12	自然遺産
9	四川九寨溝國家級名胜區	1992.12	自然遺産
10	四川黃龍國家級名胜區	1992.12	自然遺産
11	西藏布達拉宮[3]	1994.12	文化遺産
12	河北承德避暑山庄及周圍寺廟	1994.12	文化遺産
13	山東曲阜的孔廟, 孔府及孔林	1994.12	文化遺産
14	湖北武当山古建筑群	1994.12	文化遺産
15	江西廬山風景名胜區	1996.12	文化景觀
16	四川峨眉山—樂山風景名胜區	1996.12	文化与自然遺産
17	云南麗江古城	1997.12	文化遺産
18	山西平遙古城	1997.12	文化遺産
19	江蘇蘇州古典園林[4]	1997.12	文化遺産
20	北京頤和園	1998.11	文化遺産
21	北京天壇	1998.11	文化遺産
22	重慶大足石刻	1999.12	文化遺産
23	福建武夷山	1999.12	文化与自然遺産
24	四川青城山和都江堰	2000.11	文化遺産
25	河南洛陽龍門石窟	2000.11	文化遺産
26	明清皇家陵寢[5]	2000.11	文化遺産

1) 2002年 遼寧省 九門口 長城이 포함됨
2) 2004年 吉林省 沈陽 故宮이 포함됨
3) 2000年 大昭寺, 2001年 羅布林卡 등이 포함됨
4) 2000年 藝圃, 藕園, 滄浪亭, 獅子林, 退思園 등이 포함됨
5) 2003年 南京 明孝陵, 2004年 盛京 三陵 등이 포함됨

	地域名称	批准時期	遺産种類
27	安徽古村落：西遞, 宏村	2000.11	文化遺産
28	山西大同云岡石窟	2001.12	文化遺産
29	云南三江并流	2003. 7	自然遺産
30	高句麗王城, 王陵及貴族墓葬	2004. 7	文化遺産
31	澳門歷史城區	2005. 7	文化遺産
32	四川大熊猫栖息地	2006. 7	自然遺産
33	安陽殷墟	2006. 7	文化遺産
34	中國南方喀斯特	2007. 6	自然遺産
35	開平碉樓与村落	2007. 6	文化遺産
36	福建土樓	2008. 7	文化遺産
37	江西三淸山	2008. 7	自然遺産
38	山西五台山	2009. 6	文化景觀
39	河南登封天地之中古建筑群	2010. 8	文化遺産
40	中國丹霞	2010. 8	自然遺産
41	杭州西湖	2011. 6	文化遺産

영하회족자치구
흑룡강성
하얼빈
길림성
장춘
연길
심양
요녕성
대련
우루무치
신강위구르자치구
감숙성
후허트시
하북성
북경
내몽고자치구
천진
연태
위해
태원
석가장
은천
제남
청해성
서녕
난주
산서성
산동성
서안
정주
강소성
서장자치구
섬서성
하남성
합비
남경
상해
사천성
무한
안휘성
항주
라싸
성도
호북성
중경
남창
절강성
장사
강서성
귀주성
호남성
복주
복건성
운남성
귀양
대만
곤명
광서장족자치구
광동성
남녕
광주
심천
마카오
홍콩
해남성

寧夏回族自治區
烏魯木齊
新疆維吾爾自治區
黑龍江省
哈爾濱
吉林省
長春
延吉
沈陽
呼和浩特
河北省
遼寧省
甘肅省
內蒙古自治區
北京市
大連
天津市
煙臺
太原
石家庄
威海
銀川
青海省
西寧
濟南
山西省
山東省
蘭州
西安
西藏自治區
鄭州
江蘇省
陝西省
河南省
合肥
南京
上海市
四川省
拉薩
武漢
安徽省
杭州
成都
湖北省
重慶市
南昌
浙江省
長沙
江西省
貴州省
福州
湖南省
云南省
貴陽
福建省
臺灣
昆明
廣西壯族自治區
廣東省
南寧
廣州
香港
澳門
海南省